ROBERT GARNIER

SA VIE, SES POÉSIES INÉDITES

ROBERT GARNIER

SA VIE, SES POÉSIES INÉDITES

AVEC

SON VÉRITABLE PORTRAIT

UN FAC-SIMILE DE SA SIGNATURE

PAR

HENRI CHARDON

Ancien Élève de l'École des Chartes
Lauréat de l'Académie française
Ancien Conseiller général, Maire de Marolles-les-Braux
Officier d'Académie

PARIS

CHAMPION, LIBRAIRE-ÉDITEUR, 9, QUAI VOLTAIRE

LE MANS

A. DE SAINT-DENIS, LIBRAIRE-ÉDITEUR, PLACE ST-NICOLAS

—

1905

Cur commune decus togæ & coturni
Se Garnerius es hibet togatum,
Nec illi suus est item cothurnus?
Librum euolue, videbis hic iacentem
Suo quem ingenio sibi ipse pinxit
Grais vatibus æmulum cothurninum.
Scœuola Sammarthanus

ROBERT GARNIER

SA VIE, SES POÉSIES INÉDITES

AVEC

SON VÉRITABLE PORTRAIT

ET UN FAC-SIMILE DE SA SIGNATURE

PAR

HENRI CHARDON

Ancien Élève de l'École des Chartes
Lauréat de l'Académie française
Ancien Conseiller général, Maire de Marolles-les-Braux
Officier d'Académie

PARIS

CHAMPION, LIBRAIRE-ÉDITEUR, 9, QUAI VOLTAIRE

LE MANS

A. DE SAINT-DENIS, LIBRAIRE-ÉDITEUR, PLACE ST-NICOLAS

—

1905

ROBERT GARNIER

SA VIE, SES POÉSIES INÉDITES

INTRODUCTION

De tous les personnages de l'histoire littéraire du Maine, il n'en est pas de plus célèbre que le poète Robert Garnier, et cependant il n'y en a pas dont la vie soit moins connue. Bien des petits poètes du XVIe siècle ont été l'objet de notices, où, non seulement leurs œuvres ont été surfaites, mais où toutes les particularités de leur existence ont été étudiées dans leurs plus minces détails. Aujourd'hui, grâce à Ebert, à MM. Bernage, Émile Faguet, Foerster, Rigal, etc., l'influence poétique de l'ancêtre de Rotrou et de Corneille a été nettement déterminée. Mais à vrai dire on ne sait rien encore de l'homme, dont la vie fut aussi digne que le caractère de son œuvre. Garnier n'a pas encore une individualité bien dessinée. A la différence de Ronsard, de Baïf, de Vauquelin de la Fresnaye, dont la vie est aujourd'hui bien élucidée, la sienne est restée dans l'ombre. On ne sait presque rien sur son compte et encore le peu que l'on connaît est-il rempli d'incertitudes et d'erreurs. Il faut avouer que les Manceaux ne se sont pas mis en peine de grandir leurs célébrités du XVIe siècle. C'est en dehors du Maine que Denisot, Pelletier, etc. ont trouvé des biographes.

Garnier n'a vraiment pas eu de chance. Colletet avait entrepris de raconter sa biographie dans ses *Vies des Poètes français* ; son manuscrit a péri dans l'incendie de la bibliothèque du Louvre en 1871 (1).

La biographie du poète fertois semble avoir tenté un instant un poète normand, charmant lettré, devenu Manceau par adoption, Paul Delasalle, qui, en visitant les galeries de l'église de La Ferté-Bernard, avait laissé tomber ses regards sur la maison natale de Robert Garnier. Il écrit dans une lettre de 1844 à M. de la Sicotière : « J'aurais fait mon *Robert Garnier*, si je n'étais accablé depuis trois semaines par un mal d'estomac ou de poitrine (chut !) ». Il ne tardait pas à mourir, et son ami, qui fut aussi le mien, M. de la Sicotière, m'a dit n'avoir rien trouvé dans les papiers de Delasalle, passés entre ses mains (2).

Je viens aujourd'hui réaliser le projet de Delasalle, faire pour Robert Garnier ce que j'ai fait pour Tahureau, pour Cureau de la Chambre et d'autres Manceaux, sans parler des victimes et des héros de Scarron dans son *Roman Comique*. Les Manceaux même ont laissé à un Allemand, M. Wendelin Foerster, d'Heilbronn (3), le soin de publier la première édition savante des tragédies du poète. M. Foerster, à qui M. Émile Picot, membre de l'Institut, avait communiqué ce renseignement, a bien voulu annoncer à deux reprises, pages XIX et XXVI, que je me disposais à publier une vie de Robert Garnier. La maladie, qui m'a fait suspendre tout travail pendant dix ans, m'a malheureusement contraint d'ajourner mon dessein. Il est grand temps de remettre en lumière la vie du poète fertois et de dire ce que fut cette

(1) Hauréau, qui l'avait consulté avant sa destruction, n'y a fait qu'un trop court emprunt. Plusieurs copies partielles avaient été faites du manuscrit de Colletet. Le collaborateur de M. de Réaume, M. de Caussade, bibliothécaire de la Mazarine, avait été chargé de publier tout ce qu'on en pourrait retrouver. Sa mort a empêché la réalisation de ce dessein et je ne sache pas qu'il ait trouvé un successeur.

(2) Un concours ouvert sur Garnier par la *Revue littéraire du Maine* en 1890 n'a donné non plus aucun résultat.

(3) Heilbronn. 1882-83, dans le *Sammlung französischer Neudrucke*.

existence, pleine de dignité et d'honneur, dont plus de vingt ans se passèrent dans la ville du Mans, où s'élevait naguère son tombeau.

Ce n'est pas seulement la vie de Garnier que je viens faire connaître, ce sont ses œuvres inédites. Il y en a parmi elles qui n'avaient jamais été citées. Malgré de longues recherches dans les bibliothèques du Midi de la France, je n'ai pu malheureusement mettre la main sur les *Plaintes Amoureuses*, que Tamizey de Larroque a rangées parmi les livres perdus. Le savant érudit m'écrivait il y a vingt ans : « Il y a bien longtemps que je cherche ce livre ; il y a même bien longtemps que je ne le cherche plus qu'avec une sorte de désespoir. J'en ai cent fois parlé avec les plus savants bibliophiles du Sud-Ouest. Aucun ne l'a jamais vu ; aucun même n'a jamais cru qu'il fut possible de le rencontrer. Vous pouvez donc considérer comme perdu le volume de 1565 ».

J'espère que les autres trouvailles que j'ai faites pourront compenser l'inutilité de mes recherches, aussi infructueuses que celles d'autres bibliophiles. Elles permettront de plus de voir quelle était la *manière* de Robert Garnier dans sa jeunesse et quel chemin il a parcouru depuis ses débuts à Toulouse, en 1565, jusqu'à l'*Élégie sur la mort de Ronsard* qui date de 1585. Je le montrerai au milieu des poètes, ses contemporains et ses amis ; mais je parlerai brièvement de son rôle dans l'histoire de la tragédie française. Ce qu'ont écrit sur son compte Ebert, MM. Bernage, Rigal et surtout M. Émile Faguet, à la pénétrante étude duquel je ne saurais trop renvoyer, ne laisse plus grand chose à dire sur l'œuvre dramatique de Garnier.

CHAPITRE PREMIER

PREMIÈRES ANNÉES ET PREMIÈRES POÉSIES

(1545-1567)

§ I

Naissance de Robert Garnier. — Sa famille. — Physionomie de la cité
fertoise. — L'influence du milieu sur le poète.

Robert Garnier est né à La Ferté-Bernard. Dans ses
premiers ouvrages, il s'intitule lui-même «Ferténois», et un
de ses amis, le poète angevin, Paschal Robin du Faux, dans
des vers écrits en son honneur et placés en tête de *Marc
Antoine*, dit de lui :

« Toi, toi Garnier, manceau de La Ferté. »

Il a pris naissance dans cette curieuse cité du Maine,
fortement imprégnée d'esprit municipal, ayant gardé beaucoup plus fidèlement que bien d'autres petites villes ses
voisines, son cachet et son caractère d'autrefois, avec sa
vieille porte de ville gothique, les restes importants de son
enceinte, ses maisons de bois sculptées, ses anciennes
halles, tout cela se pressant à l'ombre de sa splendide église,
le bijou le plus fouillé que la Renaissance ait ciselé dans le
Maine, vrai poème de pierre écrit par les maîtres maçons et
les tailleurs d'images. « Le poète, disait Paul Delasalle
en 1844, est né en quelque sorte avec l'église et en face
d'elle. La rue Robert Garnier et sa maison, qui n'est plus
aujourd'hui qu'une auberge de médiocre apparence, regardent la somptueuse basilique de Notre-Dame-des-Marais (1) ».

(1) Voir la préface écrite par Paul Delasalle en tête de la 1re édition
de l'*Histoire de l'église de La Ferté-Bernard*, de Léopold Charles,

Moins de soixante ans se sont écoulés depuis le jour où
Delasalle écrivait ces lignes, et l'on chercherait en vain au
chevet de l'église la trace de la maison, que la tradition
attribuait comme lieu d'origine au principal ancêtre de
Rotrou et de Corneille. La rue Robert Garnier, élargie, a
subi comme bien d'autres les brutalités de l'alignement
municipal. A part cette dénomination, témoignage peu
coûteux d'une reconnaissance tant soit peu banale, La Ferté-
Bernard ne garde plus aucun souvenir du poète qui fait sa
gloire.

*
* *

On ne sait rien de bien précis et d'exact, sur sa vie ; on
ignore la date véritable de sa naissance et celle de sa mort.
La faute en est aux allégations contradictoires ou erronées
de tous ceux qui semblent s'être plu à obscurcir et à em-
brouiller la biographie du précurseur de Corneille.

Deux opinions se sont produites sur la date de la
naissance, du poète : l'une qui le fait naître dès 1534, et
l'autre onze ans plus tard, en 1545. La première, celle qui le
fait naître en 1534 paraît l'avoir emporté depuis cinquante
ans environ. Elle a été adoptée en France par l'auteur de
l'*Histoire littéraire du Maine*, et récemment en Allemagne
par M. Wendelin Foerster.

En l'absence de registres de l'état-civil remontant jusqu'à
cette époque et de toute autre preuve aussi décisive, que
pourraient seuls fournir des papiers de famille, cette date
n'avait pour base que les dires de Scévole de Sainte-Marthe
qui, dans ses Éloges (1), fait mourir Garnier à l'âge de

Mamers, in-12, 1844. p. xv. Cette notice de Delasalle a été aussi insérée
par lui, sauf quelques légers changements, dans la *Mosaïque de l'Ouest*
1re année, 1844, p. 93. Léopold Charles répète aussi de Garnier qu'il
naquit en face l'église « si l'on en croit la tradition ».

(1) *Scevolae Sammarthannae Elogia*, p. 177, reproduits par de Thou.
Histoire universelle, trad. Basle, 1742, in-4°, t. VII, p. 693.

cinquante-six ans. Or, comme il est absolument certain que Garnier est mort en 1590, (ceux qui le font mourir en cette année se sont trompés sur le mois uniquement), il suffisait d'une simple opération d'arithmétique, d'une soustraction, pour reporter la naissance du poëte cinquante-six ans avant 1590, c'est-à-dire à 1534. Cela semblait assez judicieux et pourtant cette date n'est ni vraisemblable, ni vraie. Scévole de Sainte-Marthe s'est rendu coupable d'une erreur d'addition en inscrivant dans son livre l'âge de son ami et l'a vieilli d'une dizaine d'années ; peut-être bien aussi l'imprimeur s'est-il mépris sur la date.

Quant à ceux qui le faisaient naître en 1545 leur croyance provenait généralement d'une opinion erronée qui s'était produite bien tardivement au sujet de l'époque de la mort de Garnier.

Leclerc, d'un côté, dans la *Bibliothèque* de Richelet, en confondant Robert Garnier avec un homonyme, conseiller au présidial de Bourges, vivant encore au XVII° siècle, La Monnoye, de l'autre, en prétendant à tort que Vauquelin de la Fresnaye parlait de Garnier comme vivant quarante-cinq ans après la mort de la Péruse, c'est-à-dire en 1600, avaient reculé la fin du poëte manceau jusqu'à 1600 ou même 1601.

En le supposant toujours mort à l'âge de cinquante-six ans, on arrivait à fixer par là même sa naissance à 1544 ou 1545.

Il y a même des auteurs qui conciliaient vaille que vaille les deux opinions, en le faisant naître à cette dernière date, et en le faisant cependant mourir âgé de 56 ans dès 1590.

Où est la vérité au milieu de ces allégations contradictoires ? Lorsqu'on se donne la peine de réfléchir, et de vouloir se faire à soi-même une opinion raisonnée, on s'étonne tout d'abord que Garnier ait pu naître dès 1534. Il aurait donc encore été *écolier* à 32 ans, puisque nous le trouverons avec cette qualité en 1566 à l'Université de Toulouse. C'est bien le cas de dire qu'il n'eût guère été avancé pour son âge, et qu'on choisissait un écolier bien vieillot pour réciter une églogue dans la même ville devant le roi Charles IX en 1565. Il eut donc aussi laissé prendre bien de l'avance sur lui à Jodelle et à ses émules, qui, nés vers 1534, mettaient au jour leurs tragédies dès leur vingtième année, dès 1552 et dans les années suivantes. Garnier, au contraire aurait attendu quinze à seize ans après Jodelle, c'est-à-dire jusqu'à 1568, à l'âge de trente-quatre ans, pour produire sa première œuvre dramatique.

Il faut avouer que ce retard à se mettre en vedette, que cette singulière froideur, en face de la jeune ferveur, de l'ardeur exubérante de tous ses contemporains, n'eût pas été de nature à prévenir en sa faveur. Ajoutons à cela qu'il était surprenant de le voir encore en pleine verve amoureuse en 1573, c'est-à-dire presque à quarante ans, âge qu'il eut attendu pour se marier ; enfin la naissance de ses enfants en 1579 et en 1582, c'est-à-dire alors qu'il aurait approché de la cinquantaine, eut paru également bien tardive.

Voilà ce qui militait clairement contre cette date de 1534, et ce qui, dès le premier jour de mes études sur Garnier, m'avait porté d'instinct à rechercher une date plus récente, qui seule me semblait acceptable et pouvant se concilier avec la réalité des faits.

Il me restait, à défaut d'un texte de l'état-civil, à pouvoir appuyer mon opinion sur un témoignage contemporain, qui vint contrebalancer celui de Scévole de Sainte-Marthe.

Eh bien! ce témoignage existe. Chose curieuse, il émane d'un ami de Garnier, sur lequel on s'était fondé, bien à tort, pour reporter sa mort jusqu'à 1600. Ce contemporain, c'est Vauquelin de la Fresnaye, poète et magistrat comme lui, lieutenant-général au bailliage de Caen. Après avoir été l'ami de Tahureau dans sa jeunesse, il était devenu dans son âge mur celui du nouveau poète, qui illustrait le Maine à son tour. Garnier avait écrit à Vauquelin pour l'engager à

publier ses ouvrages. Le poète normand, dont nous indique-
rons plus loin les réponses, lui dit qu'il a conscience de la
transformation qui s'est opérée dans la langue et qu'il ne
veut plus écrire :

> « Je suis plus vieil que toy de quelques dix années ;
> Aussi tes phrases sont mieux ordonnées
> Que celles dont j'escris .... (1). »

Ces vers sont adressés à Garnier, alors qu'il était encore
lieutenant-criminel au Mans c'est-à-dire antérieurement au
milieu de l'année 1586. Il me semble que nul témoignage
n'est plus concluant que celui-ci, puisqu'il s'agit de vers
adressés au poète *lui-même* de son vivant, par un émule,
dont l'amitié survécut à sa mort.

Or Vauquelin est né en 1536. Il n'y a donc plus moyen,
après ce qu'il a écrit de Robert Garnier, de faire naitre ce
dernier en 1534, car à ce compte-là, il eut eu au contraire
deux ans de plus que l'auteur des *Foresteries*.

La naissance de Garnier, plus jeune de quelque dix
années que Vauquelin, se trouve donc bien reportée vers
1545.

On pourrait, pour expliquer d'une manière très vraisemblable l'erreur de Scévole, la reporter à 1544, en disant que
ce dernier a écrit par erreur, par suite d'un simple *lapsus*,
que Garnier est mort à cinquante-six ans au lieu de
quarante-six ans.

Ainsi se trouve confirmée l'opinion de ceux qui disaient
qu'il avait remporté le prix aux *Jeux floraux* (en 1565) *dès
sa tendre jeunesse*. Ainsi la vraisemblance devient en même
temps la vérité ; il a fallu malheureusement trois siècles
avant d'en arriver à ce résultat. Espérons que bien des

(1) Voir *Les Diverses poésies du sr de la Fresnaie*, 1605, Caen, Charles
Macé. *Satyres françoises*, liv. II, p. 244 et édition Travers.

points relatifs à l'histoire littéraire du Maine auront été heureusement plus élucidés. On pourra un jour, je n'en doute pas, pour Garnier, soit au moyen de papiers de famille, soit au moyen des registres du parlement, constatant son serment d'avocat ou de conseiller au siège présidial du Mans, arriver à une date tout-à-fait précise ; mais je ne doute pas qu'elle ne confirme ce qui résulte du témoignage de Vauquelin de la Fresnaye.

*
* *

Quelle était la famille du poète ? On n'en a guère soufflé mot jusqu'à ce jour. Son nom plébéien peut faire croire à une naissance obscure, tandis que la qualité de noble qu'on le voit légitimement porter à la fin de sa vie, et qu'on trouve aussi prêtée à ses soi-disant ancêtres par des généalogistes trop complaisants, pourrait permettre de lui attribuer une plus haute origine. La vérité est entre ces deux opinions ; Garnier n'appartient ni à de petites gens, ni à une noble race. La charge de conseiller au Grand conseil, qu'il remplit à la fin de sa vie, lui conféra seule la noblesse, qui pour lui, comme pour tant d'autres célèbres parvenus du XVIe siècle, fut la récompense de son amour des lettres et de son génie.

Il appartenait par ses alliances à ces vieilles familles de bourgeoisie fertoise dont les membres, après avoir rempli de modestes charges dans leur petite cité, s'en allèrent vivre sur un plus grand théâtre, comme les Le Boindre, les Quelain, les Heulant, les Beaugé, les Courtin, familles que les vitraux de l'église de la Ferté nous montrent pour ainsi dire toujours vivantes, et dont les pieuses libéralités artistiques ont perpétué le souvenir jusqu'à nous.

Garnier était même allié à plusieurs de ces familles. C'est par la famille Le Boindre que la ferme de la Papillonnière (dont Garnier s'intitulait *sieur*), entra par un mariage au nombre des biens des ancêtres du poète, dont les descendants la possèdent encore aujourd'hui.

Un représentant d'une des plus vieilles branches de cette famille des Le Boindre, Philippot Le Boindre maître des eaux et forêts du Perche-Gouet, qui habitait Montmirail, avait épousé vers 1460 Marie Beaudoux, dame de la Papillonnière, en la paroisse du Pin, devenue aujourd'hui la commune du Luart. — Un de ses nombreux enfants, Marie Le Boindre, dame de la Papillonnière, avait été mariée à Pierre Garnier, bisaïeul de Robert. Du moins, c'est ce qu'allègue la volumineuse généalogie manuscrite des Le Boindre, qui du cabinet Le Joyant a passé à la Bibliothèque du Mans. La parenté des Le Boindre et de Garnier est hors de doute ; mais je ne saurais me porter caution des dires du généalogiste, dont bien des allégations au contraire semblent assez peu fondées.

François, frère de Marie Le Boindre, épousa Marie Quelain, appartenant à une célèbre famille fertoise alliée aussi de Robert Garnier. Jacquine Quelain, une des filles de Jean Quelain et de Jacquine Courtin fut mariée à René Guillois. De ce mariage naquit Anne Guillois, qui épousa Louis Garnier d'où seraient issus un Robert Garnier et François père du poète ; c'est du moins ce que dit la généalogie des Quelain, longtemps conservée dans le cabinet de l'abbé Esnault, et à laquelle il semble bon de ne croire que sous toutes réserves, comme à bien d'autres généalogies de ma connaissance (1).

1. Croirait-on que la généalogie des Le Boindre rattache les Quelain de La Ferté à la grande famille des Quellen de Bretagne, comme on a rattaché les Le Vayer du Mans aux Le Vayer de la même province.

Le numéro du 27 novembre 1886 de la *Semaine* religieuse du Mans, qui a publié, à propos de Séverin Bertrand, curé de La Ferté-Bernard, une généalogie des Quelain, donne au poète une origine quelque peu différente. Jean Quelain, marié à Jacquette Courtin, aurait eu plusieurs enfants, entre autres Jacquette mariée à Pierre Guillois, qui aurait eu pour fille Anne, femme de Louis Garnier, d'où Robert et François

Ce n'est malheureusement qu'en 1565 que commencent les registres de baptême de La Ferté-Bernard.

S'ils ne nous révèlent rien sur les ancêtres de Garnier, ils nous font au contraire connaître quelques-uns de ses parents et ses deux sœurs, dont parlent aussi les papiers de famille du poète, encore aujourd'hui conservés, et sur lesquels la Généalogie des Quelain ne fournit que des données erronées (1).

Les deux sœurs du poète, Roberde et Magdeleine ne s'éloignèrent pas de La Ferté. Cela fait que les registres paroissiaux de cette ville fournissent sur elles plus de renseignements que sur le poète, qui ne fit que de rares apparitions dans sa ville natale.

Roberde fut mariée à Denis Gaudard, sieur de la Rouillerie (2). Il est possible que le mariage remontât avant 1570, car le 1er septembre de cette année, Denis est parrain d'un fils d'Olivier Richer et de Louise Garnier, avec Nicolas Garnier, c'est-à-dire qu'il semble tenir sur les fonts un enfant des parents de sa femme.

Garnier. Ce Robert Garnier, fils de Louis, ne serait pas le poète, mais serait certainement son parent, peut-être son neveu. La similitude du prénom indiquerait que le poète fut probablement son parrain : il aurait de la sorte été également le parrain de Séverin Bertrand. — Ce qui empêche d'identifier le poète avec le Robert dont il est ici question, c'est que l'auteur de *Bradamante* n'eut aucun frère, mais seulement deux sœurs.

(1) Il faut aussi consulter sur les Garnier, les registres de l'état-civil de Montmirail, où, comme on le verra, le poète avait pour parents les Beaugé, et où nous avons rencontré des Le Boindre ses ancêtres. — Le 8 août 1575 (année à laquelle commencent ces registres) a lieu le baptême d'un fils de *Loys Garnier* (Louis est, on vient de le voir, le nom du parent du poète), qui recevait le nom de *François* des personnages de distinction le tenant sur les fonts. — Voir Archives départementales de la Sarthe, Inventaire des registres municipaux, t. I, p. 286, col. 2. C'est cette naissance qui est cause que la généalogie des Quelain donne à tort, au poète, un frère du nom de François dont on ne trouve aucune trace, et qui, en tous cas, ne saurait être le François Garnier que les registres de la Ferté mentionnent en 1573 et 1574.

(2) On trouve une ruelle de ce nom existant encore à La Ferté.

Le 10 avril 1576, il est parrain d'une fille de sa sœur Catherine Gaudard et de Claude Lami, sieur de la Vallée.

Le 4 juillet 1578, Roberde est marraine d'une fille d'Ambrois Moriceau.

Le 28 avril 1582, elle est mère enfin et fait baptiser sa fille Agnès, dont est parrain noble homme M° Nicolas Goullet, procureur du roi au siège présidial de Chartres, appartenant à une famille nogentaise, alliée aux parents de la femme de Robert Garnier. L'enfant eut pour marraine, Catherine Gaudard, sœur du père de l'enfant et honorable femme Magdeleine Garnier, sœur de Robert Garnier, mère de la dite Agnès Gaudard.

Le 17 mai 1589, en pleine Ligue, le poète lui-même était parrain, à La Ferté, de Jean Gaudard.

Roberde ne survécut pas longtemps à son frère : elle était morte avant 1594, date du mariage de sa nièce, Diane.

L'autre sœur du poète, Magdeleine, de même que son mari, ne paraît qu'assez rarement dans les registres. Elle était mariée à messire Étienne Boudin, sieur des Tellengères.

Le 15 septembre 1570, leur fille Anne est tenue sur les fonts de La Ferté par Bertrand Quelain et Jacquine Garnier.

Ce fut à elle, qui n'était alors que dans sa vingtième année, que, par son testament, Robert Garnier laissa trois cents livres tournois « pour ayder à maryer sa dicte niepce, la quelle somme sera baillée, lorsqu'elle aura trouvé party et sera espousée ».

Dans ces différents actes, les Garnier qu'on y a vu figurer, Nicolas, Louise, Jacquine, étaient sans aucun doute parents du poète. On les trouve bien souvent mentionnés dans les Registres, surtout Nicolas, qui en 1565 a un fils du même nom tenu sur les fonts par Jehan Courtin, d'une famille alliée aux Garnier. On voit le 26 mars 1571, le poète lui-même, avec Nicolas Garnier, tenir sur les fonts de la Ferté, ayant pour commère Marguerite de Maumusson, un fils de Bonadventure Courtin et d'Ysabeau Sagot, auquel il donne le nom de Bertrand (1).

*
* *

Je pourrais, sans grand intérêt pour les lecteurs et, sans aucun profit pour la biographie du poète, parler de tous les autres Garnier que nous révèlent à la même époque les registres de La Ferté. Mais ce ne serait que d'ennuyeux hors-d'œuvre. Il est grand temps de revenir au poète lui-même sans plus s'attarder à ses entours. J'aurais aimé à pouvoir pénétrer plus avant dans sa famille, afin de le placer mieux dans son véritable milieu, et de permettre de le faire mieux comprendre en montrant d'où il est venu. Malgré ce qu'il peut rester d'incomplet dans ces détails d'origine, ne nous en séparons pas sans faire remarquer que l'œuvre de Garnier s'harmonise bien avec le cadre de la ville où il est né, où il a grandi. On comprend que le poète tragique, qui a su faire parler les vieux Romains d'un accent si mâle et si fier, avant Corneille, soit né dans cette petite cité fertoise, si jalouse de ses vieilles franchises municipales, si fière de ses familles bourgeoises. On comprend que l'auteur de ces vers érudits, tout imprégnés de l'odeur de Sénèque, de Stace et de Lucain, lus à la lueur de la lampe nocturne, de cette poésie le plus souvent tout objective, ait vu le jour entre les murailles formant l'étroite enceinte fortifiée de sa cité ; de la même façon l'on comprend mieux le grand Ronsard, le chantre des amours de Cassandre et de Marie, le poète de la nature, l'auteur de tant de poésies subjectives, lorsqu'on sait qu'il est né sur les bords du Loir et de la Braye et qu'il a grandi en ayant sous les yeux l'horizon ensoleillé de la verte vallée du Loir.

(1) Voir *Histoire généalogique des Courtin*, par M. Oscar de Poli, Paris, 1887, in-4°.

Ajoutons encore que l'auteur des *Juives*, celui qui sut
un des premiers remonter à la source de la poésie biblique,
le magistrat catholique, qui devait figurer dans les rangs
des ligueurs, se comprend bien aussi, naissant dans cette
cité catholique appartenant à la maison de Lorraine, à
l'ombre et sur les degrés de cette église de La Ferté, au
charme si séducteur, et autour de laquelle se déroulent à
la fois, de même que dans l'œuvre du poète, les louanges
de la Vierge et les portraits de Cléopâtre, d'Auguste et de
César (1).

Ne semble-t-il pas, (sans toutefois appuyer plus que de
raison), qu'après avoir fait un retour sur le lieu d'où est
parti le poète, sur les liens secrets existant entre lui et le
spectacle qu'il a eu sous les yeux, à l'âge où l'esprit comme
une cire molle est plus docile à subir les impressions du
milieu où il est, on pénètre mieux dans son âme, dans son
esprit, dans son caractère, et qu'on se rend mieux compte
du poète, comme de l'homme moral tout entier ?

§ II

Garnier étudiant en droit à l'Université de Toulouse. — Les Jeux-
Floraux. — Il obtient la *Violette*. — L'entrée de Charles IX. —
Sonnets de Garnier. Églogue dont il est peut-être l'auteur. — Il
obtient l'*Églantine*. — Vers qui lui méritent cet honneur.

On aurait tort cependant d'insister sur cette influence du
milieu ; il y a à cela un motif particulier, c'est qu'on ignore

(1) Le moment où naissait le poète était celui où Mathurin de La
Borde construisait les curieuses voûtes des chapelles absidiales de
La Ferté, revêtait l'église d'une ornementation mi-chrétienne et mi-
païenne et achevait les arcs-boutants des contreforts extérieurs du
chœur. Mathurin de La Borde, ce qu'on n'a jamais dit, mais ce qu'a
deviné l'œil de Palustre, venait de Normandie. Il avait passé par
Dreux avant de s'établir à La Ferté-Bernard.

l'endroit où il passa sa jeunesse, où il fit ses humanités (1).
On ne sait rien des premiers temps de sa vie. C'est vers
l'âge de vingt ans qu'il se révèle à nous pour la première
fois. Alors il est loin, bien loin du Maine ; de plus, il est
encore simple *écolier* (étudiant en droit comme nous disons
aujourd'hui), sur les bords de la Garonne.

La plupart des jeunes gens des contrées d'outre Loire qui
voulaient s'adonner à l'étude des lois ne dépassaient guère
Orléans, Bourges ou Poitiers. Cette dernière ville surtout
les attirait. Le souvenir de Tahureau, de Vauquelin de la
Fresnaye, de Charles Toustain, de Jean de la Péruse, est
resté, grâce à leurs vers, attaché aux rives du Clain (2).
Quelques étudiants ayant davantage le goût du droit romain,
et le désir d'entendre ses plus doctes interprètes, descen-
daient jusqu'à Toulouse. On y rencontrait Henri de Mesmes,
Bodin et plus tard aussi Pierre Le Loyer, qui y vint après
être sorti de Paris et y fit paraître ses premières œuvres.

Garnier aussi alla jusqu'aux bords de la Garonne, épris
du désir de savoir, attiré par le renom de la célèbre
Université, dont les romanistes qui y professaient avaient
fait la plus célèbre école de droit en France. Cependant,
depuis le départ de Cujas, sa haute réputation avait déjà
baissé. On n'était plus au temps où dix mille auditeurs de
toutes les nations se pressaient aux leçons du célèbre professeur, du grand élève d'Arnaud du Ferrier, devenu plus
fameux que son maître. Jean Coras, l'illustre et malheureux
professeur, qui devait périr si tristement en 1572, victime

(1) Du Boulay (*Histoire de l'Université de Paris*), qui cite bien des
Garnier du Mans, ne prononce pas le nom de Robert.

(2) Jean de la Péruse dit dans une de ses élégies :

> « *Paris a nos jeunes ans ;*
> *Puis, quand nous sommes plus grans,*
> *On nous achemine*
> *De Paris en un autre endroit*
> *Pour la guerre, pour le droit,*
> *Pour la médecine* ».

des discordes civiles, attirait encore aux pieds de sa chaire, les uns disent deux mille, les autres quatre mille écoliers. Un certain nombre de ces disciples de Thémis ne laissaient pas que de faire des infidélités au *Corpus juris*, et délaissaient Justinien et Barthole pour les vers de Ronsard et de du Bellay.

Un des contemporains de Garnier, poète comme lui, magistrat comme lui, nous a initié au combat que les Muses et Thémis se livraient dans le cœur de ces jeunes étudiants, à l'avril de leur vie. C'était l'époque de la pleine floraison de la Renaissance poétique du XVIme siècle ; jamais il n'y eut dans l'air autant d'effluves poétiques, pas même aux beaux jours du XIXe siècle où les vers de Musset avaient plus d'empire sur les jeunes esprits de nos écoles que les discordes de la politique et les jeux de la Bourse.

Beaucoup d'étudiants d'alors, qui avaient quitté leurs familles pour entendre Cujas ou Duaren et pour étudier le *Digeste*, pouvaient dire comme Vauquelin, à Poitiers, avec ses amis :

> « Au lieu de demesler de nos droits les débats,
> Muses, pipez de vous nous suivions les ébats. »

Ils aimaient à se laisser duper par elles ; ils avaient beau changer d'Université, la Muse les suivait toujours à la piste ; ils la retrouvaient partout avec son visage souriant, plus séduisant que celui du grave professeur en robe noire et en bonnet carré.

A Bourges, comme à Poitiers, Vauquelin la voyait à ses côtés :

> « Mais cependant les Muses et Phœbus
> Me décevoient toujours par leurs abus.
> Suivant le temps j'avois en mille modes
> Fait des sonnets, des chansons et des odes. »

Heureux ceux qui, leurs études terminées, pouvaient dire comme lui :

« Je fis des vers Barthole être vainqueur ».

Garnier lui aussi s'était senti épris de l'enthousiasme poétique, qui avait passé comme un souffle sur la France, au lendemain des vers de Ronsard, de du Bellay et de Jodelle; au reste cet enthousiasme avait pénétré jusqu'aux bords de la Garonne (1). Les poètes n'étaient pas rares à Toulouse et l'on voyait les magistrats du parlement eux-mêmes devenus

« Des sonneurs favorys de la docte déesse
Servant dame Justice au Sénat Tolosain, »

dans la cité Palladienne, toute pleine encore des souvenirs légendaires de Clémence Isaure. Au commencement du siècle une ballade de Jean Perot en l'honneur de l'Université n'avait-elle pas donné à Apollon le titre de fondateur des écoles de droit romain et de droit canon ? Parlementaires, professeurs, avocats, tous s'efforçaient à l'envi de mériter les palmes décernées par l'Académie du *Gai savoir*. On voyait au nombre des lauréats des Jeux-Floraux : Claude de Terlon, Gui du Faur de Pibrac, le célèbre auteur des *Quatrains*, Étienne Forcatel le rival de Cujas, Jean de Rangouse, Jean Cognard, comme lui membre du parlement de Toulouse. Aussi disait-on que le Parlement avait envahi l'Académie. Comment Garnier ne serait-il pas devenu poète sur un pareil terrain, et n'aurait-il pas été tenté par l'espoir d'être leur émule ?

(1) En 1554 l'Académie des Jeux-Floraux grâce surtout à l'influence de Pibrac et du cardinal archevêque de Toulouse, Odet de Châtillon, avait décerné à Ronsard, en guise d'églantine, comme étant le premier poète de son temps, une *Minerve* d'argent, que le poète Pierre Pascal reçut et accepta à Toulouse en son lieu et place.

Cependant à Toulouse, en 1564, il fallait avoir toute l'ardeur poétique de la jeunesse et le feu sacré d'un disciple de Ronsard pour s'abstraire des discordes et des malheurs du temps. Le moment n'était guère favorable pour les courtisans des Muses. En 1562 et 1568 la ville avait été le théâtre des luttes religieuses les plus sanglantes ; l'Université elle-même s'était grandement ressentie de cette déplorable scission, qui était venue briser l'Unité catholique et mettre les armes à la main aux enfants de la même patrie.

« L'Université, plus noble partie de la ville, fut mise en schisme ; les écoliers armés les uns contre les autres, et mutinés contre les lecteurs catholiques, ne cessant hurler, siffler et tabourder aux leçons quand on leur faisoit quelque remonstrance de l'ancienne religion ou conferait les canons avec les lois civiles, appelant Fernand, Rossel et Lacoste papistes, qu'ils souloient auparavant adorer ».

Les capitouls eux-mêmes permettaient « à cette ardente jeunesse » de porter les armes, ce qui était plus grave que de les laisser courir les rues en chantant les psaumes de Marot ; aussi voyait-on la ville « dégénérant de sa première grandeur et sainteté, jadis florissante à l'étude des loix et bonnes lettres, pauvre, déserte, odieuse à Dieu et aux hommes, n'ayant que querelles et divisions » (1).

Les Jeux-Floraux s'étaient ressentis eux-mêmes de ce triste état de lutte. Les nouvelles *opinions* ayant recruté des adhérents surtout dans l'Université, aussi bien parmi les professeurs que parmi les étudiants, avaient voulu faire aussi la conquête de l'Académie du *Gai savoir*. Malgré ces tentatives, l'esprit catholique l'avait emporté, et le collège de rhétorique avait résisté à l'audace des novateurs. Pour

(1) M. Jourdain (*L'Université de Toulouse au XVIe siècle*) dit aussi que des abus multiples s'y étaient introduits, que les étudiants s'étaient affranchis des conditions de scolarité fixées par les statuts et que les grades étaient délivrés sans épreuves sérieuses.

prévenir la présentation de pièces anti-catholiques, le corps des *Jeux-Floraux* venait de défendre à « tous écoliers dictans en la gaie science », de parler contre la foi et la religion chrétienne. Il exerçait une censure sur les productions des concurrents ; aussi bon nombre de chants royaux, présentés à la docte académie, allaient-ils témoigner de la réaction qui se produisit, grâce à ces sévères précautions.

Cependant en mai 1563, à cause des pressants dangers de la guerre civile, du péril de grandes assemblées au milieu de la province en feu, à cause aussi de la crainte d'une surprise et des inquiétudes résultant de pareilles calamités, les jeux n'eurent pas lieu et les prix ne furent pas décernés. Mais en 1564, malgré l'avis contraire des capitouls qui avaient voulu s'opposer à la célébration des jeux poétiques, les mainteneurs décidèrent qu'il y aurait une solennelle distribution des prix. Le chancelier de l'académie, de concert avec les magistrats municipaux venus à résipiscence, firent annoncer ainsi aux habitants la bonne nouvelle :

« De par Messieurs les chanceliers, capitouls, baillis, mainteneurs et maîtres des Jeux floraux, institués par dame Clémence Isaure, de bonne mémoire, tous ceux qui voudront dicter pour les prix n'auront qu'à se rendre le premier et le troisième de may suivant à l'hôtel de ville, à la charge par eux de faire visiter leurs œuvres par les deux commissaires à ce députés, avec deffense d'y mettre des paroles contre la foy, de prononcer aucune œuvre lascive, ou autres tendantes au scandale, sous peine de prison et autres châtiments exemplaires ».

Garnier fut un des vainqueurs de ce concours des Jeux Floraux de 1564, et les juges lui décernèrent la *Violette*. Voici l'extrait du procès-verbal de la célèbre Académie qui constate sa victoire, et voici — ce qui a plus d'intérêt pour

nous — les vers également inédits qui lui valurent cette
première récompense.

« *EXTRAIT du Registre des Délibérations et autres actes
faites du Colliège intitulé de l'art et science de la Rhétorique, autrement dit de la gaye science, fondé en Tholoze
par feue dame Clémence Isaure de bonne mémoire* ».

« Du mecredi tiers de may 1564, dans le grand consistoire.

Par devant le dit sieur Coignard, vice chancelier, assistans
messieurs Coras, Chaulvet, Papus, Dufaur, Benoist, mainteneurs : Gestes, Rouquier, Duranti, Alies, Masse et Lordat,
capitouls ; Cazeneuve, Lacroix et Sainct-Aignan, maistres,
estans assiz en leurs sièges accoustumés (1).

(1) Plusieurs de ces noms méritent d'être relevés. Je citerai surtout
Jean Coras, le célèbre professeur calviniste, qui devait, en 1572, mourir
pendu à l'ormeau du Palais victime des fureurs de la populace ; Dufaur,
sans doute Guy Dufaur de Pibrac (à moins que ce ne soit Pierre) le
célèbre auteur des *quatrains*, alors juge mage de Toulouse, de retour
du Concile de Trente, fils de Pierre Dufaur président au Parlement et
chancelier de l'académie des Jeux-Floraux et appartenant à cette
grande famille des Dufaur, qui au XVIᵉ fut l'honneur de la magistrature
et une des gloires, non seulement de Toulouse mais de toute notre
France ; Jean Coignard, conseiller au parlement, qui en 1563 venait de
demander que le concours des Jeux-Floraux ne fut pas célébré ; Papus,
un des mainteneurs qui devait rester le plus fidèle au collège de la
Gaie science au milieu de la dispersion de ses collègues suspects ou
absents par suite des guerres religieuses ; Mathieu de Chalvet, président aux enquêtes du Parlement dont le fils François fut aussi poète.
Parmi les maîtres, admis à ce titre après une triple victoire, Pierre de
Saint-Aignan était entré dans le docte collège en 1552 ; Samson de
Lacroix en 1554 avait été l'auteur du premier sonnet qui eut osé se
présenter à l'académie. Parmi les capitouls, on a remarqué, certes, le
grand nom de Duranti.
Jean de Cardonne, qui reçut l'églantine, avait déjà obtenu deux
fleurs dans deux précédents concours, et fut admis au nombre des
maîtres. Il devint célèbre parmi ces jeunes étudiants épris de la noble
ambition de recevoir les fleurs distribuées aux vainqueurs de ces luttes
poétiques. Voir M. Tamizey de Larroque, le savant commentateur des

Feust vacqué à l'audition des œuvres des dictans depuis les sept heures du matin jusqu'à neuf.

Et après les dits seigneurs vice chancelier, mainteneurs Rouquier, Duranti et Lardat, cappitouls et bailes pour la dite année, ensemble les maîtres soy estre retirés et assemblés dans la petite chambre des conseils.

Feust procédé à la délibération sur l'adjudication des fleurs et aiant veues les œuvres des dictans.

Par plus grand advis et oppinion des dits sieurs vice chancelier, mainteneurs et cappitouls et maîtres feust arresté que la fleur de l'Églantine estoit adjugée à M° Jehan Cardonne, docteur tholosain et passé maistre.

Et quant aux autres fleurs feurent mises en essay d'entre ungs nommés *Garnier*, Merens, Clairefontaine, Gay, Salustre, Cadier, et Bouschereau escoliers, comme aiant dictés bonnes œuvres, auxquels feust incontinent baillié ung refrain pour faire un huictain correspondant au dict refrain.

Et le mesme jour de rellevée les dits vice chancelier, mainteneurs, cappitouls et maîtres, assemblés dans la petite chambre des Conseils, et aiant veus les responses des dits escoliers et icelles mises en délibération, par plus grand

---

vies des Poètes gascons tirées des manuscrits de Colletet qui pourra en apprendre plus long que moi sur ces poètes. Je ne puis cependant ne pas faire remarquer le nom de Guillaume de Saluste, seigneur du Bartas, qui préludait de bonne heure à son éclatante réputation, et fut alors battu par Garnier. Il fut plus heureux au concours de 1565 et y obtint la Violette. De même que ce dernier, du Bartas aima à se placer sous le patronage de Pibrac, qu'ils avaient eu tous deux pour juges dans ce concours, et lui dédia plus tard son *Triomphe de la foi.* — Du Bartas étant né vers 1544, si Garnier était né vers la même époque on pourrait justement s'étonner de les rencontrer *écoliers* et concourant alors ensemble. C'est encore une des raisons qui me faisaient reporter la naissance du poète manceau après 1534, avant que naturellement j'eusse acquis la certitude de sa naissance à la même époque. Du Bartas, mourut aussi en 1590 à 46 ans. — Voir sur *La vie et les œuvres de du Bartas*, Georges Pellissier, 1 vol. in-8, Hachette, 1883. — V. sur tous ces noms : du Mège, *Mémoire sur les poètes qui obtinrent des prix aux Jeux-Floraux pendant le XVI° siècle* dans les *Mémoires de l'Académie de Toulouse*, t. II, 2° partie, 1830, pp. 275, 278, 284, 290, 297, 300, 301, 303, 316.

advis et oppinion, feust arresté que la fleur de la violette estoit adjugée au dit *Garnier* et la fleur de la souley au dict Merens. »

Voici maintenant les vers de Robert Garnier :

LA VIOLETTE

(Chant royal allégorique des troubles passés de la France.)

« Despuys le bor indoys d'où le soleil doré
Ses cheveux jaunissans éparpille sur terre,
Jusques au pied d'Atlas où son char demeuré
Creusement dans le sein de Neptune il enserre,
Et despuys la Tartare, au séjour ennuyeux,
Jusqu'au More noircy de la torche des cieulx,
Il n'y eust mer jadis de meilleur navigaige
Que notre mer françoise ores plaine de raige ;
Mains ainssy que le ciel n'est toujours pluvieux
La mer n'est pas toujours boillonante en oraige.

Deux vents se sont esmeus sur son ventre azuré,
Qui d'ung soufler contraire ont dressé telle guerre
Aux vaisseaulx innocens du marchant asseuré
Et convoyteux d'avoir l'orientalle pierre,
Qu'au lieu de butiner le joyau précieux
Et d'accroistre le bien venu de ses ayeux,
Au lieu de contanter son avare couraige,
Il a triste perdu le soin pour le naufraige
Veoire plus, n'eust esté que par grâce des Dieux
La mer n'est pas toujours boillonante en oraige.

Aquilon d'une part, au combat préparé,
Ung aspre tourbillon de sa bouche desserre,
Icy le tiède Auster d'autre part demaré
Fait avec ses vapeurs ung horrible tonerre,
Si bien que les vaysseaulx, de ce choc furieux
Se voiant les costés rompus en mille lieus,

Tels assaultz ne pouvoient soustenir d'advantaige,
Et n'eussent peu jamais aborder au rivaige,
Ne feust quelque destin ou que pour dire mieux
La mer n'est pas toujours boillonante en oraige.

Quelques vaysseaulx que l'onde et le flot coloré
Ont porté contre un roc, se cassent comme ung verre,
Les autres tenant tout comme desespéré
Sont poussés par aultan jusqu'au port d'Angleterre,
Les autres par la bise, autre vent odieux,
Sont jetés en Espaigne, et quelque peu joieulx
Que par les estrangiers en leur plus grand domaige
Ils peussent garantir le reste du bagaige,
Conurent qu'en despit du destin envieux
La mer n'est pas toujours boillonante en oraige.

Mais les pauvres nauchers, pour avoir enduré
Tant de peine engoisseuse en se pensant à guerre
De l'or oriental le butin espéré
N'estoient hors du malheur où le sort les enserre,
Et la tempeste encore enubiloit leurs yeux,
Alors que de Vénus le signe grâcieux
Et du signe besson le fortuné presaige
Feist retirer les vents avecques tout nuaige,
Monstrant que, puisqu'il rend le soleil radieux,
La mer n'est pas toujours boillonante en oraige.

          Envoy.
Messieurs, toujours l'Auster n'est pestilentieux,
Le Peuple on ne voyt pas toujours séditieux,
Toujours l'iver cuysant ne monstre son visaige,
Toujours Mars furieux n'exerce son carnaige,
Toujours Dieu ne punist le monde vicieux,
La mer n'est pas toujours boillonante en oraige

GARNYER » (1).

(1) Je dois cet extrait du procès-verbal des Jeux-Floraux et ces vers
de Garnier à la parfaite obligeance de feu M. Gatien Arnoult. qui avait
bien voulu me les communiquer.

On voit que Garnier débutait par un *Chant royal*, c'est-à-dire par des vers conçus dans le moule de la poésie du XVe siècle, et que du Bellay avait condamnée dans son manifeste de l'*Illustration de la langue française*. Le poète manceau devait prendre plus tard sa revanche.

J'ajouterai à ces lignes quelques renseignements sur les Jeux floraux, qui feront comprendre en quoi consistait la *mise des fleurs en essay*. Le 1er et le 3 mai de chaque année avait lieu l'assemblée des mainteneurs. Durant ces jours, « ceux qui voulaient prononcer devant eux chants royals, balades, hymnes, églogues, sonnets et autres vers » étaient admis à se faire entendre dans le grand consistoire de l'hôtel-de-ville. Le 3, ceux qui avaient prononcé les meilleurs vers « sont miz à l'examen qu'on appelle *essay* et a iceux est baillé, par le chancelier, les mainteneurs et docteurs de l'art, quelque argument pour promptement sur icelui composer quelques vers, aux fins de connoistre si les vers par eux prononcés sont les plumes d'autruy, en quoi l'on a esté bien souvent déçu, et après par les susdits sont adjugées les trois fleurs aux plus dignes et capables, et à icelui les dites fleurs publiquement distribués par trois des capitouls, et celui qui a pour succession de temps gagné les trois fleurs est fait docteur en poésie » (1).

Les vers que je viens de citer sont ce qui nous reste des premiers prémices de la poésie de Robert Garnier ; voilà son premier vagissement poétique. On s'étonnera peut-être que ces vers ne fassent pas pressentir davantage l'auteur des *Juives*, de *Bradamante* et de l'*Élégie sur la mort de Ronsard* ; on sera surpris de ne pas sentir, en les lisant, que Ronsard est venu et que la vieille école poétique de la première moitié du siècle a désormais fait son temps. Qu'on remarque toutefois que le *Chant royal* était, comme

(1) Voir La Faille, *Annales de Toulouse*, t. II, preuves, p. 78 : extrait du récit de l'entrée de Charles IX à Toulouse en 1565.

là Ballade, (je viens de le dire), le vieux moule traditionnel, consacré pour ainsi dire par les Jeux floraux et auquel les jeunes poètes devaient plier leurs essais plus ou moins poétiques. Ce n'est jamais, non plus, devant les académies que se produisent les rhythmes ou les pensées des novateurs. Ce n'est pas sur ces vers de commande, comme on le verra, qu'il faudrait asseoir son jugement pour pouvoir bien apprécier ce que j'appellerai la *première manière poétique* de Garnier. En fin de compte, cependant, leur ton soutenu, leur mâle énergie sont déjà bien d'accord avec la force, un peu âpre, qui restera la note dominante de la poésie de Garnier. La gravité de Sénèque s'y rencontrera plus souvent que la grâce d'Horace ou de Pétrarque. J'ajouterai aussi que pendant tout le reste de sa vie on retrouvera comme un écho de ce chant royal allégorique sur les troubles religieux de la France. Partout il ne cessera de les déplorer, d'appeler la fin des orages et celle des discordes civiles, tant il avait souffert, sans doute, du spectacle du sang versé dans Toulouse. La blessure avait été si profonde qu'il la gardera toute sa vie et ne pourra jamais s'en guérir.

La *Violette* ne fut pas le seul honneur poétique obtenu par Garnier pendant son séjour à l'Université de Toulouse.

Au commencement de 1565, le jeune roi accompagné de sa cour et de la reine régente sa mère, qui voulait montrer son fils à toutes les provinces pour les rattacher à sa cause, poursuivait à travers le Languedoc ce long voyage qui devait avoir pour terme l'entrevue de Bayonne. Au commencement de février, le cortège royal fit son entrée à Toulouse où le séjour de la cour se prolongea pendant plus de six semaines et où se tinrent les États.

Malgré toutes les calamités et les désastres qu'on venait de traverser et les craintes de la peste, la ville et toute la province revêtirent, pour ainsi dire, un joyeux et brillant manteau de fête. Ce ne furent que « festins, triomphes et passe-temps ». Une habitude invariable de l'époque, c'était de prodiguer les discours, les harangues, les vers à leurs Majestés, qui étaient tenues de subir à leur entrée dans les villes les souhaits de bienvenue de presque tous les grands corps de la cité : justice, église, université, collèges, magistrats de ville, chefs de milice bourgeoise, etc., etc. Garnier eut l'insigne honneur, lui fils des bords de l'Huisne, de réciter ses vers à Sa Majesté, sur les bords de la Garonne, ce qui indique d'une manière éclatante le rang que son talent lui avait valu parmi ses jeunes rivaux de l'Université toulousaine. En 1533, à son entrée à Toulouse, François Ier avait été harangué en vers français par la belle Paule de Viguier, la savante toulousaine dont Gabriel de Minut à tant célébré les charmes dans sa *Paulegraphie*. Robert Garnier, en 1565, récita une églogue devant le roi Charles IX venu à son tour visiter la cité de Clémence Isaure. On voit, en effet, annoncé dans le titre de son volume de vers, imprimé à Toulouse cette même année 1565, *deux églogues, la première apprêtée pour réciter devant le Roy et la seconde récitée devant la Majesté du Roy.*

Ce fut surtout le jour de l'entrée de Charles IX à Toulouse que la ville s'épuisa en splendeurs de toute sorte pour accueillir le jeune roi et sa cour. La poésie avait alors pour ainsi dire la première place dans ces royales entrées et Robert Garnier fut comme le héros poétique de la fête. Ce dut être le plus beau jour de sa vie de poète ; jamais à aucune autre époque, soit dans le Maine, soit à Paris il ne se trouva mis en pareille évidence que dans cette belle journée de sa jeunesse, sous le ciel toulousain.

Je ne saurais raconter tout au long l'entrée de Charles IX à Toulouse, bien qu'elle n'ait pas été jusqu'à ce jour l'objet de l'étude d'aucun bibliophile. Ce serait ici un trop long hors-d'œuvre ; je suis forcé de me borner à ce qui a trait, de plus ou moins près, au rôle que le jeune poète manceau fut appelé à y remplir.

Pour permettre au roi et à la cour de voir le défilé se

dérouler plus commodément devant eux, par ce temps rigoureux, on avait construit une loge bocagère, un pavillon avec trois galeries ornés de festons de lierre, de lauriers, d'amours, de tapisseries — œuvre d'architecture que la poésie avait aussi décorée. « En la dite salle y avoit dans des festons plusieurs sonnets : aucuns des quels seront icy insérés ».

Trois de ces sonnets sont l'œuvre de Garnier.

Les beaux esprits de Toulouse ayant fait alors briller leurs talents on jugera du goût du siècle et des progrès de la poésie par les emblèmes, les inscriptions et les morceaux de poésie.

Dans la ville s'élevaient sept arcs triomphaux, et des théâtres ornés de peintures et de diverses inscriptions ou de vers dans lesquels Garnier eut la plus large part.

On voyait aussi des vers latins de Forcalet de Cardone, du médecin Ferrière, même des vers grecs de Duchemin, une inscription de Pierre Paschal, qui était à la veille de mourir, sans parler d'emprunts faits à Sidoine Apollinaire, à Martial, etc.; mais c'était le nom de Garnier qui s'étalait sur le plus grand nombre d'échafauds.

Sur l'arc de triomphe, en style corinthien, élevé sur le carré de la rue de la Porterie, répondant à la Grande-Rue, l'on voyait de chaque côté un petit Terme ; sur l'un, était dépeinte la Garonne en forme virile, avec une grande barbe et de longs cheveux, et sur l'autre l'Océan père de tous les fleuves. Au théâtre de la rue de Salinière, il y avait un feston pendant, où étaient écrits ces quatre vers français.

> « Est-il étrange si Garonne
> A vos pieds se va présentant,
> L'Océan, qui tout environne,
> Vous en veut bientôt faire autant.

GARNIER. »

Au haut la statue de Charles IX et à ses pieds trois figures représentaient la Religion, l'Obéissance et Toulouse à genoux sous la forme d'une femme fort vieille. Au piédestal on lisait :

« Icy Obéissance avec Religion,
Toulouse accompagnant, montrent qu'il n'est Province
Où le peuple maintienne, en telle affection,
Religion à Dieu, l'obéissance au prince.

GARNIER. »

Sur la corniche on voyait l'effigie de Théodoric roi de Toulouse, et deux grands cadres de peinture où était peinte la bataille de Théodoric et d'Attila. En la frise il y avait une table d'attente ou étaient écrits quatre vers :

« L'armée Attilienne arrache de l'Europe
Tout cela qu'elle avoit de bon et de beau,
Excepté de Toulouse où cette grande troupe
Mise au couteau tranchant n'y print que le tombeau.

GARNIER. »

Voici les sonnets que le jeune poète manceau récita devant le roi :

SONNET.

« Comme on voit le soleil, quand joyeux il retourne
Sur le printens verdi pour nous souffler le chaud,
Un rayon modéré nous est venu d'en haut
Qui détruit la rigueur de l'hyver qui frissonne.

Le pré marécageux heureusement floronné
Et s'esmaille verdi des couleurs qu'il luy faut.
La forêt recouvrant l'honneur qui lui défaut
D'une vive blancheur la tête se couronne.

Les oyseaux amoureux rejargonent leurs chants,
Bacchus entre en la vigne et Cérès par les champs
Tapisse de verdure la terre limoneuse.

Ainsi nostre soleil, nostre Charles montrant
Ses raïons à Toulose et dedans elle entrant,
La pare, l'embellit de sa présence heureuse.

GARNIER ».

AUTRE SONNET AU DIT SEIGNEUR.

« Vous qui faistes renaistre en ce Royaume icy
Le premier âge d'or retourné sous Auguste,
Vous monstrant plus que lui et pitoyable et juste,
Vous monstrant plus que lui de louanges éclaircy

Vous qui nos cœurs voilez d'un nuage épaissi,
Sous les mortels combats que la discorde afuste
Déliates venir et d'une main robuste
Desconfites Bellone et la discorde aussi.

Vous, vous qui jà rendez vraye vertu Royale
En cent et cent façons à la puissance égale,
Vous que nous honnorons comme un présent des dieux,

Prospérez longuement, longuement sur la terre
Retenez florissant en repos otieux
Votre peuple éloigné des foudres de la guerre.

GARNIER. »

AUTRE SONNET AU DIT SEIGNEUR

« Hercules commença dès sa première enfance,
A combattre petit les monstres inhumains,
Suffoquant par l'effort de ses nerveuses mains,
Des Dragons écaillez l'inutile puissance.

Toy cheminant encore sous l'âge d'innocence,
La guerre et les discords as doublement éteint,
Les troubles mutineux dont nos cœurs estoient pleins
Tu as, Sire, bani de ta sujete France.

Bientôt, quand les vingt ans auront roidi ton corps,
Que tes membres molets se connoîtront plus forts,
Un Hydre, un Gérion te faudra pour te battre.

> Il te faudra purger ce monde vicieux,
> Le monde plein d'erreur il te faudra combattre,
> Et par là te bâtir un palais dans les Cieux.
>
> GARNIER. »

Lafaille n'a pas reproduit ces vers, mais il est loin d'avoir inséré dans son livre tous ceux que les poètes que comptait alors Toulouse s'empressèrent de prodiguer dans cette solennelle occasion, si propice pour leur jeune talent ou leur vieille gloire. Il n'a pas même fait connaître, malgré leur brièveté, les quatre vers que récita la nymphe descendue des nues pour recevoir le roi. Dès lors, on ne peut s'étonner qu'il n'ait pas donné place dans son livre aux poésies de longue haleine qui furent débitées devant le jeune prince, ou plutôt qui avaient été composées pour être récitées devant lui. Il faisait si grand froid à Toulouse, lors de l'entrée de la cour, que c'eût été lui infliger un véritable supplice que de réciter devant elle les longues pièces de vers, dont les poètes s'étaient mis en dépense pour elle et dont l'éclosion eut été plus opportune aux tièdes haleines d'un soleil printanier. Leurs auteurs durent se contenter ou de déposer leurs manuscrits entre les mains du roi, ou de les remettre à un généreux imprimeur, qui voulut bien leur donner cette consolation.

Une plaquette rarissime, comme toutes celles qui relatent les entrées royales, nous fait précisément connaître une églogue récitée devant le roi, qui nous paraît rappeler la manière de Garnier à cette époque et qu'on peut très vraisemblablement dès lors attribuer au jeune poète manceau. C'est le *Brief discours de la magnificque entrée du très chrestien roy de France Charles IX, faicte en sa ville de Tholose le 2me jour de février 1565.* s. d. in-8 (1).

Le privilège est daté de Paris le dernier jour de février

(1) Bibliothèque nationale, L B. 33.171.

1564 (vieux style). La pièce contenant huit feuillets non
paginés et portant la marque de Nyverd n'est autre chose
qu'une lettre missive, dans laquelle « est contenue en brief
discours l'entrée du Roy en sa ville de Tholose » et qui a
pour but d'apprendre aux Parisiens les principaux détails de
cette fête.

A la fin de la lettre on lit : « écrit de Tholose, le VI.février
1564, par vostre frère et obéissant D. du P. » — Puis vient
le « chant de joye récité par les Nimphes de Garonne à
l'entrée du Roy très chrestien Charles VIIII de ce nom en
sa triumphante et très magnifique ville de Tholose ».

Cette églogue (1) me paraît avoir avec les autres pièces de
poésie écrites alors par Garnier un air de ressemblance
assez frappant pour qu'on puisse, mais sous réserves, lui en
attribuer la paternité.

Je la reproduirais ici, si je ne craignais d'occuper trop
longtemps les pages de cette revue.

Aucune des autres pièces écrites à l'occasion de l'entrée
ou du séjour de Charles IX à Toulouse, et qui de plus, ne
sont pas des églogues, ne nous paraît porter à pareil degré
la marque de fabrique de Garnier. Rien d'étonnant d'ailleurs
à ce qu'à cette époque, où l'on avait le culte de la poésie,
l'éditeur de cette Entrée royale, ou celui qui en a procuré
l'édition, ait inséré, pour mieux faire valoir et mieux faire
vendre sa pièce, cette églogue ne manquant pas de souffle et
où se rencontrent des vers bien frappés, et qu'il se soit
dispensé d'en indiquer l'auteur alors complètement inconnu.
Puisse l'instinct de divination ne m'avoir pas fait défaut, et
la révélation de cette pièce être un jour suivie de celle de la
découverte des *Plaintes amoureuses* de Garnier, alors
toulousain d'adoption.

(1) Cette pièce sera publiée dans un appendice, qui figurera au
moins dans un tirage à part.

⁎

La bonne fortune d'avoir obtenu *la violette* au concours de 1564, devait faire désirer au jeune poète manceau l'honneur plus grand encore d'obtenir *l'églantine* dans les suivants. Si l'on ne trouve pas son nom parmi les lauréats de 1565, cette année fut marquée pour lui par une autre bonne fortune poétique, non moins honorable et peut-être plus enviée, dont nous allons bientôt parler. L'année suivante lui réservait la plus solennelle victoire que puissent remporter les concurrents des jeux floraux ; cette fois en effet, c'était la fleur d'églantine qui lui était adjugée (1).

Voici le procès-verbal qui constate son succès et les vers qui le lui valurent, le tout inédit, comme les pièces de 1564.

« Cinquième jour du moys de may 1566, dans le grand consistoire

(1) En 1565 Guillaume de Salluste, un des concurrents malheureux de l'année précédente, reçut la violette. On a pensé, mais sans en être sûr, qu'il pouvait être l'auteur du *Chant royal* intitulé *Pandore*, contenant l'éloge de Toulouse, qui obtint une récompense à ce concours et que du Mège a inséré dans son Mémoire sur les lauréats des jeux floraux (p. 297). Garnier ne fut pas le seul à cette époque des écoliers du nord de la Loire, qui acquit à Toulouse une précoce renommée.

L'angevin Le Loyer, né à Huillé près Durtal, à la fin de 1550, après être resté cinq ans à Paris pour ses études classiques s'était rendu à Toulouse afin d'y étudier le droit. Lui aussi négligea quelque peu « les lois de la sainte Thémis » au profit de celles « de la muse gentille ». Lui aussi en 1572, devait remporter le prix de l'*Églantine* aux Jeux Floraux. Il publia chez Arn. Colomiez, Toulouse, 1572, la pièce qui lui avait valu sa victoire, *Idylle sur le Loir*. En 1574 il publiait encore à Toulouse, in-4°, *de obitu Carolis regis..... academiæ Tolosanæ mœstissima carmina Cœnotaphio Appensa*, pendant que Garnier insérait de ses vers dans le *Tombeau de Charles IX*. Deux ans plus tard Le Loyer faisait imprimer à Paris, sa première œuvre dramatique, *Le Muet insensé*. Le nom de Garnier ne parait pas à côté des nombreux noms des poètes dont les vers figurent, en 1584, dans l'édition de Le Loyer. (Voir *Dictionnaire de Maine-et-Loire* de Célestin Port.)

connaître d'une façon aussi précise les premières œuvres du
poète de la Ferté-Bernard, et d'après lequel Niceron et
autres ont pu les indiquer.

Ce qui me fait penser que Garnier tenait à faire oublier
ces premiers vers, c'est que Lacroix du Maine, son ami, son
voisin de campagne ne donne pas le titre de cette œuvre,
alors qu'il a si grand soin de citer par son nom la moindre
bluette, même manuscrite, de tous ses compatriotes. Il se
contente de dire que Garnier fit imprimer à Toulouse les
poésies pour lesquelles il obtint l'une des fleurs des Jeux
floraux, se réservant d'en parler plus longuement en traitant
des poètes couronnés dans ces jeux poétiques. Il fallait donc
ou que Lacroix du Maine ne connut pas le véritable titre de
l'œuvre, ou qu'il voulut respecter les scrupules du poète
son ami. En tous cas, cela montre qu'en 1584, c'est-à-dire
vingt ans après son impression, le volume de Garnier était
déjà bien rare dans le Maine, sans cela son titre eut figuré
dans le catalogue du bibliographe manceau.

Ce qui achève de le faire penser, c'est qu'elle est aujour-
d'hui plus que rarissime, et pour expliquer cette rareté,
je ne vois pas d'autre motif plausible que de supposer que
Garnier, revenu dans son pays, grave magistrat, lieutenant
criminel, aura voulu enfouir le souvenir de ces *juvenilia*,
de ces poésies, pour ne pas dire de ces péchés de jeunesse (1), moins gros que les *Gayetez* de Ronsard, et qu'il
aura contribué lui-même à leur destruction. Ainsi firent
dit-on, plusieurs de ses contemporains, entre autres Vauquelin de La Fresnaye, lieutenant général à Caen, dont la
vie peut à bien des égards lui être comparée.

Languedocien, de lui faire part des poésies des personnes célèbres
et surtout des auteurs qui avaient gagné des prix aux Jeux Floraux.

N'est-ce pas de cette façon que le Lyonnais Duverdier aurait connu
le titre des poésies de jeunesse de Robert Garnier ?

(1) Je dois cependant dire que l'*Hymne de la Monarchie* de Robert
Garnier pour lequel il ne peut être question de destruction volontaire
est lui-même une pièce rarissime.

Ainsi fit, dit-on, le poète angevin Lemasle. C'était pour ces poètes manière de faire amende honorable pour leurs sonnets amoureux, d'apaiser la jalousie rétrospective de leurs épouses ou les susceptibilités de celles qu'ils avaient chantées en termes trop libres comme l'*Admirée* de Tahureau, que le jeune poète avait vraiment trop décolletée (1).

Existe-t-il un exemplaire de l'œuvre de Garnier ? Je ne l'ai rencontré nulle part, pas plus d'ailleurs qu'Hauréau et Bernage ; les continuateurs de Brunet n'ont pu, dans leur supplément, qu'en indiquer le titre. En fin de compte on conçoit bien cette rareté dans le Maine d'où l'auteur était pour ainsi dire le maître de faire disparaître son livre, si jamais il y avait pénétré. Mais qu'il ait complétement disparu du Midi, voilà qui est plus étonnant. Vingt ans après la publication des *Plaintes amoureuses* le nom de Robert Garnier était devenu célèbre, tous les exemplaires de sa plaquette, que Du Verdier dût avoir sous les yeux pour en noter le titre (2), n'avaient pas sans doute été détruits ou perdus par suite des ravages de la guerre civile. D'un côté l'éloignement les protégeait de la destruction dans laquelle voulait peut-être alors les englober leur auteur, et de l'autre le nom de Garnier devenu illustre et ayant même ses œuvres tragiques imprimées à Toulouse devait les désigner à l'attention et aux soins vigilants des curieux et des bibliophiles. Tout cela est vrai et cependant

(1) Cf. H. Chardon, *Tahureau, son mariage, sa famille et l'Admirée.* Paris, A. Picard, 1885. Tous les poètes du temps avaient été plus ou moins amoureux *en vers* au temps de leur jeunesse et ils pouvaient dire, comme le sous-préfet du *Monde où l'on s'ennuie*, Paul Raymond, à la duchesse de Préville, (je modifie légèrement les termes) : « Oh ! duchesse, *amoureux*, moi je l'ai été, comme tout le monde, quand j'étais petit : C'est la rougeole *poétique*, cela !..... Tout le monde l'a eue. »

(2) Il pourrait se faire que Du Verdier n'ait donné le titre que d'un ouvrage manuscrit.

Rend grâces à celuy qui l'oste du servaige,
Ainsi nous deslivrés d'un si mortel naufraige
Devons à tout jamais remercier, joyeulx,
L'Hercule qui dompta les monstres de son aige.

Adviene bon Hercule qui jusqu'au bord lointain
D'où Phébus va tirant sa lumière absentée,
La seconde vertu qui lotge dans ton sain
Soit d'un vers imortel par nous mise et chantée ;
Advienne que bien tard la puissance des Dieux
Demeure justement sur nostre aise enuyeux,
Te face abandonner ce terrestre héritaige
Affin que nous aions encor et d'advantaige
De tenir entre nous longtemps victorieux
L'Hercule qui dompta les monstres de son aige.

Reddition d'allégorie

Par ces monstres j'entends les hommes factieux,
Qui sur ce bord Gaulois firent tant de domaige.
L'aige de cet Hercule est ce cercle odieux,
Et notre Roy vainqueur, dont la jeunesse saige
A desjà surpassé l'honneur de ses ayeux,
L'Hercule qui dompta les monstres de son aige.

Garnier (1). »

Cette fois c'était la plus haute distinction dont disposait le collège de la Gaie science qu'obtenait Garnier et ce n'était

(1) Le souci fut accordé à Gabriel de Terlon, le futur conseiller du parlement de Toulouse qui devint aussi plus tard un des mainteneurs, l'auteur des *Six chants de Vertus*. Paris, Guill. Bichon, 1587, in-12. Il lui fut donné pour un poëme allégorique sur la *Défense*, par *Jean de la Valette, de Malte assiégée par les Turcs*. Guillaume Bernard eut l'autre fleur. Son père, Claude de Terlon, poète comme lui, avait été reçu maitre dès 1543. Voir du Mège *ut suprá*, pp. 273, 274, 299 et *Biographie Toulousaine*, t. II, p. 427.

pas un mince honneur pour lui, écolier *étranger*, de battre
ses rivaux, enfants du sol gascon, et dont plusieurs avaient
eu leurs pères siégeant naguère parmi les mainteneurs. Cette
fois ce n'était pas un sujet imposé par ses juges qui lui valait
sa victoire ; il était émané de son libre choix, ou plutôt il lui
avait été inspiré par la présence du jeune roi Charles IX à
Toulouse. L'allégorie en l'honneur du roi vainqueur à
Rouen, au Hâvre, à Dreux, à Orléans, vainqueur il est vrai
par l'intermédiaire de François de Guise et du connétable
de Montmorency, était un bon choix pour un écolier du
temps de la Renaissance, plus naturel, plus convenable
même, on pourrait dire, que celle de l'*Hercule chrétien*,
l'hymne célèbre de Ronsard qui devait être alors plus en
renom à Toulouse que partout ailleurs. La pièce de Garnier
annonçait cette fois qu'un vrai cœur de poète battait sous la
cape de l'écolier manceau. Si le jeune étudiant ne passa pas
au rang des maîtres du collège de la Gaie science, c'est que
sans doute, comme on le verra bientôt, il ne tarda pas à
quitter Toulouse pour s'en aller à Paris. Sans cela nous
eussions certes trouvé son nom inscrit une troisième fois
dans le livre d'or des Jeux floraux, ce qui eut valu au jeune
poète son admission au rang des maîtres. Mais dès 1567 il
était à Paris ; d'ailleurs cette année là, comme l'année
suivante, les jeux poétiques furent désorganisés à Toulouse.
Les Muses y restèrent muettes au milieu des calamités des
guerres civiles et en l'absence des mainteneurs dispersés
par les malheurs des temps.

§ III

Garnier amoureux. — Agnette. — Les *Plaintes amoureuses*.

La notoriété qu'avait donnée au jeune poète le rôle qu'il
avait joué dans la fête de l'entrée de Charles IX à Toulouse

et son succès, l'année précédente, aux Jeux floraux le déter-
minèrent à publier les poésies qu'il avait en portefeuille, y
compris les vers qu'il avait composés exprès pour le roi.
Mais ces vers n'étaient dans sa pensée qu'un accessoire
de sa publication, et comme un passeport, une lettre de
recommandation délivrée en faveur de ceux qui lui tenaient
le plus au cœur.

Garnier était amoureux. C'était l'amour qui l'avait rendu
poète, ainsi que la plupart des membres de la Pléiade.

Il a lui-même, huit ans plus tard environ, fait allusion à ces amours de sa jeunesse dans son *Élégie à Nicolas
de Ronsard, sieur des Roches*, publiée en tête de sa
tragédie d'*Hippolyte* en 1573 :

« Quelquefois, quand le sang de ma neufve jeunesse
Commença de bouillir plus que l'accoutumé,
Amour me fist servir une belle maistresse,
Dont j'ai le cœur en vain longuement allumé.

Je souspiray pour elle, et renflay de mes larmes
Tes roides flots, Garonne, à qui j'alloy, dolant,
Pour tromper ma douleur, chanter maints tristes carmes,
Me pleignant, écarté, de mon mal violant

Quantefois au pendant d'une roche cavée
Quantefois dans un antre, hélas ! et quantefois
Dans un val secretaire, ay-je l'herbe lavée,
Et de mes durs regrets fait retentir les bois ?

Rien ne sonnoit qu'*Agnette* (*Agnette* estoit à l'heure
Le nom de ma maîtresse) et les vers, qu'Apollon
M'inspiroit agité de sa fureur meilleure,
Épandus dans le ciel, ne chantoyent que ce nom.

En fin voyant ma vie, à son regret, donnée
Par son rigoureux père au pouvoir d'un mary,
Je laissai ma liesse au jaloux Hymenée
Et triste abandonnay ce rivage chéry ».

« Ces tristes larmes » qu'il versait « pour tromper sa douleur », au lieu de les garder pour lui et pour celle qui en était l'objet, Garnier, à l'exemple de ce qu'avaient fait Ronsard, Baïf, Tahureau, Magny et bien d'autres, voulut les faire connaître aux lettrés de son temps et à ceux qui comme lui étaient réduits à faire retentir l'écho de leurs plaintes amoureuses. Les poètes ont toujours aimé à prendre le grand public pour confident de leurs peines ; sa sympathie a toujours été pour eux un baume consolateur, et comme l'eau du Léthé pour les douleurs.

De ces vers, le jeune poète avait sans doute soumis un bon nombre l'année précédente à l'examen de l'Académie des Jeux Floraux ; c'étaient eux qui avaient mérité qu'elle le mit au nombre de ceux qui « ayant dicté bonnes œuvres » avaient été admis à concourir pour la Violette et le Soucy.

Il en fit une gerbe et en cette année 1565 paraissait chez Jacques Colomiez à Toulouse un volume in-4 de poésies de l'écolier manceau sous le titre des « *Plaintes amoureuses de Robert Garnier, manceau, contenant Élégies, Sonnets, Épîtres, Chansons. Plus deux éclogues, la première apprestée pour réciter devant le Roy et la seconde récitée devant la majesté du Roy en la ville de Tholose. A Tholose, par Jacques Colomiez 1565* ». C'est du moins le titre donné par du Verdier (1) le seul auteur contemporain qui ait fait

(1) *Bibliothèque Françoise* Ed. Rigoley de Juvigny, III, 418. Quant à la prétendue édition de Lyon (1602, in-12), indiquée par Hauréau (*Histoire littéraire du Maine*, V. 95), elle paraît n'avoir jamais existé. — Les frères Parfait rapportent qu'un élu de Lyon. Marcellin Gueyton, se faisait un plaisir singulier, vers 1582, de tirer de l'oubli à ses propres dépens une foule d'auteurs. Il avait prié Barthélemy Balluste,

Président le dit sieur Dufour, chancelier ; à luy assistans MM. Coras, Papus, Chaulvet et Benoist mainteneurs, Coignard, conseiller en la cour, Nogerolles (1), Caseneuve, Ducedre, Saint-Aignan, Lacroix et Cardonne, maîtres en la gaye science et poésie françoise. — En présence aussy des dits sieurs Belin, Bosquet, Goyrans, Lagorrie, D'Aiguesplats, auricoste, capitouls, estans en leurs sièges accoustumés......

Et par ledit seigneur chancelier avoir esté mis en délibération les œuvres des dictans en la dite science, ycelles avoir esté lues en présence des assistans et à yceulx demandé leur advis sur l'adjudication des fleurs et pris accoustumez estre donnez.

Par communs advis et délibération des dits sieurs chancelier, cappitouls, mainteneurs et maîtres, feust arresté et conclud que la fleur de l'Églantine estoit adjugée à M⁰ *Robert Garnier*, escolier, et sous le regard des deux autres fleurs de la Violette et du Soulcy seroient mises à l'essay.....

L'ÉGLANTINE

(*Chant royal en allégorie*)

« Quand le grand Jupiter eust basti de sa main
La machine rondeur de la terre habitée,
Et que par élément de notre genre humain
Il eust dessus son dos sa demeure arresté,

(1) A ceux de ces noms que j'ai déjà fait remarquer plus haut, j'ajouterai celui de Pierre de Nogeroles, docteur en la gaie science, l'auteur de la rarissime *Requeste* (Voir Brunet, *Manuel du Libraire*, t. IV, p. 94), imprimée à Toulouse, en 1555, petit in-8° de 16 feuilles, dont feu le docteur Desbarreaux-Bernard possédait l'exemplaire unique. Cette curieuse plaquette a donné naissance au roman de Du Verdier sur la prétendue pléiade poétique des dames Toulousaines, roman battu en brèche par M. Noulet, *Mémoires de l'académie de Toulouse*, 4⁰ série, tome III, p. 305.

Mil monstres divers vindrent audacieux
Remplir de cruaultés ce globe spacieux,
Si bien qu'à la parfin, veu leur furieuse raige,
Il n'eust esté possible y durer d'advantaige,
Si notre bon destin n'eust envoié des cieulx
L'Hercule qui dompta les monstres de son aige.

De mil et mil excès tout le monde estoit plain,
La terre en mil party estoit ensanglantée
De l'inhumanité de ce murdre inhumain,
Il n'y avoit mayson qui peust estre exemptée,
Les pères jà grisons voyoient devant leurs yeulx
Leurs enfans égorgés d'ung poignard furieux,
Car ces monstres villains ne paissoient leur couraige,
Que des seulles horreurs du continu carnaige,
Quand pour nostre secours, nous eusmes, soulcieux,
L'Hercule qui dompta les monstres de son aige.

C'est Hercule envoié par le Dieu souverain
Occist d'un bras nerveux la beste Erymentée,
Le taureau, Alcyon, le cerf au pied d'airain,
Geryon, Diomède et le lucteur Anthée.
Il avoit jà purgé ce monde vicieux
Et l'avoit anobli de ses faicts glorieux
Devant qu'un poil doré luy frisast le visaige,
Parquoy nous retirés d'un si doulent oraige,
Le devons à bon droit appeler en tous lieux
L'Hercule qui dompta les monstres de son aige.

Comme ung qui balançant sur le flot incertain
Veoit contre son espoir sa nef à bord jectée,
En rend grâces à Dieu qui tient des vents le frain
Et dompte le corroux de la mer despitée,
Ou comme le forssat, qu'un secours gracieux
Deslivré inopiné du coulier ennuyeulx,

la plaquette ne se retrouve pas. Elle est perdue sans doute hélas, comme tant d'autres légers recueils, quasi des feuilles volantes, ou écrits de circonstance, entrées royales ou princières dont la perte fait aujourd'hui le désespoir des curieux. Je souhaite qu'un hasard heureux vienne exhumer ces vers de la jeunesse de Garnier de quelque gros recueil où ils sont peut-être ensevelis jusqu'à ce jour (1).

Qu'on les déterre, qu'on les ressuscite et que grâce à eux, Garnier jouisse comme d'un renouveau de popularité. Aujourd'hui les vieilles tragédies ne se lisent guère, tandis que les bibliophiles sont restés fidèles aux sonnets, aux élégies, aux odes, poésies plus personnelles, plus subjectives. Garnier, par les chants de ses chœurs, par son *Élégie sur la mort de Ronsard*, par ses deux sonnets sur le trépas de Charles IX, a montré que chez lui le poète lyrique l'emportait peut-être sur le poète dramatique. Tout cela nous fait vivement regretter ses *Plaintes amoureuses ;* seules elles nous mettraient à même de bien apprécier ses débuts et d'entendre l'écho de ses amours pour Agnette, la gente Toulousaine (2). Allons, bibliophiles, à la rescousse, et que les vers de la jeunesse de Garnier retrouvés viennent rajeunir sa popularité d'autrefois et donner à sa gloire, aujourd'hui trop obscurcie, le baptême d'un éclat nouveau.

(1) Mon regretté correspondant, Tamizey de Laroque, rangeait ce volume parmi les livres perdus du Sud-Ouest. Voir *Revue de Gascogne*, t. XXIII, 1882, p. 198 et *Polybiblion*, XV (février 1882), p. 183. *De quelques livres perdus du Sud-Ouest.* Voir aussi *les Livres à clef*, par Fernand Drujon, 1888, t. II, colonne 1153 et *Essai sur la destruction volontaire des livres* par le même auteur. (Cf. *Journal des Débats*, 29 janvier, 1890.)

(2) Blanchemain n'a pas relevé son nom dans ses *Poètes et Amoureuses du XVIe siècle* et M. Louis des Veyrières lui a attribué à tort le nom de Marie.

§ IV

Garnier « advocat en Parlement » à Paris (1567). — Il conserve des
liens avec Toulouse. — Garnier et du Faur de Pibrac. — Influence
de l'auteur des *Quatrains* sur le poëte Fertois. — L'*Hymne de
la Monarchie*.

Garnier malheureux dans ses amours et voyant son
Agnette donnée

> « Par son rigoureux père au pouvoir d'un mary »

quitta Toulouse. Il le dit lui-même :

> « Je laissai ma liesse au jaloux Hyménée
> Et triste abandonnay ce rivage chéri. »

Ce séjour n'avait pas été pour lui sans profit. Il rapporta
des bords de la Garonne son parler sonore, qui sentit toujours l'enflure de la Gascogne. Encouragé dans cette ville
par les succès poétiques obtenus au matin de sa vie, il
pouvait dire d'elle comme un poëte de nos jours, qui fut
aussi vainqueur aux Jeux Floraux :

> « Toulouse la Romaine où dans des jours meilleurs,
> J'ai cueilli tout enfant la poésie en fleurs (1). »

Toulouse conserva son souvenir, fit imprimer ses tragédies et n'oublia que d'exhumer des manuscrits des Jeux

(1) V. Hugo, *Feuilles d'Automne*. Le jeune poète, couronné en 1820,
était reçu maître ès jeux floraux en 1821. Après avoir acquis ses lettres
de maîtrise, il écrivait aux mainteneurs :

> « Aussi belle qu'à sa naissance,
> Votre Muse se rit des ans et des douleurs
> Le temps semble, en passant, respecter son enfance. »

Floraux les vers de sa jeunesse que je viens enfin de faire connaître.

Garnier en rapportait surtout des amitiés puissantes : Pibrac, Terrace, Ronsard. Il y connut de futurs écrivains, venus de l'Ouest comme lui : Bodin, Le Loyer, etc. Enfin c'est sous le patronage d'un magistrat de Toulouse qu'il devait produire ses vers lorsque, ayant acquis le grade de licencié ès lois, il se dirigea vers Paris, en 1567, année où il est dit « advocat en la cour de Parlement ».

*
* *

Le célèbre magistrat poète de Toulouse Guy du Faur de Pibrac, avait quitté le Languedoc en 1565. Pendant la présence de la cour à Toulouse, l'avocat général Boucherat étant décédé, le chancelier de l'Hôpital avait obtenu de la reine mère la nomination de Pibrac comme avocat général au Parlement de Paris.

Pibrac avait protégé à Toulouse les premiers débuts de Garnier. Le poète lui dira plus tard d'un ton reconnaissant, en lui dédiant *Marc Antoine* : « A qui doyje plus justement présenter de mes poëmes qu'à vous, Monseigneur, qui les avez le premier de tous favorisez, leur donnant, hardiesse de sortir en public. Que *Marc Antoine* ait l'honneur de vous être agréable....... et mes autres ouvrages se hasteront de voir le jour, pour marcher en toute hardiesse sur le théâtre François, que vous m'avez jadis fait aimer au bord de vostre Garonne. »

Il est curieux de recueillir de la bouche même de Garnier l'aveu de cette influence exercée par le célèbre auteur des *Quatrains* sur le poète manceau. On ne se tromperait certes pas en remarquant que cet illustre protecteur semble avoir communiqué à son jeune disciple quelque chose de son ton sentencieux, de son goût pour les maximes stoïciennes, je dirai même pour les remontrances sentant la vieille liberté romaine, qui ne furent pas des mieux goûtées par la cour d'Henri III. Le grand magistrat de son côté ne s'est-il pas inspiré de la lecture des tragédies de Garnier pour le choix de quelques-uns de ses sonnets, comme celui de *Porcie, femme de Brutus* ou de celui de *Cornélie ?* Toujours est-il qu'il y eut une analogie frappante entre la nature d'esprit de ces deux magistrats poètes du XVIe siècle.

A Paris, Pibrac se plût à être le Mécène de l'ancien étudiant, qu'il avait aidé de ses conseils et qu'il avait vu briller aux jeux floraux et à l'entrée du jeune roi dans Toulouse. Ce fut sous son égide que Robert Garnier plaça les premiers vers qu'il publia à Paris dès 1567 : « l'*Hymne de la Monarchie*, à Guy du Faur, seigneur de Pibrac, advocat du roi au parlement de Paris, par Robert Garnier , fertenoy. Paris, 1567, petit in-4° de 12 ff. » (1).

Avant d'en venir à cette nouvelle œuvre je ferai remarquer que, l'année suivante, c'était encore à un Toulousain qu'il dédiait sa première tragédie de *Porcie*, ce qui montre combien étaient intimes les liens qui l'attachaient toujours à la cité de Clémence Isaure qui avait été pour lui comme une seconde patrie ; liens dont il ne devait tout à fait s'émanciper que plus tard.

Étienne Potier, sieur de la Terrace, secrétaire du roi, puis maître des requêtes de son hôtel, reçu le 6 avril 1551 (2), auquel est dédiée *Porcie*, est en effet originaire de Toulouse. Son fils Jean, maître des requêtes comme lui, devait retourner bientôt dans sa ville natale en qualité de second président au parlement.

Enfin, vers la fin de sa carrière, Toulouse aussi se sou-

(1) « Chez Gabriel Buon, au clos Bruneau à l'enseigne St Claude, avec privilège. » Gabriel Buon avait été l'éditeur des premières œuvres de Ronsard.

(2) Les armes des Terrace sont « *d'argent au chevron d'or accompagné de trois tours d'argent.* »

viendra de lui, et en 1588 les tragédies de l'ancien lauréat des jeux floraux seront imprimées dans la ville témoin de sa première victoire poétique (1). On se prend à regretter que l'académie du gai savoir, n'ait pas aussi conservé le souvenir de celui qu'elle couronnait dès 1564 et ne l'ait pas honoré alors de la haute distinction dont Baïf venait d'être l'objet de sa part en 1586, comme tenant le premier rang par suite du décès de Ronsard, entre les poètes et les hommes savants de cette époque (2).

.*.

L'*Hymne de la Monarchie* de Robert Garnier est malheureusement peu accessible et bien peu connu. On n'en signalait, il y a trente-cinq ans, qu'un seul exemplaire provenant de la célèbre bibliothèque de J.-A. de Thou, dit Brunet dans son catalogue (1868, n° 308). Il fut acheté par M. P. Deschamps pour le prix de 1500 francs. Un deuxième exemplaire a figuré dans une vente à Paris, sans qu'on sache ce qu'il en est advenu. On peut consulter aussi le catalogue Rotschild numéro 2605 (t. III, p. 422). Je n'ai vu moi-même l'*Hymne de la Monarchie* que dans le recueil de Mélanges du XVIe siècle (3), aux armes de Thou signalé par Brunet. Il a passé de la bibliothèque du comte de Lignerolles dans celle du libraire Morgand (4). Il se trouve encore aujourd'hui entre les mains de son successeur, qui l'a coté au prix de 800 francs. J'en cite ici le début et les

(1) Tolose, P. Jagoust, 1588, petit in-12, de 623 pages, bien imprimé et fort rare, au dire de Brunet.

(2) Il est vrai qu'à cette date Garnier s'était déjà enseveli dans le silence.

(3) Il s'y trouve entre autres bon nombre de pièces de Dorat.

(4) J'ai dû ces renseignements à l'obligeance de M. Émile Picot, membre de l'Institut et à celle du savant bibliophile M. le comte de Montgermont.

derniers vers pour donner une nouvelle idée de la première
manière, un peu rude, de Robert Garnier :

« Je devroy de bon droit endurer criminel
Sur mon corps démembré le supplice cruel.....,

. . . .

« Que de ce bord icy jusques au bord indoys,
Il face raionner la gloire des Françoys,
Laissant de race en race aux siens assujettie
De ce terrestre rond l'habitable partie » (1).

La plaquette, contenant douze feuillets petit in-4°, se termine au douzième par un sonnet dédié à Madame de Pibrac.

Les pièces en l'honneur de la monarchie naissaient alors
en foule. En présence des compétitions des partis qui
déchiraient la France, des prétentions de Condé et des
Coligny inspirées par les souvenirs de la féodalité et des
tentatives de fédérations provinciales, le jeune poëte eut
assez de patriotisme et de bon sens bourgeois pour considérer l'unité monarchique comme le *palladium* de la France
et le gage de son repos. Ainsi venait de faire Vauquelin de
la Fresnaye, qui en 1563 avait écrit son discours *Pour la
monarchie contre la division*, qu'il avait dédié à la reine
mère. Ainsi avait fait Ronsard, dans bien des poésies, sans
parler de la *Franciade* à laquelle il travaillait alors. Toutes
ces pièces ne sont autre chose qu'un long cri de : « Vive
le Roy » (2).

A l'époque où il composait son *Hymne de la Monarchie*,
Garnier payait, comme tous les poètes de son temps, un
tribut d'éloges à leur maître à tous, au grand Ronsard. On

(1) J'espère publier en appendice l'*Hymne de la Monarchie* après
en avoir collationné le texte.

(2) Voir encore la *Grande liesse en plus grand Labeur*, par Guillaume
de Poëton-Bellièvre, plus son *Hymne de la Monarchie* (1565, in-8 de
80 ff.), indiqué par M. Émile Picot dans le catalogue Rotschild. — Cf.
d'autres ouvrages cités dans le catalogue du comte de Lignerolles.

lit son sonnet en tête du *Second Livre des Amours, de P. de Ronsard, commenté par Rémy Belleau. A Paris, chez Gabriel Buon, au clos Bruneau, à l'enseigne S* Claude. 1567. Avec privilège du Roy*, (in-4°, 86 ff. numérotés, 3 ff. non numérotés, une page blanche) (1).

Ce fut alors qu'il fut admis dans la société des beaux esprits de la capitale et qu'il vit de près les différents poètes de la Pléiade et leurs émules, dont on retrouve les vers en tête de ses diverses tragédies, comme autant de preuves des rapports qu'ils entretenaient ensemble à Paris. C'est là qu'il retrouva Ronsard, déjà entrevu par lui à Toulouse (2) et Belleau, qu'il avait pu déjà connaître sur les bords de l'Huisne. C'est là qu'il vit Baïf, Jean Dorat, Claude Binet, Robert Estienne, Étienne Pasquier et bien d'autres poètes ou savants, avec lesquels nous le verrons bientôt en relations plus intimes. S'il fut toujours demeuré dans le cadre étroit de la vie provinciale, l'ambiance de cette camaraderie poétique lui aurait certes fait défaut, il eût souffert à la fois de l'isolement et du défaut de renommée, au lieu de se sentir soutenu à ses débuts, dans la carrière des Muses, par les sympathiques témoignages des poètes ses amis, qui s'empressèrent de lui souhaiter la bienvenue et de l'admettre dans leur cénacle.

Le moment était venu, en effet, où Robert Garnier, au lieu de s'adresser au public restreint d'une académie ou au souvenir bienveillant d'un protecteur, pour lequel fut plus spécialement écrit l'*Hymne de la Monarchie*, allait tenter de

____

(1) Voir Bibliothèque nationale et catalogue de la bibliothèque Rotschild. Ce sonnet se trouve dans toutes les éditions de Ronsard. Dans celle de 1623 il se trouve au premier volume, p. 123 et porte cette mention « Robert Garnier, prince des poètes tragiques », appellation qui remonte à la fin du XVIe siècle.

(2) Ronsard était alors toujours attaché à la cour et suivit le roi dans son voyage de Meaux fin 1567, comme il l'avait suivi dans le Midi deux ans auparavant.

faire connaître ses vers à tous les lettrés de France, et d'inscrire son nom, à côté de ceux de Jodelle et de Grévin, dans l'histoire de la poésie dramatique en France. *Porcie*, la première tragédie du poète manceau, allait paraître.

CHAPITRE II

ROBERT GARNIER MAGISTRAT

(1569-1576)

§ I

Robert Garnier conseiller au présidial du Mans, 1569. — Ses lettres de provision manquent, mais la date de sa nomination est connue par une liste des membres du présidial et un litige de préséance entre lui et le conseiller Jousselin.

Garnier ne resta pas longtemps avocat à Paris. Il fallait vivre ; une charge de magistrature pouvait davantage assurer son existence et était d'ailleurs dans les habitudes du temps. Il retourna dans son pays natal, au Maine. C'est là, qu'au commencement de 1569, on le voit devenir conseiller au présidial du Mans.

Par suite du défaut d'enregistrement des lettres de provision et de prise de possession de sa charge, on ne sait comment il en fut pourvu. On ignore s'il acheta cet office, c'est-à-dire s'il l'obtint sur la résignation d'un premier occupant en sa faveur, ou bien s'il devint titulaire d'un office de création nouvelle.

Le nombre des membres du présidial du Mans, qui n'était d'abord que de huit de par l'édit de création, se vit avec le temps porté à vingt, après quoi, il fut l'objet de réductions tendant à le faire revenir à son chiffre primitif.

La liste imprimée des membres du présidial ne donne malheureusement aucun renseignement sur ces créations d'offices ; elle est d'ailleurs semée d'erreurs pour cette époque du seizième siècle et ne peut inspirer qu'une bien médiocre confiance à ceux qui veulent la consulter (1).

Cette liste indique comme premiers conseillers datant de 1551 :

Jean Denisot.

Denis Heullant, remplacé en 1568 par Antoine Thomas, avocat en parlement.

François Montreux.

Guy Davenel, remplacé en 1571 par Davenel Charles, son fils (lettres de provision d'office du 13 octobre).

Félix Boussard, remplacé en 1573 par son gendre Chartier époux de Magdeleine Boussard (lettres de provision d'office du 22 août).

René Aubert de la Rougerie, remplacé à sa mort par François de Lespervier.

Jean Ligier.

Pierre Bigot, remplacé à sa mort, le 22 janvier 1568, par Pierre Amy, reçu au parlement le 1er mars et installé en avril.

Elle ne mentionne avant 1569 que trois autres conseillers : Dominique Le Roy, Michel Legras et Jean Trouillard.

Cette liste est incomplète et n'est pas exacte comme dates ; elle ne mentionne ni Jehan Taron, ni du Tronchay Baladé, etc.

---

(1) A la mort de Jean Liger, en 1525, eut lieu la suppression de son office et la réduction des membres du présidial à 19 conseillers. Pour faciliter la réduction, il y eut des cessions d'offices qui ne furent pas suivies d'effet: les concessionnaires ne furent pas pourvus de charges.

Ce n'est pas sans peine, à cause de la perte des archives du présidial, qu'on peut connaître les noms de tous les membres de cette juridiction à une date déterminée. L'indication des noms des conseillers à l'installation du président Jean Lepelletier, le 4 octobre 1568, et l'enregistrement des lettres de provision de la plupart des membres du présidial, depuis cette date, permettent de connaître la composition de cette compagnie à l'époque où y entra Robert Garnier.

Elle indique comme nouveaux conseillers en 1569 :

Anselme Danguy, aussi avocat du roi ;

Jean Ligier de Bois Laurier, connu aussi comme écrivain ;

Antoine Thomas ;

Pierre Amy, poète latin ;

Robert Garnier ;

Et en 1570 Jean Jousselin.

Ces mentions ne s'accordent pas avec les documents incontestables contenus dans le *Registre des provisions et lettres d'offices de la sénéchaussée de 1565 à 1578*, qui fait partie des Archives municipales du Mans.

On y voit les provisions d'office d'Antoine Thomas, de Pierre Amy, aux dates rapportées ci-dessus, mais bien qu'on n'y trouve pas celle de Robert Garnier on arrive cependant, grâce à ce registre, à connaître la date de son début dans la magistrature mancelle et à savoir que Jean Jousselin prit rang avant lui à cause précisément de cette date de possession.

Le 9 avril 1569, le conseiller au présidial du Mans, noble homme Michel Legras, (père de François, qui devait épouser Diane Garnier, fille du poète) faisant partie de sa compagnie depuis sa création et ayant donné maintes preuves de son dévouement aux intérêts catholiques, surtout à la suite des événements de 1562, fut pourvu de l'office de lieutenant particulier au siège présidial et sénéchaussée du Maine, au lieu et à la privation de maître Jehan de Vignolles, qui avait été le principal fauteur des troubles de 1562, et provocateur des actes de vandalisme, que les protestants avaient commis dans la ville (1).

Par suite de cette provision, Michel Legras, devenu, pour un temps du moins, lieutenant particulier, résigna son office de conseiller au présidial à Simon Jousselin, avocat en la cour du parlement de Paris, le mercredi 6 avril 1569. Logé pour ses affaires, à Paris, rue Saint-Germain-l'Auxerrois, il passait procuration à résigner le dit office, en faveur du dit Jousselin, devant un notaire du Châtelet de Paris, et était reçu lui-même en qualité de lieutenant particulier du présidial du Mans en la cour du parlement le 2 mai. Quant à Simon Jousselin, son acte de réception de conseiller au même présidial, en la cour du parlement de Paris, et sa prestation de serment (signée du Tillet) avaient eu lieu *dès le 23 avril*.

Le 12 mai 1569, il était reçu et installé en la dite charge par Jehan Pelletier, président du présidial du Mans. Le procès-verbal de sa réception, après avoir relaté les pièces que je viens de mentionner, leur publication et son droit de jouir de cent livres de gages chacun an, ainsi que des prérogatives et émoluments accoutumés de la dite charge, se termine ainsi :

« Ce fait, avons installé le dit Jousselin et fait prendre place au siège avec les autres conseillers d'icelluy, *et sur ce qu'il a requis que, comme premier reçeu au dit estat que Me Robert Garnier, pourveu de pareil estat et office de conseiller, reçeu à ce siège puys trois ou quatre jours, il soit à lui préféré*, avons estimé à en ordonner en la chambre du Conseil. Donné au siège présidial, ordonné et establi par le roy notre sire en la ville du Mans et aux ressorts y attribués et prononcé par Jehan Le Peltier conseiller du roi, président au dit siège, le 12me jour de mai 1569. *Signé :* LUDAY (2) ».

(1) Cf. H. Chardon, *Recueil de pièces sur la Réforme dans le Maine*, 1868, t. II.

(2) Voir *Archives municipales du Mans. Registre des provisions de la province du Maine* p. 129.
Provisions d'office de conseiller-magistrat à Simon Jousselin, avocat

Quatre mois et demi plus tard (la lenteur de la justice était encore plus grande alors qu'aujourd'hui), ce petit débat de préséance recevait sa solution, ainsi qu'on peut le lire dans le registre du présidial.

« Entre M⁰ Symon Jousselin, conseiller du Roy nostre sire au siège présidial de céans, demandeur en matière de règlement de prééminence et précéance, droict, authorité et prérogatives, pour raison de son estat et office, d'une part,.... et M⁰ Robert Garnier aussi conseiller au siège de céans, défendeur d'aultre part, après que les dites parties ont respectivement accordé prendre le reiglement qui leur sera donné de nous par l'advis des autres juges et magistrats de ce siège, comme aussi par l'acte du 25ᵐᵉ jour d'aoust dernier passé et qu'elles ont esté d'accord de l'appointement qui s'en suit : Nous, du consentement du dit deffendeur, avons baillé et octroié, baillons et octroyons au dit demandeur la prééminence, préséance, droicts authorité et prérogatives par dessus icellui défendeur. Donné en la chambre le 26ᵐᵉ jour de 7 bre 1569. *Signé :* LEPELTIER, J. TARON, JOUSSELIN, GARNYER, DAVENEL.

Signé : LUDAY (1).

Garnier fut donc installé dans sa charge en mai 1569. On voit aussi de même son nom figurer avec celui de plusieurs de ses collègues dans les registres de la paroisse Saint-Benoit, où il habitait alors, à la date du mois d'octobre 1569. Il occupa pendant cinq ans cet office de conseiller, qui, comme on le verra, lui valut de solides amitiés parmi ses collègues ; mais perdu, noyé dans sa compagnie il n'a pas

en parlement, au lieu de noble homme Michel Legras, vacant par sa promotion à l'état de lieutenant-particulier et résignation qu'il a faite au profit de Jousselin.

(1) « Acte de prééminence et préséance de M⁰ Symon Jousselin conseiller, contre M⁰ Robert Garnier, aussi conseiller. » La liste date au contraire les provisions de Garnier de 1569 et celles de Simon Jousselin de 1570 seulement.

d'individualité propre. Ce ne fut qu'au bout de cinq ans
qu'il fut pourvu de la fonction de lieutenant criminel qui lui
permit de mettre en relief sa personnalité.

§ II

Robert Garnier lieutenant-criminel (1574), à la mort de Denys Taron.
— Sa nomination. — Actes relatifs à sa provision et à sa prise de
possession.

La nomination de Robert Garnier à cette charge, vacante
par la mort de Denys Taron, qui l'avait eue, par résignation
de Jacques Taron, lieutenant-général de la sénéchaussée,
fut faite par lettres de François, duc d'Alençon, comte du
Maine depuis 1573, données au bois de Vincennes le
13 avril 1574.

Le roi Charles IX, accorda les provisions de lieutenant-
criminel à Garnier le même jour, c'est-à-dire six semaines
environ avant sa mort. L'ancien conseiller au présidial prêta
serment le 14 suivant ; ses lettres furent publiées au
présidial le 22. René Givray lui succéda dans sa charge de
conseiller.

Cette charge de lieutenant-criminel est celle qu'il remplit
le plus longtemps, celle qu'il occupa pendant la publication
de la plupart de ses tragédies, c'est le titre sous lequel il
est le plus connu et qui lui est demeuré auprès de la
postérité.

Les temps alors étaient pleins de troubles et de discordes
civiles, et l'office de lieutenant-criminel, chargé de diriger
l'exercice de la justice du Maine, était loin d'être une
sinécure. Toutefois le Maine n'avait pas eu, Dieu merci, à
souffrir de la Saint-Barthélemy (1). Bien que l'histoire de

(1) Voir H. Chardon, *Les Protestants au Mans en 1572 à l'époque de
la Saint-Barthélemy*, in-8.

l'époque, qui va du lendemain de cette sombre journée à la pleine explosion de la Ligue (1572-1588), soit encore presque tout entière à écrire pour cette province, on peut dire, d'une façon générale, qu'elle n'y fut pas marquée par autant de calamités, de luttes et d'effusion de sang que dans d'autres régions de la France.

Cette fonction de lieutenant, avant les événements de 1562, était exercée par Me Thibault Bouju, seigneur de Verdigné, qui embrassa les nouvelles opinions, devint un des chefs du parti protestant dans le Maine et fut condamné par contumace au lendemain des ravages commis au Mans. Le lieutenant-général, Jacques Taron, fit alors remontrer que l'office de lieutenant-criminel avait été démembré de celui de lieutenant-général et était de nouvelle érection. Sur sa demande et aussi, dit-il, à la requête des habitants, le roi supprima cet office et le réunit à celui de lieutenant-général moyennant le remboursement de la finance qu'il avait payée, évaluée à quinze cents écus, qui furent versés à l'ancien titulaire. Les lettres de suppression sont du 8 janvier 1563.

Jacques Taron exerça les deux fonctions ; de peur que par surprise aucun voulut poursuivre cet office, il eut soin à différentes reprises de faire prononcer par le roi leur réunion (1). Il résigna en faveur de son parent, Me Denys Taron, son frère, vers 1571 : suivant la liste, ce dernier n'exerça pas longtemps sa charge ; il était mort avant le 10 avril 1574.

Ce fut cet office dont fut pourvu Robert Garnier. Les circonstances dans lesquelles il l'obtint, par suite du décès prématuré de Denis Taron, ne furent peut-être pas étrangères

---

(1) Déclaration du roi pour la suppression au profit du lieutenant-général : « Acte du roi du 10 janvier 1568 ; arrêt de la cour du Parlement aux fins susdites du 15 janvier ; déclaration pour le lieutenant-général du Maine, touchant la suppression du lieutenant-criminel 8 mai 1569 ; acte de publication du 20 mai.

à ses conflits avec le lieutenant-général Jacques Taron, naguère détenteur de cette charge. Le registre contient cette fois, tout au long, l'enregistrement de la série des actes relatifs à la provision et à la prise de possession par Robert Garnier. Je reproduis ici les principaux d'entre eux :

Provision et présentation au Roy, par Mgr d'Alençon,
de Me Robert Garnier à l'office de lieutenant-criminel,
avril 1574

« Françoys, fils et frère du roy, duc d'Alençon et pair de France, à tous ceulx qui ces présentes lettres verront salut :

Scavoyr faisons que pour le bon rapport qui fait nous a esté de la personne de nostre bien aimé Me Robert Garnier et de ses sens, suffisance, loyauté, preud'hommie, expérience et bonne diligence au faict de judicature, à icelluy, pour ces causes et autres considérations à ce nous mouvans, avons donné et octroyé, donnons et octroyons, par ces présentes l'office de lieutenant-criminel en la sénéchaussée et siège présidial du Mayne, que naguères vouloit tenir et exercer Me Denys Taron, dernier pourveu d'icelle par la résignation de Me Jacques Taron, lieutenant-général en la sénéchaussée, vacant à présent par son trespas, pour le dit officier avoyr, tenir, jouir et doresnavant exercer aux honneurs, auctorité, prérogatives, préhéminance, franchises, libertés, gaiges, droicts, profficts, revenus et esmolumens accoustumés et au dit office appartenant, tant qu'il nous plaira. Si donnons en mandement ..... que après qu'il luy sera aparu de bonne vye, mœurs, religion catholique du dict Garnier et de lui prins et receu le serment en tel cas requis et accoustumé, icellui mectent et instituent ou fassent mectre et instituer en possession et saisie du dit office.

En vertu de nos lettres de provision par les quelles mendons en outre au général de nos finances en la généralité que, par le recepveur et payeur des gaiges, il face payer bailler et délivrer par chacun an ..... les gaiges au dit office appartenant .....

Donné au boys de Vincennes, le Xme jour de avril, l'an 1574.

Signé au bas Francoys et signé sur le reply par Mgr filz et frère du roy, JUBELIN et scellé sur double queue du grant scel de cire rouge. »

Déclaration du Roy de la vaccance du dit office par le décès de Me Denys Taron, 13 avril 1574

« Charles par la grâce de Dieu, etc., à nos amis et féaulx les gens de notre court de parlement de Paris, salut :

Vaccant l'office de lieutenant-créminel en la sénéchaussée du Mans et siège présidial du Maine par le trépas de feu Me Denys Taron, qui en avoyt esté pourveu par la résignation de Me Jacques Taron, son frère lieutenant-général en la dite sénéchaussée, nous en eussions dès le XII de août dernier passé pourveu nostre amé et féal Me Robert Garnier, conseiller en la dite sénéchaussée et siège présidial, à la nomination de nostre très-cher et très-amé frère le duc d'Alençon, auquel par commutation de son appanage nous avons délaissé le conté du Mayne, avec le pouvoyr de pourvoir aux offices ordinaires et nommer aux extraordinaires, adressant vaccacion d'iceux ; mays, parce que le dit pouvoir n'a été par vous vérifié vous pouriez arguer de nullité la dite provision et prétance la dite nominacion n'appartenir à nostre dit frère et par telle occasion faire difficulté recepvoyr le dit Garnier au dit estat, à quoy désirant pourvoyr, pour faire cesser et résouldre la dite difficulté, nous avons déclaré et déclarons que nous avons entendu et entendons, voulons et nous plaist que la dite nomination à nous faicte de la personne du dit Garnier au dit estat de lieutenant-criminel sorte son plein et entier effect.....

Donné au bois de Vincennes le XIIIe jour de avril l'an de grâce 1574 » (1).

<hr>

(1. L'acte de publication des dites lettres est daté du XXVe aoust 1574. Les provisions données à « honorable Me Robert Garnier, licencié ès-droits, et conseiller en icelui présidial, ce requérant les advocats et procureur du roi », ont été enregistrées au greffe de la sénéchaussée par devant nous Pierre Amy, licencié ès-droit, conseiller-magistrat au

Provision, au dit Garnier, par le Roy du dit office
avril 1574

« Charles par la grâce de Dieu, roy de France, à tous
ceux etc., scavoir faisons que nous à plaine confiance des
sens, suffisance, littérature, loyauté, preuves, expérience
au faict de judicature et bonne diligence de la personne de
nostre amé et féal M⁰ Robert Garnier, conseiller au siège
présidial du Mans et ayans esgard au bon debvoir qu'il à
tousjours faict en l'exercice du dict estat, à icellui pour ces
causes et autres à ce nous mouvans, avons à la nomination
et présentation de nostre très-cher et très-amé frère le duc
d'Alençon, ayant de nous pouvoyr quant à ce, icelle nomination y attachée soubz le contre-sel de nostre chancellerye,
donné et octroyé, donnons et octroyons par ces présentes
l'estat et office de lieutenant-criminel en la sénéchaussée du
Mans et siège présidial establi au Mans, etc., (1).

Donné au boys de Vincennes, le xiiie jour de avril l'an de
grâce 1574 et de nostre règne le quatorzième. Signé sur le
reply. Par le roy, Fizes.

Et est escript sur le reply : M⁰ Robert Garnier nommé
[en blanc] a esté receu judiciayrement en l'office y mentionné et a faict le serment accoustumé et profession de sa
foy, qu'il a jurée, à Paris, en parlement le 14ᵐᵉ jour d'avril,
l'an de 1574, Signé : Dutillet et scellé sur double queue
du grant scel de cire jaulne ».

René Givray, licencié ès-lois avocat en la cour du parlement de Paris, fut pourvu de la charge de conseiller au

siège, le mercredi 25e jour d'aoust 1574. Signé au bas : Amy. — Puis
vient un acte du receveur général des finances, establi à Tours, pour la
vérification des lettres sus dites, le 27 août 1584. — Les lettres de
jussion à nos seigneurs de la court pour la réception du dit Garnier
sont signées : Charles, le 24e may 1574. — Les lettres de déclaration
pour le dit Garnier sont signées : Henry, par la grâce de Dieu roi de
France et de Pologne. « Feu notre frère, décédé en aurait pourveu
notre amé et féal Robert Garnier ». Il veut que la dite provision soit
effectuée et qu'il jouisse de son office. Paris, le viiie jour de juillet
1574.

(1) Acte de réception en parlement du dit Garnier.

5

présidial du Mans, devenue vacante par la nouvelle nomination de Garnier. Le registre contient la provision d'office de conseiller-magistrat au siège présidial du Mans à M⁰ René Givray, au lieu de M⁰ Robert Garnier, avril 1574.

Voici la procure à résigner de Robert Garnier publiée le 18 mai 1575 :

« Par devant Jehan Chesneau et René Bruneau, notaires et tabellions royaux en la cour du roy, soubmys, fut présent en sa personne noble homme M⁰ Robert Garnier conseiller du roi au siège présidial du Mans et pourveu de l'office de lieutenant-criminel au dit siège, le quel pour luy et en son nom a faict et constitué son procureur-général et spécial au quel il a donné pouvoir et puissance de résigner et remettre entre les mains du roi et de mon seigneur son chancelier le dit estat et office de conseiller au siège présidial du Mans, et ce pour et au proffict de M⁰ René Givray, advocat en la cour de parlement à Paris et non d'autre, consentir et accorder lettres de provision en forme deue luy en estre faictes et expédiées et qu'il soit receu et pourveu d'iceluy estat, office, aux droits et honneur y appartenans et comme en a cy davant jouy le dit Garnier..... Faict et passé à Paris, le roi estant au chasteau de Vincennes, le 9⁰ jour d'avril 1574 ». Signé en la minute GARNIER. Signé au bas :

BRUNEAU et CHESNEAU.

§ III

Sa carrière de lieutenant-criminel. — Ce que nous révèlent les pièces officielles : conflits de compétence. — Jacques Taron lui fait interdire de porter le titre de lieutenant-*général* criminel. — Les débats de préséance aux audiences de la sénéchaussée et à la réunion des trois ordres en 1576. — Ce qu'on sait et qu'on peut deviner de son talent et de son caractère : son éloquence, son intégrité.

Garnier ne nous est guère connu, comme lieutenant-criminel, que par les conflits qui s'élevèrent entre lui et

d'autres officiers de justice, pour des questions de compétence et des règlements d'attributions. Ces matières n'ont
presque aucun intérêt pour nous à l'heure qu'il est, et nous
donnent bien peu de curieuses révélations pour sa biographie, d'autant plus qu'ils ne sont pas spéciaux à Garnier et
imputables à son caractère, puisqu'on les voit s'élever
également dans les autres présidiaux entre mêmes officiers.

Les conflits eurent lieu entre lui, le lieutenant-général, le
prévôt des maréchaux et les conseillers du présidial.

Jacques Taron, lieutenant-général de la sénéchaussée
trouva mauvais que Garnier s'intitulât *lieutenant-général
criminel.*

Les lieutenants-généraux, avant l'érection des lieutenants-
criminels faite en 1522, dépendaient à la fois du civil et
du criminel. Ils tenaient à ce que leur titre, même après
que la connaissance des matières criminelles leur avait été
enlevée, fut comme une marque de leur prééminence, et à
ce que leur personne ne put être confondue avec les
nouveaux magistrats qui avaient été créés à leurs dépens.
Mᵉ Jacques Taron se pourvut en qualité de demandeur
devant le Parlement pour obtenir un arrêt de réglement, à
intervenir, entre lui, lieutenant-général de la sénéchaussée
du Maine, et son lieutenant-criminel Robert Garnier,
défendeur, à raison de l'exercice de leurs charges, offices
et préséance. Cet arrêt fut prononcé en sa faveur le 29ᵉ jour
d'août 1579. La cour faisait inhibitions et défenses au
lieutenant-criminel de se dire et intituler lieutenant-*général
criminel* et lui ordonnait de prendre la qualité de lieutenant-
criminel seulement.

L'arrêt réglait en outre les attributions de chacun :

Les « monstres » des prévôts des maréchaux devaient
avoir lieu devant le lieutenant-criminel, auquel revenait
aussi la connaissance de tous les crimes, délits, forfaits.

Il était ordonné que le lieutenant-général présiderait, en
l'absence du président du présidial, au jugement des

compétences et incompétences des Prévots des Maréchaux, sans que le lieutenant-criminel y fut présent, comme aussi le lieutenant-général ne pourrait assister à l'instruction et jugement des procès des prévôts des maréchaux. Le lieutenant-général, maire perpétuel de la ville, devait présider au fait de la police et aux assemblées générales de ville ; en son absence il était remplacé par le lieutenant-criminel qui néanmoins pouvait assister aux dites assemblées quand bon lui semblerait (1).

Le 4 janvier 1581 il intervint un autre arrêt conforme sur production entre Robert Garnier et les conseillers du présidial du Mans. Le lieutenant-criminel, y était-il dit, ne pourrait procéder à l'élargissement des prisonniers prévenus de meurtres ou d'autres crimes sans en communiquer aux conseillers de la chambre criminelle, comme nous dirions aujourd'hui. Il assisterait, si bon lui semblait, à l'instruction des procès de la maréchaussée. Le lieutenant-criminel sera appelé à la police générale et à la lecture des lettres adressées au siège, ainsi qu'aux assemblées concernant le présidial. Il aura la place après le lieutenant-civil et préséance sur les conseillers. La compétence des prévôts, la connaissance des cas prévôtaux donnaient lieu, entre les lieutenants-criminels et les chefs de la maréchaussée, à des conflits sans fin, qui ne nous intéressent pas plus aujourd'hui que les questions de préséance.

(1) L'arrêt de règlement du parlement de Paris, de mai 1574, entre le sénéchal, le lieutenant-général et le président du présidial, a été reproduit dans le registre. Aussi dans ses interminables différends avec le président du présidial, Jean Le Pelletier, à raison des questions de rang et de préséance, a-t-il bien soin de s'appeler toujours *lieutenant-général civil et criminel*. Voir arrêts du parlement du 8 février 1569, 25 mai 1574 et 17 novembre 1576. — Voir Chenu, *Recueil des Règlements*, édition de 1606, p. 101. — Plus tard, après l'édit de création d'un lieutenant-particulier assesseur-criminel en juin 1586, il en résulta pour les lieutenants-criminels permission tacite de prendre la qualité de lieutenants-généraux criminels, afin de se distinguer de ce magistrat de nouvelle création.

C'étaient des luttes incessantes. Déjà, par arrêt donné en jugeant le procès criminel d'entre M° Jacques Liger et René Givray, conseillers du présidial, à la requête de maître René Berthon, prévôt provincial, le 8 mars 1578, le Parlement, faisant droit sur la requête immédiatement présentée par M° Robert Garnier, lieutenant-criminel, et Jean de Vignolles lieutenant particulier, avait fait défense, aux juges du présidial du Mans, d'entreprendre aucune juridiction criminelle en la sénéchaussée du Maine. Il leur interdisait aussi d'instruire, distribuer ou juger aucuns procès de ceux dont la connaissance était attribuée au lieutenant-criminel et aux prévôts des maréchaux sinon en leur absence ou en cas de récusation.

Tous ceux qui voudraient connaître ces conflits dans leurs particularités peuvent consulter le *Recueil de Réglements de Jean Chenu* (édition de 1603 ou de 1606) (1), qui est plein de ces contestations, dont le relevé est plus intéressant pour l'histoire de nos anciennes juridictions que pour la biographie d'un poète, qui ne saurait en tirer aucune lumière.

Nous voyons des indices de ces débats de préséance entre Garnier et les autres membres du présidial, sur un autre terrain plus intéressant pour nous que celui des audiences de la sénéchaussée.

A la réunion des trois ordres, qui eut lieu à la fin de septembre 1576 pour nommer des députés aux États-Généraux, qui allaient se rassembler, ces conflits se produisirent entre le président Jean Le Pelletier, et le lieutenant-*général* criminel Robert Garnier. Pour y couper court, il fut arrêté, provisoirement et sans tirer à conséquence, que

(1) Voir page 100 et 168 de l'édition de 1606 ; page 149 et 244, 251 de l'édition de 1603. — Voir aussi son livre *des Offices*. — Ledru cite comme pièce à part l'arrêt du parlement en faveur de Jacques Taron contre Robert Garnier du 29 août 1579 (5 pages in-12) et autres arrêts relatifs aux différends entre le présidial et le lieutenant-général de 1574 à 1596 (4 pièces).

le lieutenant-criminel et le lieutenant-particulier (c'était
Jehan de Vignolles) se placeraient l'un après le lieutenant-
général, l'autre après le président (1). Le 28 septembre, on
voit Garnier siéger à cette réunion des trois ordres au
cloître des Frères Prêcheurs. Mais hélas ! il ne devait pas
être choisi comme député de son ordre aux États. Au reste
il faut se défier des illusions et se garder d'apprécier l'importance du rôle du magistrat dans la cité d'après la gloire
posthume du poète. Bien qu'il y jouit d'une légitime considération il n'y occupa jamais la place qu'y tinrent le lieutenant-général Jacques Taron, les lieutenants-particuliers
Jehan de Vignolles ou Michel du Luart, dont les noms se
rencontrent bien plus souvent que le sien dans l'histoire du
temps, et à qui non seulement leurs charges, mais leurs
puissantes relations de famille donnaient une plus grande
importance. En un mot sa charge de lieutenant-criminel ne
le rendait nullement le personnage le plus considérable de
la province, ainsi que l'a dit à tort M. Hauréau. De plus,
il n'a pas eu, au Mans, en cette qualité, toute la haute
influence qu'avait à Angers, à la même époque, Pierre
Ayrault.

Il ne faut cependant pas conclure de cette *erreur* de ses
concitoyens que Garnier n'ait pas joui auprès d'eux d'une
légitime considération.

L'année qui précède la réunion des États, on le voit au
contraire revêtu d'une charge qui prouve à la fois l'autorité
et la confiance dont il était investi dans la ville du Mans.
En septembre 1575, alors que la fuite du duc d'Alençon
faisait craindre que les gentilshommes, ses partisans,
voulussent se saisir du Mans, M. de Rambouillet (2) Nicolas
d'Angennes, lieutenant-général pour le roi, sénéchal et
vidame du Mans, et les habitants élurent comme capitaines
des portes de la ville le lieutenant-criminel Robert Garnier

(1) Cauvin. *États du Maine.* p. 15.
(2) Il était gouverneur en l'absence du prince Dauphin (25 mai 1574).

et les conseillers au présidial ses amis, Mathurin Lehoindre et Jean Girard, pendant qu'ils commettaient à la garde du château le bailli de la prévôté, Mathurin Ourceau. Nommés d'abord pour six semaines seulement, les trois premiers, le 6 octobre, consentaient, dans une assemblée de ville, à continuer leurs fonctions, déclarant qu'ils mettraient leurs peines à défendre les échevins et les habitants contre toute surprise.

On ne s'attendait peut-être pas à rencontrer Garnier capitaine, bien que l'allure guerrière de ses tragédies et l'entrain de ses descriptions de batailles nous permissent de soupçonner qu'il n'était pas étranger aux affaires militaires. Toujours est-il que, sous ce nouveau costume, Garnier fait acte de bon citoyen. Bien que ses habitudes d'écrivain dussent lui faire apprécier les douceurs de la vie de cabinet, il n'hésite pas, pour la défense des siens, à endosser la cuirasse et il n'épargne pas sa peine. Dans son patriotisme, il ne se retranche pas, comme le bailli Ourceau, derrière les labeurs et les fatigues de son état de lieutenant-criminel pour se faire exonérer de la charge qu'on vient de lui confier. Il fait comme les vieux Romains, qu'il a mis si souvent en scène, il se dévoue à l'intérêt public sans souci du sien. C'est la seule fois que nous le voyons jouer un rôle personnel dans les affaires de la cité et il s'en acquitte à son honneur, en bon citoyen, en bon magistrat, aimant son pays, payant de sa personne, pour le préserver des troubles et assurer la paix publique.

La perte des registres municipaux et celle des registres du présidial ne nous permettent malheureusement pas d'en savoir plus long pour l'instant. La Croix du Maine (II, 386) nous parle de son grand talent d'orateur : « Je dirai de lui ce que peut-être tous n'ont pas connu aussi bien que moi, c'est que, outre la perfection qu'il a de composer en toutes sortes de vers, il a encore ce rare et excellent don d'orateur, qui est une chose fort peu commune de voir un bon poète et excellent orateur tout ensemble ; mais il a tellement les deux perfections jointes en un qu'il est malaisé de discerner en quel genre des deux il excelle le plus ; ce que je peux témoigner pour la suffisante preuve qu'il en a faite devant les Majestés des Roys de France, devant lesquels il a prononcé des harangues si doctes que cela l'a rendu tant aimé d'elles qu'ils ont désiré l'attirer de plus près à leur service ; mais l'amour de sa patrie l'a retenu et s'en est excusé..... »

On aimerait à savoir comment il faisait respecter la justice au milieu des luttes des partis. A défaut de tout document on est en droit de juger de l'office de justice d'après le poète, et ses vers nous autorisent à voir en lui un magistrat intègre, impartial, plaçant la loi au-dessus des individus.

Pierre Ayrault, son collègue au présidial d'Angers, cite ces vers de Garnier, à la fin de ses *Plaidoiries* :

> « Les dieux aiment justice et poursuivent à mort
> Tous les juges qui font aux autres hommes tort.
> Ils tiennent le parti du faible qu'on oppresse
> Et font choir l'oppresseur en leur main vengeresse ».

Celui qui flétrissait si bien les juges prévaricateurs dut lui-même donner l'exemple de l'intégrité. Tout ce qu'on sait de sa vie publique, montre qu'il fut un magistrat de l'école de l'Hopital, d'Henri de Mesmes, des grands parlementaires du XVIe siècle, prêchant la concorde au milieu des factions et des dissensions civiques, catholique sincère, fidèle aux traditions d'honneur et de charité chrétienne qui à cette époque de sang et de larmes, ont fait la grandeur et la consolation de la patrie.

Nous aurons au reste l'occasion de reparler de ses qualités en étudiant l'homme privé et l'homme public. Considérons Robert Garnier dans sa famille ; voyons le mari, le père au milieu des siens.

CHAPITRE III

LE MARIAGE DE ROBERT GARNIER

(1573)

§ I

Les relations de Garnier avec Nogent-le-Rotrou amenées par le voisinage de La Ferté et par son amitié pour Belleau. — La famille de Françoise Hubert et ses goûts poétiques. — La poésie à Nogent dans la seconde moitié du XVIe siècle : R. Belleau, les Denisot. — Le *Jugement de Pâris* (1567) : attribution de cette pièce à Florent Chrestien et à Nicolas de Ronsard.

Ce n'était pas tout d'être pourvu d'un office de judicature : il restait à Garnier à se créer une famille pour occuper dans la cité une place digne de lui, et à trouver dans une épouse, dans la mère de ses enfants, une de ces affections durables, qui sont le charme de la vie, et sans laquelle l'existence demeure comme incomplète et tronquée.

Il se maria à Nogent le Rotrou, sur les bords de l'Huisne, tout près de sa ville natale. Les relations entre Nogent et La Ferté-Bernard étaient dès ce temps des plus fréquentes. La chambre du grenier à sel de Nogent relevait de la Ferté depuis 1541, date de la création du grenier à sel dans cette ville. De là et d'autres causes encore vinrent des rapports incessants entre les deux villes. On peut s'en convaincre par l'examen des registres paroissiaux qui nous montrent les Valette, les Durand, les Denisot, les Girard et d'autres membres de familles nogentaises venant se fixer dans la vieille cité Fertoise.

Un autre lien que celui du voisinage attirait aussi Garnier

vers Nogent, c'était son ami Belleau, qui, bien que retenu
la plupart du temps auprès du duc d'Elbœuf, n'était pas
sans revenir voir parfois sa terre natale. De tous les poètes
de la Pléïade, Belleau semble avoir entretenu les relations
les plus intimes avec Garnier. C'est lui qui lui adresse le
plus de vers, et lui dit en des termes si affectueux et si
pleins de cœur, en tête de *Cornélie* :

> « Je serois d'ingratte nature,
> Ayant sucé la nouriture
> Et le lait tout ainsy que toy
> Sous mesme air et sur mesme terre,
> Si l'amitié qui nous tient serre
> Je n'estimois comme je doy. »

C'est lui, enfin, comme nous allons le voir, qui contribue
à entretenir à Nogent le culte des Muses.

.

La famille à laquelle s'allia Garnier, celle des Hubert,
était une des meilleures de la bourgeoisie de Nogent.
Françoise Hubert était fille de Bertrand Hubert, receveur
des tailles, et de dame Louise Gouin. On voit les Gouin et
les Hubert occuper pendant tout le XVIe siècle les principaux offices de judicature de leur ville. Qu'il me suffise de
citer Florent Hubert, licencié ès-lois, bailli dès le second
tiers du siècle (1), et Guillaume Gouin sénéchal et lieutenant-
général quelques années plus tard.

Les régistres du bailliage conservés aux archives d'Eure-

____

(1) Il avait épousé Hélène Durand qui lui survécut et ne mourut que
le 26 octobre 1591 à Nogent, où elle fut inhumée sous le chœur de
Notre-Dame « avec ses prédécesseurs. »

et-Loir et à la bibliothèque de Nogent contiennent fréquem-
ment leurs noms, aussi que le procès-verbal de la *Coutume
du Perche* de 1558, où l'on trouve à la fois le bailli Florent
Hubert, le futur beau-père de Robert Garnier, Bertrand
Hubert, fondé de pouvoirs des manans et habitans de
Notre-Dame-de-Nogent, Mathurin Gouin, avocat-procureur
fiscal du chapitre de Saint-Jean et sergent fieffé de Saint-
Denis, Guillaume Gouin élu particulier au ressort de
Nogent, etc. A partir de 1570, les registres paroissiaux de
Nogent, surtout ceux de Notre-Dame, et quelquefois aussi
ceux de Saint-Laurent, donnent des renseignements sur les
différents membres de ces familles habitant la ville, et sur
Paul Hubert, conseiller du roi au présidial et receveur à
Chartres. Le 23 juillet 1584, Mathurin Gouin, grand sergent
et officier de Saint-Denis, trépassa subitement. Sa femme
Judith était morte au commencement du mois. Le 18 juillet
1586 mourut noble homme Mre Guillaume Gouin, licencié
ès-lois, naguère sénéchal et lieutenant-général de la baronnie
de Nogent, qui fut inhumé le lendemain dans la chapelle
Sainte-Geneviève avec ses prédécesseurs ; sa veuve, Marie
Courtin ne lui survécut guère que deux ans. On a vu que
Robert Garnier comptait des Courtin parmi ses ancêtres.
A l'époque de ces décès figurent aussi dans les registres
Michel Gouin, sieur du Vaugerin, lieutenant-général, et
Jean Gouin sieur de la Cave, bailli de Saint-Jean, puis
lieutenant-particulier.

Outre Françoise, les Hubert avaient encore quatre autres
enfants :

1º *Bertrand* Hubert, « prestre, bachelier en décret, chanoine chevecier en la collégiale de Saint-Jean de Nogent. »

2º *Yves* Hubert, sieur de Salles, receveur-général des
tailles du comté du Perche à Nogent, office dans lequel il
dut succéder à son père. Il épousa Marguerite Goulet, fille

de Nicolas Goulet, alors procureur du roi à Chartres, un des poètes Nogentais du XVI^{mo} siècle (1).

3° *Marie* Hubert qui épousa Florent Brouard, licencié en droit, bailli de Saint-Victor, et mourut d'assez bonne heure, postérieurement toutefois au 6 août 1582, date du baptême de son fils, Jean, à Notre-Dame de Nogent.

4° Enfin *Denis* Hubert, celui de ses fils, qui occupa la plus haute situation, et dont nous aurons plus d'une fois occasion de parler. Licencié ès-lois, élu du roi, bailli de Nogent, Denis Hubert, à partir du dernier tiers du XVI^{mo} siècle, remplit de son nom les registres paroissiaux et l'histoire de Nogent. En 1571 des lettres d'Henri de Bourbon, prince de Condé, lui accordent la survivance de Pierre Durand dans l'office de bailli d'Enghien le Français, (c'est ainsi que s'appelait alors la ville de Nogent) (2).

Il exerça cette fonction jusqu'en 1622. En cette qualité il joua un grand rôle dans sa ville à cette époque et de 1585 à 1587 l'assemblée des habitants de Vichères l'élisait pour représenter le tiers aux États de Blois. On le voit à partir de 1579 prendre la qualité de *noble* qui est attribuée aussi à son frère Yves à la même date (3). Il eut plus d'un genre de célébrité et cultiva lui-même la poésie.

Enfin il s'unit à une famille de poètes en épousant (avant 1572) Marie Denisot, fille du célèbre médecin poète

(1) On voit assez souvent dans les registres de Notre-Dame le nom de Nicolas Goulet. — Le 16 juin 1585 il y est parrain de son petit-fils Nicolas, avec Bertrand Hubert, oncle de l'enfant et Françoise Durand, veuve Narrais.

(2) C'est ce Pierre Durand, bailli de Saint-Denis, qui habitait à Nogent la maison datée de 1542 et portant la curieuse inscription : « De *Pierre* Blanche *Durand* Febvrier, je fus faicte 1542. »

(3) On remarquera que Garnier dans son testament parlant de la représentation funéraire à placer sur le tombeau de sa femme, demande qu'elle soit représentée en habits de *demoiselle*.

Gérard Denisot (1) d'origine nogentaise, et de Jeanne
Pouterrain (2). J'aurai plus d'une occasion de reparler de
lui et de ses enfants appelés à d'assez hautes destinées.

Si j'ai mis en relief le goût poétique de Denis Hubert,
frère de la femme de Robert Garnier, si j'ai parlé des deux
filles de poètes entrées dans la famille des Hubert, c'est que
Françoise Hubert elle-même était poète comme son mari, et
que l'amour des vers et le culte des Muses établirent, sans
doute, tout d'abord entre eux une instinctive sympathie.

*
* *

Nogent d'ailleurs n'était pas alors étranger à la poésie.
Grâce à Rémi Belleau, à Gérard Denisot, et à son cousin
Nicolas Denisot, le comte d'Alsinois (de famille, sinon
d'origine nogentaise), le goût des vers régnait dans la petite
cité. Lors de la rédaction de la *Coutume du Perche* à Nogent
à la fin de juillet 1558, Belleau revint dans sa ville natale, à
ces grandes assises présidées par Christophe de Thou (3).
Il se trouva en compagnie de Dorat, son maître, des deux
Denisot, de tous ces savants auxquels se joignirent les
poètes du terroir nogentais, le procureur fiscal, Nicolas
Goulet et le bailli Pierre Durand. Ils célébrèrent ce qui
était un grand événement pour la petite cité, et la Coutume
eut l'honneur d'être imprimée portant en tête les pièces de

(1) Un fils de Gérard Denisot, Claude, conseiller du roi, se maria en
premières noces à Nogent en 1581 à Françoise Gouin et épousa plus
tard une autre nogentaise demoiselle Denis Jousselin.

(2) Jehanne Pouterrain vint mourir à Nogent après le siège de Paris
par Henri IV. — Voir sur le médecin poète : H. Chardon, *Scarron
inconnu et les types des personnages du Roman Comique*, t. II. Paris,
in-8, 1904.

(3) Je citerai les *Pleurs et regrets sur le trépas de Christophe de
Thou*, par Florent Percheron, nogentais. Paris, 1583, in-12 de 16 pages.

vers grecs, latins et français de la composition de tous ces poëtes (1).

Moins de dix ans plus tard, Nogent fut encore le théâtre d'une autre fête poétique. Le 3 novembre 1566 naissait au château le premier enfant du prince de Condé et de sa seconde femme Françoise d'Orléans, qui venait d'arriver pour faire ses couches (2). Il reçut au baptême le nom de Charles et était destiné à figurer dans l'histoire sous le nom du comte de Soissons. La naissance et le baptême du jeune prince furent célébrés à l'envi par les poètes, heureux de trouver l'occasion de chanter les louanges d'un prince du sang, dans un des rares instants où il se vit l'objet des faveurs de la cour avec laquelle il était alors réconcilié.

Une allégorie mythologique dans le goût du temps (3) fut jouée à Nogent en l'honneur de la jeune mère et du prince son époux. Elle eut les honneurs de l'impression. C'est le *Jugement de Pâris*, « dialogue joué à Anguien-le-François, nommé par cy-devant Nogent-le-Rotrou à la naissance du comte de Soissons, fils du prince Loys de Bourbon duc du dict Anguien prince de Condé, et de Françoise d'Orléans.... Duchesse et princesse des dits lieux, plus un *cartel avec quelques stances et sonnets* faicts pour le tournois à Valery, le tout dédié à mon dict seigneur le prince de Condé, par N. de R. H. [sans lieu] M D LXVII, in-8 de 16 p. (4). »

(1) Voir Gilles Bry de la Clergerie *Coutume du pays, comté et bailliage du Grand Perche*. Paris, 1621, in-4° de 52 p. et *Procès-verbal pour la rédaction desdites Coustumes*, 1635, in-4° de 20 ff. ; Thomassin, *Recherches sur Nogent*, Nogent, 1832, in-8°, p. 48 à 53 ; Gouverneur, *Biographie de Rémy Belleau*, en tête des œuvres du poète.

(2) Le prince de Condé veuf d'Éléonore de Roye, avait épousé le 8 novembre 1565 Françoise-Marie d'Orléans Longueville, qui ne mourut qu'en 1601.

(3) Voir la réimpression qu'a procurée M. Jousset de Bellesme, à l'occasion des fêtes qu'il a données en son château de Nogent en l'honneur de l'anniversaire de cette naissance princière.

(4) Le baptême fut célébré en juin 1567 à Valery, château situé dans

Quel est l'auteur de ces vers? On ne l'a jamais discuté bien à fond jusqu'à ce jour. A la suite de du Verdier, les uns les ont attribués à Florent Chrestien, l'adversaire de Ronsard dans sa polémique contre les protestants : telle est l'opinion de l'abbé Gouget et de M. Gouverneur. Ce dernier, dans sa *Biographie de Belleau* fait assister et même participer à cette fête poétique Rémi Belleau en compagnie de Ronsard, sans songer que Ronsard n'était peut-être pas encore à cette date réconcilié avec l'auteur prétendu de ce divertissement mythologique. D'autres ont critiqué ou rejeté cette attribution sans rechercher l'auteur probable ; c'est le fait de Brunet, et de l'auteur de la *Bibliothèque du théâtre français* du duc de La Vallière ; celui-ci pense différemment que l'auteur du *Catalogue de la Bibliothèque* du célèbre bibliophile où l'on trouve l'attribution à Florent Chrestien. Enfin Paul Lacroix (*Bibliothèque dramatique de M. de Solenne*, t. I, p. 156) et après lui Hauréau (1), se fondant sur la signature N. de R. H., qui ne se rapporte nullement à Florent Chrestien, donnent la paternité de ces vers à Nicolas de *Rhonsart*, c'est-à-dire à Nicolas de Ronsard, sieur des Roches, gentilhomme du Maine, parent de l'illustre auteur de la *Franciade*.

Nicolas de Ronsard est bien mentionné dans la *Bibliothèque* de Lacroix du Maine, mais le bibliographe manceau déclare que, s'il a écrit plusieurs poèmes français « ils ne sont encore en lumière ». Se serait-il trompé à propos du *Jugement de Pâris*? Ce n'est pas impossible ; cependant cela ne laisserait pas que d'être surprenant, lorsqu'on songe

le département de l'Yonne. Le roi consentit à être parrain de l'enfant et se fit représenter par l'amiral à cause de la différence de la religion. « La compagnie y estoit fort honnorable et fut bien festoyée dudit sieur prince et recreée de plusieurs honnestes passe temps..... ». Extrait de lettre du 30 juin citée par Mgr le duc d'Aumale, *Histoire des princes de Condé*, t. Ier, pièces et documents, nº XVI et p. 284. — Cf. aussi Castelnau et la Popelinière.

(1) T. IV. p. 242.

que le sieur de Lacroix habitait Connerré et que le sieur des
Roches habitait Sceaux, c'est-à-dire qu'ils étaient à six kilomètres de distance l'un de l'autre. Il était dès lors bien
facile à Lacroix du Maine d'être renseigné sur les œuvres
imprimées de son voisin de campagne (1). Nicolas de
Ronsard a signé plusieurs de ses compositions des initiales
suivantes N. de R. C'est ainsi que sont signés les vers
(restés inconnus aussi à Lacroix du Maine) qu'il a adressés
à Robert Garnier, dont il était l'ami, et qui de son côté lui
a dédié une élégie. Les initiales que l'on rencontre en tête
du *Jugement de Pâris* sont-elles donc les siennes, ou ne
sont-elles pas un de ces noms déguisés sous lesquels
Florent Chrestien, au dire de du Verdier, a publié quelques
poèmes ? L'intervention du poète protestant, c'est Chrestien
que je veux dire, se comprend mieux à ce baptème, à cette
fête en l'honneur du chef des protestants français, que celle
de Nicolas de Ronsard. Mais, ce qui achève de rendre plus
plausible l'attribution de ces vers à Chrestien, c'est qu'à la
suite de l'*Hymne généthliaque sur la naissance de M. le
comte de Soissons* par Antoine Caraccioli prince de Melphe,
ancien évêque de Troyes devenu protestant, est imprimé
un autre hymne analogue de Florent Chrestien (2).

Il est donc certain que ce dernier a pris part aux fêtes qui
suivirent la naissance du fils du prince de Condé. Pourquoi
aurait-il signé une des œuvres, composées par lui à

(1) Cependant la condamnation dont fut l'objet Nicolas de Ronsard
et dont je parlerai plus loin a pu déterminer Lacroix du Maine à faire
le silence sur son compte.

(2) Paris, Mamert Patisson, 1588, cité dans les *Bibliothèques* de
Duverdier et de Lacroix du Maine. — Colletet, *Vie des poètes français*, p. 10, donne le commencement de l'*Hymne du prince de Melphe*
et rapporte que Grevin dans un sonnet adressé au prince de Condé
sur la naissance de son fils, lui dit qu'il doit s'estimer bien heureux de
voir sa race chantée « dessus le digne luth d'un prince et d'un *chrétien* ». — Des vers de Rémi Belleau, dédiés au prince de Condé avaient
déjà été traduits en latin par Florent Chrestien en 1561. Voir *Œuvres
poétiques* de R. Belleau. Édition Lemerre, t. I, p. 349.

l'occasion de cet événement et non l'autre, parue même
sans aucun nom d'imprimeur? C'est-là ce qui resterait à
expliquer. Que Nicolas de Ronsard, qui avait des attaches
vendômoises et connaissait dès lors Florent Chrestien, ait
présenté ses vers au prince, il n'y aurait rien là d'étonnant.
C'est au reste un point qui n'a pas d'importance pour la
biographie de Garnier.

Il est grand temps de revenir à Nogent.

§ II

Amours et mariage du poète. — Les *Sonnets à Martie* et l'*Élégie à
Nicolas de Ronsard*. — Poètes et amoureuses du XVIᵉ siècle. — Une
Amoureuse poète : Françoise Hubert. — Les deux filles de Garnier :
Diane (1579) et Françoise Garnier (1582).

Si j'ai insisté sur cette œuvre, c'est que, quel qu'en soit
l'auteur, on se prend à se demander si Robert Garnier
n'était pas présent à cette fête, à laquelle assistaient, paraît-
il, des poètes ses amis ; si Françoise Hubert n'était pas
elle-même au nombre des spectatrices, et si ce n'est pas ce
jour-là que commencèrent leurs longues amours. Ne
serait-ce pas en voyant la jeune nogentaise écoutant avide-
ment les vers bien capiteux hélas! et bien brûlants du poète,
que Garnier se sentit frappé au cœur, comme Ronsard
l'avait été en entendant la voix de Cassandre, qu'il célébra
la première avant Marie et Hélène de Surgères, comme le
fut plus tard, au Mans, Marc Papillon, le poète soldat, en
entendant la voix de Renée Le Poulchre, alors novice à
l'abbaye du Pré (1)? Ils étaient bien ardents les vers de
Vénus à Pâris, voulant séduire le jeune berger, pour le
déterminer à lui adjuger le prix de la beauté, essayant

(1) *Premières Œuvres poétiques*, de Marc de Papillon, dit le capitaine
Lasphrise (Paris, Jean Gesselin, 1597, privilège du dernier janvier ;
achevé d'imprimer, 15 novembre). C'est au Mans que demeura
longtemps ce poète et c'est là, dans l'abbaye du Pré, que vécut sa

d'évoquer à ses yeux tous les charmes de l'amour, murmurant à son oreille qu'il n'est rien au monde qui rende plus heureux

> « Que d'avoir à souhait une belle amoureuse
> Qui ta royne sera, ta nymphe et ta déesse,
> Ton cœur, voire ton âme et ta félicité. »

On aimerait à donner ce point de départ à leurs amours ; mais ce serait doublement faire du roman, car ce serait en faire remonter trop loin l'origine que de les fixer à la date de 1567. D'ailleurs le poëte lui-même, ainsi qu'on va le voir, leur a donné un autre commencement.

Robert Garnier, en effet, lui aussi, a prodigué ses vers à celle qu'il aimait, et l'a chantée sous le nom de *Martie*,

bien-aimée, Renée Le Poulchre, pour laquelle il écrivit tant de vers. Un de ses amis finit de la sorte un sonnet qu'il lui adressa :

> «   .   .   .   .
> Toujours Lasphrise eust des malheurs divers.
> Mais las ! estant de la royale armée,
> En garnison dans la ville du Mans,
> Mourut au Pré, non de Mars ni des ans,
> Ains de l'orgueil sa dame estimée. »

Lasphrise a fait lui-même la description du couvent du Pré (pp. 9, **24**, 91, 136). Dans un sonnet à sa dame (p. 92), il la menace de sa vengeance si elle ne répond pas à son affection :

> « Et pour plus te fascher j'en aimeray quelqu'une
> De tes divines sœurs qui courent ta fortune,
> Que familièrement tu hantes chaque jour :
> Je serviray Brayhault, la belle *Poissonnière*,
> Ou Dansay l'agréable ou Vesins singulière,
> En me vengeant ainsi de l'Amour par l'Amour. »

Le poëte dans tous ses vers ne parle que de sa belle et (il faut bien le dire aussi de ses nombreuses amours. Il y pense loin du Mans :

> « Si vous pouviez, Poulets, voler jusques au Mans,
> Je vous prieroy, mignons, de porter des nouvelles
> A ma dame, m'amour, si belle entre les belles. »

On lit de lui une *nouvelle tragi-comique*, écrite également en vers (pp. 595-591). Son portrait vient d'être reproduit dans la *Revue des Études rabelaisiennes*, 2e fascicule de 1904.

qui indique le caractère altier et fait bien pressentir les rigueurs de la belle dédaigneuse. Son ami Lacroix du Maine dit de lui : « Il a écrit plusieurs beaux et doctes sonnets sur les amours de Martie non encore imprimés. J'ai opinion que c'était en faveur de madame sa femme, Françoise Hubert ». Lacroix du Maine ne s'est pas trompé dans ses présomptions. Un autre ami de Robert Garnier, son collègue au présidial du Mans, le conseiller poète Pierre Amy a parlé plus explicitement de ces amours dans des vers qu'on lit en tête de *Marc Antoine* [1578]. Il invite l'auteur à se reposer de la tragédie, à renoncer aux fureurs et aux meurtres tragiques :

> « Quin blandiori tu potius modo
> Pandis, jocosæ nomine *Martiæ*,
> Illos quibus te occidit ignes,
> Et quibus invicem eam trucidas
>
> . . . .
>
> Perge hos calores : *Martia* jam sua
> Te merce, *Garnieri*, beabit :
> Jam fugæ eam piget et morarum,
>
> . . . .
>
> En, tibi Calliopen maritat. »

Calliope, en effet, ou Martie, c'est tout un, puisque, nous allons bientôt le voir, Martie était une Muse, Calliope finit par épouser Garnier, moins inhumaine en cela que l'*Olympe* de Grévin [Nicole Estienne] ou que Catherine des Roches, qui ne se laissa fléchir ni par les deux livres de sonnets (inédits eux aussi) de Claude Pellejay, ni hélas, ô cœur de marbre ! par la tragédie de Julien de Guersens.

Par un sentiment de réserve bien rare alors, Garnier ne fit pas imprimer les strophes adressées à celle qui allait devenir la mère de ses enfants ; aussi ses sonnets sont-ils perdus aujourd'hui, et nous ne savons pas si l'on pouvait dire à propos d'eux ce que Montaigne dit de ceux de son ami Etienne de la Boétie « qu'ils furent faits, pendant que le poète étoit à la poursuite de son mariage, en faveur de sa femme, Marguerite de Carle, et qu'ils sentent desjà je ne sçais quelle froideur maritale » (1).

A défaut des sonnets de Garnier à Martie, nous avons d'autres vers du poète, restés à vrai dire inconnus jusqu'à ce jour, qui nous renseignent sur l'origine et sur l'histoire de ses amours. On les lit en tête de l'édition originale de la tragédie d'*Hippolyte* (Paris, Robert Estienne, 1573, in-8º) (2). Ils forment une élégie adressée à Nicolas de Ronsard, sieur des Roches, le poète dont nous avons parlé à l'occasion du *Jugement de Paris*.

Le ton de ces vers indique une grande intimité entre le sieur des Roches et Garnier, qui le prend pour confident des soupirs de son cœur. Il ne faut pas s'en étonner. La Papillonnière et les Roches étant situées l'une, au Pin (la commune du Pin porte maintenant le nom du Luart), l'autre à Sceaux, tout près de la Ferté, les deux *Logis* de campagne des deux poètes étaient à quelques kilomètres à peine de distance l'un de l'autre ; de là des rapports intimes dont témoignent les vers de cette élégie.

Ces vers qui n'ont pas été réimprimés dans les éditions complètes de Garnier, avant celle de M. Foerster, sont restés longtemps ignorés de tous ceux qui se sont occupés de ses œuvres ou de sa biographie. Seul, Colletet paraît les avoir

(1) On comprend que le magistrat poète les ait gardés pour l'intimité domestique et on l'approuve de ne pas avoir imité l'indiscrétion de plus d'un poète de la Renaissance et celle que commit plus tard Colletet en étalant aux yeux de tous, dans ses vers imprimés, les attraits de Claudine Lebain. Après sa mort, le même motif de discrétion existait pour ses enfants : les familles de robe, comme je l'ai dit déjà à propos de Vauquelin de la Fresnaye, se sentaient peu honorées par la célébrité poétique de tous ces vers amoureux. Robert Garnier et la Boétie ne sont pas les seuls poètes qui aient épousé celles qu'ils ont chantées dans leurs vers. L'*Aymée* de Pierre Brach devint sa propre femme. La *Pancharis* de Jean de Bonnefons, la *Philis* de Vauquelin de La Fresnaye etc., etc., épousèrent aussi leurs poètes.

(2) *Hyppolyte*, tragédie avec des chœurs, dédiée à messieurs de Rambouillet, avec une élégie à Nicolas Ronsard, sieur des Roches.

connus ; il en a inséré quelques uns (seize) dans la notice
qu'il a consacrée à Nicolas de Ronsard dans son *Histoire
des Poètes français*, tome 3, p. 182 v° (1).

ÉLÉGIE A NICOLAS DE RONSARD, SIEUR DES ROCHES,
DU VIVIER, ETC.

Les seize premiers vers ont trait aux amours de Garnier
à Toulouse, et je les ai cités plus haut.

L'auteur continue de la sorte :

.   .   .   .

.   .   .   .

.   .   .   .

> Ce n'estoit chose humaine, il sembloit de l'estoile,
> Qui passe bien matin la noirceur qui la suit :
> Telle paroist l'Aurore alors qu'elle dévoile
> Le ciel encourtiné d'une dormeuse nuit.

> Sitost que je l'eu veue, aussi tost une flame,
> Descendue en mes os, me parcourut soudain.
> Comme un air pestilent nous parcourt et entame
> Le cœur mesme, aussi tost qu'il nous dévalle au sein.

> Ou comme une étincelle en un caque de poudre,
> Ouvrage de Vulcan, n'a sitost allumé
> Deux ou trois petits grains, que bruiant comme un foudre
> Le feu a tout d'un coup le monceau consommé.

> Je me senty brûler, mais non pas du tout comme
> Le feu brule une poudre, aussi tost qu'il l'atteint :
> Car le feu que je sen, peu à peu me consomme,
> Sans éteindre ma vie et sans qu'il soit éteint.

> Jà la lune refait son douziesme voyage
> La haut dedans les cieux et le flambant soleil
> Sur l'un et l'autre pole a baissé le visage,
> Depuis que m'a la Belle ulcéré de son œil.

(1) M. de Rochambeau les a reproduits dans la *Famille de Ronsart*.
p. 70. Paris, Franck. in-12. 1868.

Et toutefois je suis, comme j'estois à l'heure
Embrasé de ses yeux, sans que le feu mordant
Hoste de mes roignons, diminue ou se meure
Qu'au contraire il devient de plus en plus ardant.

Quelquefois, quand le sang de ma neufve jeunesse
Commença de bouillir plus que l'accoutumé,
Amour me fist servir une belle maistresse,
Dont j'eu le cœur en vain longuement allumé.

Je soupiray pour elle et renflay de mes larmes
Tes roides flots, Garonne à qui j'alloy dolant
Pour tromper ma douleur, chanter maints tristes carmes,
Me pleignant écarté, de mon mal violant.

Quantefois au pendant d'une roche cavée
Quantefois dans une antre hélas et quantefois
Dans un val secretaire, ay je l'herbe lavée
Et de mes durs regrets fait retentir les bois ?

Rien ne sonnoit qu'Agnette (Agnette estoit à l'heure
Le nom de ma maistresse) et les vers qu'Apollon
M'inspiroit agité de sa fureur meilleure,
Epandus dans le ciel ne chantoyent que le nom.

Enfin voyant ma vie, à son regret, donnée
Par son rigoureux père au pouvoir d'un mary,
Je laissay ma liesse au jaloux hymenée
Et triste abandonnay ce rivage chery.

.·.

Amour me laissa libre et depuis ma poitrine
Plus chaude d'Apollon que de son feu absent,
Me fist, grave, entonner la misère Latine
Et du chaste *Hippolyte* le trespas innocent.

Jà fondoit Cornélie en larmes conjugales,
Et de son grand Pompé les manes appaisoit,
Quand Amour au millieu des fureurs Martiales,
Vint rallumer le feu qui premier m'embrasoit.

Qu'il est d'étrange sorte, après que tant d'années
Il m'a laissé délivre il retourne léger,
Et m'enfonce plus fort ses flèches empanées
Que quand il vint en moy premièrement loger.

Il est presque semblable à ces fiebvres tremblantes,
(Ennuyeuse langueur) qui laschant leurs efforts,
Sont au pauvre fiebvreux deux jours intermittentes :
Puis la trève finie, elles rentrent au corps.

Ne vistes vous jamais retirer la marine
D'un havre Océanique ? et comme à certain tems,
Sur le sable désert elle revient mutine,
Et rebat les rochers de branles éclatans ?

Amour me fait ainsi : mais il est pire encor
Car contre mon attente et sans crainte de luy,
Il me surprend d'aguet, comme un pirate More,
Et surpris, sans raison m'enveloppe d'ennuy.

Qu'avoy-je affaire d'estre en un nouveau service
Après avoir son joug porté si longuement ?
Faut-il qu'à tout jamais amoureux je languisse,
Et que d'un tourment j'entre en un second tourment ?

Comme l'onde suit l'onde et comme l'heure viste
Suit l'heure qui découle et le jour suit le jour :
Ainsi mon amour suit d'une éternelle suitte
Les ennuis regoûtez d'une nouvelle amour.

Mais Cupidon me dit et ma constance ferme
Le jure saintement, que ce brasier nouveau
Vif m'ardra dans le cœur, sans limitte et sans terme,
Jusqu'à tant que la mort l'etouffe en mon tombeau.

C'est grand peine d'aymer, mais la Dame que j'ayme
Corrompt de tant de grâce et de tant de bonté
L'amertume d'amour, que bien qu'il soit extrème
En douleur, si est-il du plaisir surmonté.

Comme il n'est herbe ou drogue au monde si amère
Et le fust elle plus que n'est encor le fiel,
Qu'à force de douceurs son goust on ne tempère
En l'aromatisant et détrempant de miel.

Vrayment c'est un soucy, mais de telle nature,
Qu'il plaist sur toutte chose et qu'on n'ayme rien tant
Que songer en sa peine, encor qu'elle soit dure,
Et que hors ce penser on ne vit point contant.

Ma Maîtresse est humaine et de bon œil regarde
La devote amitié que je luy porte au cœur :
Elle entend ma détresse et piteuse prend garde
Qu'en moy l'on ne la puisse accuser de rigueur.

Las et j'en suis plus mal ! tant plus elle est bénigne,
Tant plus cette douceur et cette privauté
M'engage misérable, et tant plus je m'obstine
De consacrer ma vie à sa chaste beauté.

Ma Mignonne est ainsi qu'une belle prairie,
Au printems, quand Zéphyr, la bigarre de fleurs :
Riante y est l'herbette en cent couleurs fleuries,
Y est l'herbe émaillée en cent belles couleurs.

Encore il n'y a tant en une plaine verte
De diverses couleurs, qu'en elle de beautez :
Et le ciel, quand la nuict a la clarté couverte
Garni ne se voit tant de brillantes clartez.

Permette Amour mon maistre et les Graces pucelles
Que je l'ayme tousjours et qu'elle m'ayme aussi :
Ou si m'aimer ne peut, que mes ardeurs cruelles
Ne puissent offencer son courage endurcy.

Je ne souhaitte point un Arsacide empire,
Les grandeurs de ce monde ardant je ne poursuis :
Je n'aboye après l'or : le seul bien où j'aspire,
Est de toujours complaire à celle à qui je suis.

Nec prece, nec precio (1).

Il paraît que, sans avoir eu autant de rigueurs qu'en eut
Julie d'Angennes envers M. de Montausier, Françoise
Hubert laissa soupirer longtemps Robert Garnier avant de
lui accorder sa main ; le poète dut chercher à attendrir

____

(1) C'est la devise de Garnier.

l'inhumaine par maints sonnets tout pleins de « son amoureux emoy ».

C'était la mode alors que les poètes célébrassent publiquement dans leurs vers, sous un nom supposé, leur bien-
aimée ; chacun d'eux devait avoir une dame qu'il magnifiait
par ses sonnets, odes, élégies etc. Pour les besoins de la
poésie, et afin de permettre, comme dit Pasquier, à la verve
et au talent de prendre son essor et de s'épancher suffisamment, il fallait aussi que la belle amoureuse se montrât
cruelle. Tricotet et Prosper Blanchemain se sont efforcés
de donner les noms réels de toutes ces divinités poétiques
des jeunes Apollons du XVIᵉ siècle, quand ils ont pu ou
cru les rencontrer. A vrai dire, il s'agissait quelquefois tout
simplement d'une Muse idéale qu'à défaut d'une maîtresse
plus réelle, l'imagination du poète créait de toutes pièces
et qu'il revêtait d'un nom aussi poétique que les charmes
de la belle inconnue. A part quelques heureuses trouvailles
ou d'ingénieuses conjectures, il reste encore cependant
bien des découvertes à faire après eux dans cette explo-
ration de la *Carte du Tendre*.

Les poètes du Maine, de l'Anjou et du Perche, notamment,
se sont vus presque oubliés par ces chercheurs qui ont
laissé derrière eux bien de ces énigmes galantes à deviner.
Sauf pour l'*Admirée* de Tahureau et la *Théophile* de Marc
Papillon, le capitaine Lasphrise, à peine s'ils ont dénoué
les cordons des masques des autres beautés chantées par
ces poètes. Ils n'ont rien dit de la *Méline* de Baïf, de la
Rosine, de la *Marquine* de Pascal Robin du Faux, de la
Rosine de Jacques Courtin de Cissé. A peine avaient-ils,
jusqu'à ces dernières années, consacré une ligne à l'*Olive*
de du Bellay. Pas un mot sur « la très belle et gente »
Valentine, de Denisot, la célèbre Antoinette de Loynes,
femme de Jean de Morel d'Embrun, la mère de trois filles
qu'on pouvait appeler les trois Grâces ; pas un mot sur la
Madeleine, de Belleau. Même silence sur *Anne* et *Philippe*

du Prat, les deux sœurs aimées de Hiérosme d'Avost, sur les dames qui furent l'objet des amours ou des hommages de Jean Le Masle, de Nicolas de Montreux. Rien enfin sur le nom de la jeune femme de Tahureau, cette épouse aimée, pour laquelle en peu de temps le chantre de l'*Admirée* s'épuisa, languit et mourut. Cette ardente amoureuse était restée inconnue jusqu'à présent ; j'avais en vain demandé son nom aux échos des bois du Chesnay, quand il m'a été révélé par les prosaïques registres de la paroisse Saint-Pavin-la-Cité, du Mans (1).

*
* *

On peut s'étonner que *Martie* soit demeurée longtemps insensible aux soupirs du poète amoureux. Mais elle-même faisait des vers, comme son amant. Cela peut expliquer comment elle prenait plaisir à se laisser accabler de sonnets, avant de se rendre, et à voir grossir la gerbe de fleurs écloses en son honneur.

Françoise Hubert, en effet, était poète, comme son mari, comme ces Toulousaines du XVI° siècle, Paule de Viguier, ou Gabrielle de Coignard, dont les rives de la Garonne, témoins de la jeunesse de Garnier, gardent toujours le souvenir. Elle méritait mieux que les quatre lignes bien courtes qui lui ont été consacrées dans les *Femmes poètes au XVI° siècle* de Léon Feugère (2). Cet auteur eut dû

(1) Voir H. Chardon. *Tahureau, sa famille, son mariage et l'Admirée*, Picard, 1885. L'amie de Tahureau était protestante. Il est probable que l'amour détermina le poète à changer de religion et que, lorsque ses amis parlent de *parjure* à son propos, ils font allusion à cette conversion due à l'amour. Personne n'en a parlé jusqu'à ce jour et j'avais moi-même tout d'abord oublié de la signaler.

(2) Paris, Didier, in-12, p. 71. — Bonaventure des Périers (*Nouvelles Récréations...*, conte 38°) cite, à une époque un peu antérieure, parmi les femmes distinguées du Maine, la baillive de Sillé, mère des trois Taron, « une des plus belles, sages et aprises dames de son temps, et qui avoit un jugement et esprit des plus esmerveillables. »

prendre au moins la peine de reproduire tout au long la page élogieuse écrite par Lacroix du Maine et que je transcris ici :

« Françoise Hubert, native de Nogent-au-Perche, est femme de monsieur Garnier juge criminel au Mans, sœur de Monsieur le bailli de Nogent... Cette dame mérite d'avoir rang entre les plus excellentes, tant pour son éloquence et scavoir que pour estre assez bien versée en notre poésie françoise. Elle n'a encore mis ses écrits en lumière.... Le respect et amitié que je lui porte et à ceux aux quels elle appartient m'empêche d'en dire ici d'avantage, pour éviter le soupçon d'un ami trop affectionné » (1).

Une autre preuve, plus convaincante, de son goût pour la poésie, ce sont les vers de Françoise encore existants aujourd'hui. Tous ceux qui ont répété les dires de Lacroix du Maine se sont donnés bien garde hélas ! de les remarquer et de les citer, bien qu'ils ne fussent pas difficiles à trouver, puisqu'ils figurent en tête des tragédies de Robert Garnier !

Voici ces vers inscrits, les premiers, en tête de *Cornélie*, les autres en tête de *Marc Antoine* :

> Garnier ne mourra point, tandis que sa *Porcie*
> Vivra dedans ses vers, vivra sa *Cornélie*
> Avec son *Hippolyte* : car la Mort, bien qu'il meure,
> Ne scaurait que son œuvre éternel ne demeure.
>
> FRANÇOISE HUBERT.

> Malgré du Temps le perdurable cours,
> Ton nom caché dedans l'onde oublieuse,
> Reflorira Cléopâtre amoureuse,
> Ayant *Garnier* chantre de tes amours.
>
> FRANÇOISE HUBERT

On voit que Françoise avait foi dans le talent de son mari, et en présence de cette communauté de sentiments pour ne

(1) I, 220.

pas dire de travaux exprimée en termes si nobles et si enthousiastes on comprend mieux l'amour profond et passionné que le poète avait pour elle. Françoise était son *Égérie*, son inspiratrice, sa Calliope. Elle nous apparaît, Muse gracieuse, debout derrière le poète dans la pénombre de son cabinet, l'inspirant de son sourire, le soutenant de son amour, et déposant sur son front à l'avance la couronne de laurier qu'y a laissée la postérité (1).

D'après les vers de Pierre Amy, on voit que le mariage du poète et de sa Muse dut avoir lieu à la fin de 1573, date de l'impression d'*Hyppolyte*. Les vers de Françoise en tête de *Cornélie* prouvent bien qu'elle était la femme de Robert Garnier en 1574.

Les registres paroissiaux du Mans nous la montrent marraine en cette ville dès 1575. Quant à des registres de mariage de cette époque, ils n'existent pas plus au Mans qu'à Nogent-le-Rotrou.

*
* *

Dans les registres paroissiaux du Mans on rencontre la femme de Robert Garnier, tenant sur les fonts les enfants

----

(1) Cela rappelle les beaux vers du sonnet qu'on va lire et dont chacun reconnaîtra l'auteur :

> « Ce qui donne la force au poète et l'espoir.
> Dans son rude labeur qui jamais ne s'achève,
> Ce qui, sans que pourtant il le puisse savoir,
> S'il faiblit, le soutient, s'il tombe, le relève,
>
> .   .   .   .
>
> C'est quelque part sur ses vers lus tout bas
> Une larme qui tombe et qu'il ne verra pas,
> L'écho charmant que fait son âme dans une âme.
>
> Un soupir qu'il éveille et qui meurt loin de là,
> Moins qu'un soupir, que sais-je ? Il est vrai que cela
> C'est presque de l'amour. n'est-il pas vrai, Madame ? »

de diverses familles amies de son mari, mais ce n'est qu'assez longtemps après son mariage, qu'ils nous la montrent donnant le jour, à trois années d'intervalle, à deux filles, les seuls enfants qu'elle ait eus (1) et qui reçurent le baptême à la paroisse du Crucifix. C'est là que son mari était allé habiter au lendemain de son mariage, après avoir quitté la paroisse Saint-Benoît, où il avait d'abord demeuré.

Le 12 mars 1579 naquit leur première fille, tenue sur les fonts par honorable homme Me Bertrand Hubert, chanoine et chevecier en l'église de Saint-Jean de Nogent-le-Rotrou, frère de Françoise, et par Marie Denisot et Jehanne de Baugé, une Fertoise parente de Garnier, dont nous aurons l'occasion de parler longuement.

L'enfant bien que présentée par un vénérable chanoine, reçut au baptême un nom plus poétique que chrétien, un nom portant bien l'empreinte de son époque et qui devait plaire à l'auteur d'*Hippolyte*. Elle reçut le nom de la chaste Diane ! Diane, ce nom si plein d'une douce harmonie, et dont les disciples des Muses se plaisaient à embellir leurs amantes ! Qui ne connait la Diane objet des *Premiers amours* de Des Portes, et « *Diane* » Salviati chantée par d'Aubigné, etc ?

Trois ans plus tard naissait une autre fille qui fut baptisée le 23me jour de mars 1582. Son nom, emprunté davantage à la vie réelle, fut Françoise, qui était celui de sa mère. Elle dut aussi ce nom à son parrain. Elle eut pour marraine demoiselle Gatienne Leboindre.

Nous aurons à revenir sur le sort de Françoise et sur celui de Diane dont le nom ne fut pas pour elle un porte bonheur. Ces deux enfants de Garnier, pour qui la vie

(1) Le poète n'eut pas de fils pour perpétuer son nom et ses filles devaient elles-mêmes mourir avant l'âge.

semblait commencer sous de riants auspices, devaient promptement devenir orphelines.

Mais n'anticipons pas sur l'avenir, et puisque nous avons ouvert les registres de l'État-civil du Mans, pour en extraire ce qui concerne Garnier, voyons toutes les mentions où son nom va se présenter à nous, ce qui nous permettra d'apprécier ses relations et son rang dans la société mancelle.

§ III

Garnier dans la société mancelle. — A travers les registres de l'état-civil. — Des Parrainages et des Compérages le mettent en rapport avec les grandes familles de l'Église et de la magistrature. — On ne connaît point sa maison de la paroisse du Crucifix.

Nous l'avons vu d'abord habiter la paroisse parlementaire de Saint-Benoît. Le 22 octobre 1569, bien peu de temps après avoir pris possession de son siège de conseiller, il est parrain dans cette paroisse de l'enfant d'une famille fertoise, du fils d'honorable maître Denys de Baugé, sieur de la Cave. Il le tient sur les fonts avec Marie Mesland, qui fut la première femme de Mathurin Leboindre, bientôt avocat du roi, puis conseiller au présidial (1).

Le 15 novembre 1574, dans la même paroisse « honorable homme Robert Garnier, conseiller du roi et juge criminel au Mans », tient sur les fonts une fille de maître Jean Trouillet, avocat, et de Claude Peschart, avec Renée Richer et Marie Gauscher.

(1) On voit, en 1568 et 1576, Mathurin Leboindre parrain d'autres enfants de Denys de Baugé. Un autre a pour parrain noble homme Gabriel de Baugé, avocat à la cour du parlement de Paris, grand-père maternel de Mathurin Leboindre, fils de Christophe Leboindre et de Marie de Baugé, mariés vers 1525.

Le 26 juillet 1575, devenu lieutenant criminel et habitant encore Saint-Benoît, il est parrain dans l'église Saint-Pierre-l'Enterré, d'un fils d'un autre avocat, maître Nicolle Carré. Il le tint avec maître Michel-Vincent Legras, sieur du Luart, le plus ancien conseiller du présidial, lieutenant particulier, mari de Françoise Denisot, et dont le fils devait plus tard, (curieux rapprochement !) épouser la fille de Robert Garnier, son compère dans ce baptème. Indépendamment de leurs rapports au présidial, d'autres liens du reste existaient entre le sieur du Luart et le sieur de la Papillonnière.

La commère des deux conseillers fut Renée, femme de maître Pierre Amy, conseiller au présidial de la paroisse Saint-Pavin-la-Cité.

L'année suivante avait lieu un compérage de plus haute volée ; cette fois c'est la femme de Robert Garnier qui y figure. Le baptème a lieu à la paroisse du Crucifix. Peut-être Garnier y avait-il transporté sa demeure au lendemain de son mariage ? L'enfant baptisé le 8 novembre 1571 est le fils d'Anthoine Mariette, greffier criminel.

Il est tenu par deux personnages occupant une grande place dans la cité : le lieutenant particulier de la séné-chaussée Jean de Vignolles, et le grand doyen de l'église du Mans, vénérable maître François du Parc. Leur commère est Françoise Hubert, femme du lieutenant criminel.

Le 14 juin 1578, Garnier est parrain, à la paroisse du Crucifix, de Loys, fils de l'élu Floridas Mairesse, avec maître Jehan Aubert, avocat. La marraine est Loyse de l'Espine.

Le 22 mars 1579, dix jours seulement après être devenue mère, Françoise est marraine d'une fille d'André Bouju, avec Michel Vasse, sieur de la Pélerinyère, que nous verrons bientôt en rapports plus intimes avec Garnier.

Le 10 octobre 1580, Robert donne son nom au fils de Julien Deschamps, sieur d'Ingrandes, avec Anne Leboindre.

Moins de quinze jours après il est parrain d'un fils de Pierre Bernoust, avec le conseiller du présidial René Givray. La marraine n'est autre que Renée Quelain, la femme du procureur du roi Félix Lechesne, fille de Mathurin Quelain.

Le 8 août 1582, c'est au tour de sa femme d'être marraine d'un fils d'Ambrois Tiger.

Le 30 octobre, elle tient sur les fonts un fils de François Antin, avec le célèbre bailli de la prévôté, Mathurin Ourceau et son lieutenant Louis Letourneur, personnages qui ne semblent pas avoir eu grande sympathie l'un pour l'autre.

Enfin, le 17 novembre 1582, un nouvel enfant du greffier criminel, Antoine Mariette, est nommé par Garnier. Il a pour parrains « vénérable et scientifique personne Me Marguerit de la Bigne, docteur en théologie et grand doyen du Mans, et maître Robert Garnier, licencié ès droits ». Nous avons déjà rencontré la marraine, honorable femme Renée Quelain épouse de Monsieur le procureur du roi.

Si j'ai cité tous ces actes, qu'on pourrait allonger, bien qu'un bon nombre de lecteurs soient en droit de trouver leur énumération fastidieuse, c'est afin de montrer avec quels personnages Garnier était en rapport au Mans et quelle place il y tenait. On trouve son nom accolé à ceux des familles qui, soit dans l'Église, soit dans la magistrature, tenaient le plus haut rang dans la cité, et c'est un indice de l'estime et la haute considération qui l'entouraient. On voit aussi qu'il était resté fidèle aux souvenirs de sa ville natale : les noms des Quelain, des Amy, qui se rencontrent à côté du sien, témoignent qu'il avait conservé d'intimes liens avec ces familles issues comme lui de la vieille cité fertoise.

J'ai seulement regretté de ne pas rencontrer au milieu de tous ces noms une mention qui me permit de soupçonner dans quelle partie de la paroisse du Crucifix habitait Robert

Garnier. C'est en effet à la période de vie qu'il y vécut, que se rapportent ses principales œuvres.

C'est là qu'il fit le plus long séjour, c'est là que sa femme partagea son toit avec lui, c'est là que naquirent ses deux filles ; c'est cette demeure qu'on peut appeler à bon droit celle de Robert Garnier au Mans. Où était-elle située ? Existe-t-elle encore dans cette paroisse où subsistent aujourd'hui le plus grand nombre d'anciennes maisons du Mans ? J'aurais aimé à pouvoir percer cette ombre qui enveloppe non seulement le nom, mais le logis du grand poète. Le nom des grands hommes communique aux demeures où ils ont passé leur vie une partie de leur célébrité, et ce ne serait pas une petite gloire pour le Mans que de pouvoir inscrire sur la façade d'une de ses vieilles maisons de la rue des Chanoines ou de la Grande-Rue : ici, a vécu Robert Garnier, ici un ancêtre de Corneille a écrit les tragédies qui ont frayé la route à l'auteur du *Cid*, de *Polyeucte* et de *Pompée*. Pourra-t-on retrouver cette demeure ? ce n'est pas impossible ; peut - être un des propriétaires de ces maisons tient-il dans sa main, je veux dire dans ses titres de propriété, le mot du secret sans le savoir (1), cependant, il faudra peut-être se contenter de connaître la maison où il est venu mourir paroisse Saint-Pierre-l'Enterré. A l'heure qu'il est, de tous les lieux qu'à habités Garnier, un seul est bien connu : c'est sa terre de la Papillonnière au Luart. La Ferté-Bernard a détruit la maison où il était né. Les villes sont peu soucieuses de leur gloires ; les campagnes changent moins. Et c'est à la Papillonnière que nous irons exhumer le souvenir des lieux sur lesquels se sont reposés les yeux du poète et qu'il a célébrés dans ses vers.

(1) Cependant il est probable que Garnier n'était que locataire de la maison où il habitait, et dans ce cas toutes les recherches peuvent demeurer infructueuses.

CHAPITRE IV

GARNIER POÈTE TRAGIQUE, SES RELATIONS LITTÉRAIRES.

Les six premières tragédies (1568-1580) : Garnier continuateur de
Jodelle. — *Porcie* (1568) paraît sans dédicace. — Les trois groupes de
pièces dramatiques de Garnier. — Les tragédies romaines de Garnier
et celles de Shakespeare. — Le nom de Garnier est mêlé aux plus grandes célébrités littéraires dans les *Tombeaux* d'Elisabeth de France
et de M. de Sillac (1569). — Garnier trouve d'illustres protecteurs :
Hippolyte (1573) et *Cornélie* (1574) sont dédiées aux Rambouillet.
— Le *Tombeau* de Charles IX (1574). — Garnier, appelé par Ronsard
« prince des poètes tragiques ». dédie ses nouvelles pièces aux plus
notables personnages du monde judiciaire et ecclésiastique : *Marc-
Antoine* (1578) à M. de Pibrac, la *Troade* (1579) à l'évêque de Mende,
Antigone (1580) au conseiller Brisson. — L'édition de ses œuvres
de 1580. — Garnier dans la retraite studieuse de la Papillonière.

Au milieu des labeurs de sa charge de lieutenant criminel,
qui ne devaient pas être légers dans ces temps si troublés, au
milieu de ces conflits d'attribution, de ces missions de sur-
veillance militaire dont l'investissait la confiance de ses concitoyens, au milieu de ses devoirs de père de famille, de ses
relations de société, Garnier trouvait le moyen de se recueillir
dans son cabinet, de s'abstraire et de vivre dans le passé.
Il se faisait le contemporain de ces vieux Romains qu'il a
fait parler en termes si nobles, si mâles, si « *Cornéliens* »,
il écrivait ces tragédies empruntées à l'histoire de Rome,
aux temps héroïques de la Grèce, aux Livres saints, ou à
l'Arioste, dernier écho des Chansons de geste du grand
cycle de Charlemagne ; il traitait enfin, pendant un temps
relativement court de sa vie, un ensemble de sujets tragiques qui a suffi, près d'un siècle après lui, pour alimenter
l'histoire de notre poésie dramatique.

S'il se transportait ainsi dans le passé, parmi les tristesses
du présent, ce n'était ni par égoïsme ni par indifférence,

c'était au contraire pour montrer à ses concitoyens l'horreur des discordes civiles et afin de mettre sous leurs yeux
des exemples assez émouvants pour les détourner de leurs
sanglantes fureurs. Le poète faisait ainsi acte de patriotisme,
tout en paraphrasant Plutarque, Sénèque et Lucain. Au
milieu de ses tragédies érudites, qu'on serait tenté de
prendre pour des œuvres de rhétorique et d'école purement
objectives, il essayait de faire entendre le cri de douleur de
son âme, parlait lui-même par la bouche des vieux Romains
ou des personnages de ses chœurs. Il voulait nous faire
deviner que les malheurs de la France, en proie aux divisions des Guise, des Condé, des Coligny, et de Catherine
de Médicis, le touchaient plus que ceux de Rome déchirée
par les factions de César, de Pompée, de Brutus, d'Octave
et d'Antoine.

Ce caractère subjectif de ses tragédies se montre surtout
dans les dédicaces où il est plus à l'aise pour révéler ses
sentiments intimes. Au reste, on a vu par ses premiers
vers l'impression que produisirent sur lui les troubles
religieux. Il est profondément ému au spectacle des guerres
civiles qui désolent la douce et paisible France d'autrefois.
Il a été comme blessé au cœur. Toute sa vie il gardera la
trace de la blessure et ses vers ne seront qu'un long écho
de ses patriotiques angoisses.

Sa première tragédie montre par son titre même que
telle était bien sa tendance. « *Porcie, tragédie françoise,
représentant la cruelle et sanglante saison des guerres civiles
de Rome : propre et convenable pour y voir dépeincte la
calamité de ce temps.* »

La pièce, inspirée par l'*Octavie* de Sénèque et les souvenirs de Plutarque et de Lucain, était d'un débutant : elle
parut sans les vers liminaires qu'on rencontre en tête de
ses œuvres postérieures. Garnier l'a seulement fait précéder d'une épigramme de Martial, qu'il a traduite, et de trois

vers d'Horace ; il l'a dédiée « à Monsieur de la Terrace, conseiller du Roy, et maistre des Requestes ordinaire de son hostel » (1).

Quinze ans bientôt s'étaient écoulés depuis l'heure mémorable où Jodelle, ressuscitant le théâtre antique en France, avait vu *Cléopâtre captive* accueillie par l'admiration et les applaudissements enthousiastes de tous les lettrés, qui saluaient en lui la venue d'un Messie poétique ou d'un nouvel Apollon. Malgré ce début plein de promesses et le succès qui accueillit *Didon* six ans plus tard, Jodelle avait vu sa verve épuisée de bonne heure.

Jacques Grévin avait été un imitateur ou mieux un émule digne de lui et sa tragédie de *César* en 1560 annonçait un nouveau précurseur. Mais leurs pièces n'étaient guère qu'un dialogue didactique sans aucune action dramatique. En outre, depuis le silence de Jodelle, la mort de Saint-Gelais et le départ de Grévin pour la Savoie, la tragédie en France, bien que jeune et pour ainsi dire à son aurore, avait déjà subi comme un interrègne. A part Jean de la Péruse et Jacques de la Taille, elle n'avait compté pour adeptes que des poètes de second ordre et des écoliers échappés du collège, encore tout pleins de Sénèque et des harangues du *Conciones*. Ils écrivaient des pièces qu'on peut appeler doublement des tragédies de collège, puisqu'elles y avaient été écrites et qu'elles étaient destinées à y être représentées.

La première œuvre de Garnier, qui devait plus tard être un rénovateur, fut coulée dans le même moule que celui de ses prédécesseurs. Voici à quel mince sujet se réduit sa tragédie. La furie Mégère ouvre la pièce par un monologue

(1) Par « R. Garnier, fertenois, advocat en la Cour de Parlement à Paris. à Estienne Potier, seigneur de la Terrace, de sainct Elix, etc., Conseiller du Roy, et premier maistre des Requestes de l'hôtel dudict seigneur. A Paris, par Robert Estienne, imprimeur du Roy. MDLXVIII. Avec privilège dudict seigneur ». — Voir Bibl. de l'Arsenal, 9686/B.

où elle appelle sur Rome les horreurs de la guerre civile ; un chœur de femmes déplore l'instabilité des choses humaines et les dissensions qui inondent Rome de sang (acte I). — Porcie, sa nourrice et le chœur se lamentent sur le sort de leur patrie et attendent avec anxiété des nouvelles de Brutus (acte II). — Un philosophe, Arée, invoque la clémence d'Octave : celui-ci répond qu'il doit venger César. Marc-Antoine, Octave, Lépide délibèrent sur la conduite à tenir à l'égard des Pompéiens. Vient ensuite un chœur de soldats (acte III). — Un messager annonce le résultat de la bataille de Philippes et la mort de Brutus. Porcie déclare qu'elle va suivre son mari (acte IV). — La nourrice rapporte la mort de Porcie et se tue sur la scène (acte V).

S'il s'en fût tenu à cette pièce, Garnier n'eût été qu'un pâle copiste de Jodelle, et son nom eût peu marqué dans l'histoire du théâtre. Mais il devait écrire des tragédies pendant quinze ans et quand la plume tomba de ses mains il avait, grâce à son travail soutenu et à son génie, fait progresser l'art dramatique. On reconnaît aujourd'hui trois *manières* différentes dans l'œuvre de Garnier (1).

La première, comprenant *Porcie*, *Hippolyte* et *Cornélie*, dérive de Sénèque ; les sujets sont en grande partie empruntés aux plus « tragiques » épisodes de l'histoire romaine. Le second groupe est formé par trois tragédies où l'action est moins vide et l'imitation de Sénèque moins servile, l'influence grecque tendant à y prédominer : *Marc-Antoine*, la *Troade* et *Antigone*. Un troisième groupe est constitué par une tragédie biblique, les *Juives*, et par une tragi-comédie, inspirée de l'Arioste, et qui marque une évolution de l'art dramatique : c'est *Bradamante*, qui nous éloigne beaucoup de Jodelle et de Grévin.

(1) Cfr. Faguet, *La Tragédie française au XVI⁰ siècle*. Paris, Hachette, 1883, p. 183. Cfr. aussi Forster, Introd. pp. XXXIII-XXXV.

Je pourrais successivement passer en revue les diverses tragédies de Garnier, mais ce travail a été fait. On peut consulter Sainte-Beuve, Philarète Chasles, tous les historiens de la littérature dramatique, Alphonse Royer, Tivier, Godefroy, Emile Faguet, Rigal, sans parler de ceux qui ont traité spécialement de Garnier tels qu'Hauréau, Bernage, etc., pour connaître tout ce qu'il est possible de savoir sur les œuvres du poète manceau. Depuis surtout MM. Faguet et Rigal, il n'y a plus rien à dire de nouveau. Je préfère, pour ne pas abuser de l'hospitalité qui m'est donnée dans cette *Revue*, étudier quelques points spéciaux et parler notamment à cette place de la manière dont Shakespeare et Garnier ont traité chacun de leur côté les sujets romains qu'ils ont mis à la scène.

Pendant que Garnier, complètement absorbé par le génie grec et latin, mettait au jour, en France, ses pièces tirées de l'antiquité, le grand tragique anglais Shakespeare, de l'autre côté de la Manche, transportait sur la scène les mêmes luttes de César et de Brutus, d'Antoine et d'Octave, les mêmes malheurs de Porcie, d'Octavie et de Cléopâtre, mais savait rester fidèle au génie national. Shakespeare étant plus jeune que le poète manceau et lui ayant survécu plus de vingt-cinq ans, on pourrait se demander s'il a connu les tragédies de Garnier et si l'on trouve dans ses drames quelques traces de ses lectures. Qu'il ait connu les œuvres de Garnier, ne fut-ce que par leurs traductions, on ne saurait en douter ; de même que Amyot et Montaigne ne lui restèrent pas étrangers, grâce aux traductions de Thomas North et de John Florio.

La notoriété de Garnier était d'ailleurs bien établie en Angleterre. En 1594, Thomas Kyd fit paraître *Pompée le Grand et sa belle Cornélie*, tragédie tirée tout entière d'une des pièces de Robert Garnier. La comtesse de Pembroke, sœur ou mère (?) de Philip Sidney, traduisait à la même époque l'*Antoine* du poète français.

L'Angleterre depuis longtemps était vouée aussi à l'imitation de Sénèque et de l'antiquité latine. En 1561, le 18 janvier, avait été représentée devant la reine à Whitehall, la tragédie de *Gorboduc*, de Thomas Sackville ; plus on avance dans le règne d'Elisabeth, plus se multiplient, bien avant Ben Jonson, les pièces de théâtre composées sur des sujets classiques (1).

Les historiens du théâtre anglais nous disent que dans les premières années du règne d'Elisabeth il n'y a pas « un classique » dont la popularité soit comparable, non seulement entre les lettrés, mais parmi les auteurs dramatiques, à celle de Sénèque le Tragique « le plus cosmopolite avec Plutarque, de tous les écrivains de l'antiquité gréco-latine ». Ces historiens nous rappellent que, de 1559 à 1581, toutes les tragédies de Sénèque ont été traduites en anglais. Ils ajoutent que les preuves abondent de l'influence de ces traductions sur les commencements de la tragédie anglaise : les *Iphigénies*, les *Ajax*, les *Persée*, les *Mucius Scévola*, les *Quintus Fabius*, les *Scipion*, se succèdent sur la scène, avec les *Jocaste* et les *Catilina* (2). L'auteur d'*Hamlet* était familiarisé avec les classiques. Dans cette pièce on le voit faire allusion aux *unités* et aux pièces régulières : « Les acteurs sont ici, Monseigneur, les meilleurs acteurs du monde pour la tragédie, la comédie, le drame historique, la pastorale comique, l'histoire pastorale, la tragédie historique, la tragi-comédie, les pièces avec unités et les pièces sans règles. Sénèque ne peut être trop lourd, ni Plaute

____

(1) Voir : M. Paul Stapfer, *Drames et poèmes antiques de Shakespeare*, p. 33 et suiv.

(2) Voir *La vie véridique de William Shakespeare*, par Georges Duval, in-12, 2ᵉ édition Ollendorff, p. 23. 226 etc. — Il me suffira de citer les pièces classiques de Georges Peele, Thomas Lodge, Thomas Abyd. Voir aussi M. A. Mézières, *Prédécesseurs et contemporains de Shakespeare*, 1863, in-12. — *Shakespeare, ses œuvres et ses critiques*. 1882, in-12.

trop léger pour eux ; pour le *genre régulier* comme pour le *genre libre*, ils n'ont pas leurs pareils ».

On peut comparer du reste la Portia du *Jules César* de Shakespeare, et la Cléopâtre et l'Octavie de sa tragédie *d'Antoine et Cléopâtre* avec la *Porcie* et le *Marc-Antoine* de Garnier (1).

On voit qu'à la même époque les mêmes goûts, les mêmes phénomènes se produisaient dans les deux pays.

M. Brunetière (2) écrivait, il y a peu de temps, dans quelques pages éminemment suggestives, qu'en littérature, les mêmes causes ne sauraient manquer de produire les mêmes effets :

« Les différences qui séparent la conception générale du drame anglais de celle de la tragédie française ne viennent pas, dit-il, d'une différence de culture ou d'éducation littéraire. Si le drame anglais est ce qu'il est en dépit de Sénèque, il y a lieu de croire que sans Sénèque, la tragédie française n'en serait pas moins ce qu'elle est . . . . C'est une question d'histoire générale de la civilisation entre 1580 et 1650 ; l'esprit contemporain est semblablement le même alors dans l'Europe à peu près entière.

» Gongorisme ou cultisme en Espagne, marinisme en Italie, préciosité chez nous, euphuisme en Angleterre, tout cela n'est partout qu'une même maladie du langage, un même idéal de littérature ou d'art qui se précise en s'exagérant. L'Espagne et la France traversent en même temps une même phase de l'évolution de la littérature européenne. »

M. Brunetière montre ensuite que les littératures nationales ne sont que les manifestations particulières de la

(1) Voir Paul Stapfer : *Shakespeare et l'Antiquité.* Paris. Fischbacher, in-18, 1879.

(2) *Revue des Deux Mondes,* 1er janvier 1903. *Corneille et le théâtre espagnol.*

littérature européenne et que l'hégémonie de chacune vient
de la rencontre des coïncidences de ce que leur génie
propre a de plus national, avec les exigences qui sont à un
moment donné les exigences actuelles de l'esprit humain.
« Si la pénétration de l'esprit gaulois par le génie latin a
été telle qu'il a cédé complètement à son influence au point
d'en être le pâle reflet, le génie national anglo-saxon plus
résistant a su conserver son originalité propre et a résisté
loin de s'être laissé absorber » (1).

*
* *

Malgré sa fécondité tragique, le poète manceau ne se
renfermait pas exclusivement dans des œuvres composées
pour la scène. Après *Porcie* nous trouvons en 1569 des
vers de Garnier, encore peu connus, insérés dans deux
recueils d'épitaphes : le tombeau de Madame Elisabeth de
France et celui du poète gentilhomme Sillac, seigneur de
la Châtre.

Le premier est le *Tumbeau de tres haulte, tres puissante
et tres catholique Princesse, Madame Elisabeth de France,
Royne d'Espagne. En plusieurs langues. Recueilli de plusieurs sçavans personnages de la France. — A Paris, par
Robert Estienne, imprimeur du Roy*, MDLXIX (1569) in-4°
de 12 feuilles. Les strophes de Garnier se rencontrent à
côté de vers hébreux, grecs, latins, français et même espa-
gnols, tels que ceux de l'orientaliste Jean de Cinq-Arbres,

(1) Voir aussi : Taine, *Histoire de la littérature anglaise*, 5 volumes,
et ce qu'ont écrit sur Shakespeare MM. Montégut, Mézières et Stapfer.
Consulter également Jusserand : *Shakespeare en France sous l'ancien
régime*. Paris, Colin, 1898. in-12.

Sur les rapports immédiats des tragédies de Garnier et de
Shakespeare, voir : Alphonse Royer, *Histoire universelle du Théâtre* ;
Bernage, *Etude sur Robert Garnier*, p. 17 et suiv. ; Stapfer, *Drames et
poèmes antiques de Shakespeare*.

du professeur François d'Amboise (1), de Jean Dorat,
d'Etienne Pasquier, du philologue Denys Lambin, professeur
au collège de France, de Baïf, de Scévole de Sainte-Marthe,
de Hiérome Hennequin, prélat conseiller au Parlement, de
P. Delbène, de François de Belleforest (2). En voyant son
nom accollé à ceux de savants, de poètes et d'avocats, on a
la preuve qu'il s'était mêlé au monde de la science et des
lettres et qu'il était alors plus répandu que lorsqu'il fut
enfoui depuis longtemps dans l'ombre de la vie provinciale.
La reine Elisabeth était la princesse que Catherine de
Médicis, sa mère, était allée voir à Bayonne.

Voici les vers de Garnier, qui sont presque de l'inédit :

> Ceste royale nymphe enlaçoit, vénérable,
> Par son nœu conjugal, deux grands Rois ennemis :
> Si que jà par dix ans, leurs royaumes amis
> Voyoyent florir sur eux la paix inviolable,
>
> Quand la cruelle Mort, la Mort impitoyable,
> Vint arracher la vie à ses membres blémis :
> Dépiteuse de voir le félon Mars démis,
> Par sa seule vertu de son thrône exécrable.
>
> Elle pensoit, qu'esteinte au ventre d'un tumbeau,
> Sa mort les plongeroit en un discord nouveau,
> Denoüez des liens d'une amitié si forte.
>
> Or, si est-elle morte, ainsi comme tu vois :
> Morte est cette princesse : et (passant) toutesfois
> De Mars et de la mort elle triumphe morte.

R. GARNIER.

A la même époque parut la seconde épitaphe dans un
sonnet de Robert Garnier : *Sillacii Castraei belli Musarum-*

(1) Je rappelle que François d'Amboise a écrit l'*Hymne triumphal
au Roy sur la victoire nouvelle conquise sur les rebelles et conjurez.*

(2) Voir le Catalogue de la bibliothèque Rotschild, rédigé par
M. Emile Picot, et Bibliothèque Nationale, Y 4640.

*que muneribus instructissimi, animi corporisque dotibus
ornatissimi, Tumulus, variis Poetarum inscriptionibus in-
signitus. — Le tumbeau du seigneur de la Chastre, dict de
Sillac, gentilhomme, naguères orné des excellences du corps
et de l'esprit, et garni de la cognoissance des lettres et
armes : gravé d'inscriptions de divers poètes. — A Paris,
Par Robert Estienne, imprimeur du Roy.* MDLXIX (1569).
Avec privilège (in-4° 12 feuilles). On y lit des vers de
Germain Vaillant de la Guelle, abbé de Pimpont, de Jean
Dorat, d'Antoine de Baïf, de Denys Lambin, de l'humaniste
Nicolas Goulu, professeur de littérature grecque. Rémi
Belleau y figure également, ainsi que Passerat, Pasquier,
avocat en la cour du Parlement de Paris, Desportes, Loys
d'Orléans, François du Puys (de Beauvais), C. Nourisson,
l'Orléanais P. Daniel, etc., etc. Voici le sonnet de Robert
Garnier, que nous reproduisons ici (1) :

> « La nature et les Dieux à l'envy composèrent
> Et de corps et d'esprit ce Sillac généreux :
> Nature feit le corps, les Dieux feirent entre eux
> Son magnanime esprit qu'au corps ils enfermèrent.
>
> Lors la plus belle vie, où jamais s'amusèrent
> Les vierges du destin, vint luire sous les cieux,
> Qui prospère dura jusques à tant que les Dieux
> De nos impiétez justement s'offensèrent.
>
> Car eux pensant adonc qu'un siècle ainsi tortu
> Fust indigne d'avoir une telle vertu,
> Le ravirent au ciel au plus beau de sa vie.
>
> Et à fin qu'il se veist emporter d'une mort
> Convenable à sa gloire, ont voulu qu'il soit mort
> Pour sa loy, pour son Roy, pour sa douce patrie. »

(1) Voir Bibliothèque Nationale, Y 4639.

Dans les années qui suivirent, notre poète se consacra tout entier à son art. La seconde tragédie de Garnier ne porte pas au même degré l'empreinte de ses sentiments intimes.

C'est *Hippolyte*, qui date de 1573, calquée uniquement sur l'*Hippolyte* de Sénèque et non sur le chef d'œuvre d'Euripide. C'est un des plus faibles ouvrages de Garnier, qui toutefois n'a pas été inutile à Racine. Le grand tragique du XVII° siècle, tout en remontant directement à la source du drame grec, a su, sans les citer, tirer parti des vers de notre vieil Ennius, déjà bien oublié vers 1675.

Hippolyte (1) est dédié à Messeigneurs de Rambouillet, qui se trouvaient à la tête du gouvernement du Maine.

Les Mécènes manceaux étaient rares alors, comme ils l'ont été d'ailleurs à bien des époques. Garnier n'était plus dans la vieille cité Palladienne, ayant à cœur de maintenir son renom poétique, et comptant dans son sein, dans son Parlement, dans son Université, des lettrés de haut rang, empressés par goût comme par respect de la tradition de servir de parrains aux jeunes poètes et aux savants.

Cependant le Maine avait la bonne fortune de posséder à la tête de l'administration civile, judiciaire, ecclésiastique une grande famille, qui joignait à sa haute situation le culte des lettres et le patronage des lettrés. C'était la famille de Rambouillet, dont l'un des membres était évêque du Mans. Il avait pour vicaire général, le remplaçant dans ses fréquentes absences, son frère Claude, qui devait lui succéder sur le siège épiscopal. Son autre frère, Nicolas, réunissait dans sa personne le pouvoir civil et le pouvoir judiciaire,

(1) *Hippolyte, tragédie de Rob. Garnier, conseiller du Roy au siège Présidial et sénéchaussée du Maine. A Messeigneurs de Rambouillet. A Paris, de l'imprimerie de Robert Estienne. M. D. LXXIII. Avec privilège* (in-8. 52 feuillets numérotés). — Voir Bibl. Nat., Y 2594 et Y 5629 ; — Bibl. de Nantes, B L 28,310 ; — Catalogue de la bibliothèque Rotschild ; — Bibliothèque de Berlin, etc.

étant à la fois sénéchal du Mans et gouverneur de la province en qualité de lieutenant général pour le roi, en l'absence soit du prince Dauphin, soit du maréchal de Cossé qui eurent successivement le gouvernement du Maine. D'autres frères de Messeigneurs de Rambouillet, du Fargis, de Maintenon, de Poigny, n'étaient pas non plus étrangers au Maine. Toute cette famille se faisait remarquer par son amour pour les lettres.

De Thou, qui les connaissait bien, a loué plus d'une fois la capacité de Louis d'Angennes et a fait l'éloge de du Fargis, non moins célèbre par son érudition que par sa valeur militaire. Un bon nombre de poètes ont célébré l'évêque du Mans, le cardinal de Rambouillet, qui étendait sa protection dans son diocèse sur les illustres membres de la Pléiade, Ronsard et Antoine du Baïf, donnant au premier un canonicat de l'église Saint-Julien, et pourvoyant le second de diverses cures dans le Maine. Aussi Ronsard a-t-il eu soin de glorifier l'évêque du Mans dans ses vers et notamment dans une des rares poésies latines qu'on possède de lui.

Ce serait un hors-d'œuvre de signaler ici tous les poètes Manceaux qui ont adressé des vers à leur évêque ; leurs productions n'ont pas dépassé les limites de la province et ne sont guère connues que des curieux du Maine, qui estiment autant dans ces œuvres le goût de terroir que le mérite propre de leurs auteurs.

Ces témoignages suffisent pour montrer que Garnier n'était nullement un flatteur en leur adressant ses dédicaces, comme un témoignage de « sa sincère dévotion envers eux » et en insistant sur le goût particulier des belles-lettres qui les distinguait parmi leurs contemporains du Maine et de la Beauce.

Sa qualité de conseiller, et plus tard de lieutenant criminel l'avait mis en rapport avec Nicolas d'Angennes, séné-

chal du Maine ; le grand seigneur avait bien voulu lui
« faire l'honneur de lui donner accès en ses bonnes grâces »,
ce qui détermina le poète à présenter *Hippolyte* sous son
patronage, sachant que sa bonté ne refuserait pas de faire
bon accueil à ce témoignage « de sa sincère dévotion ».

Il s'adressait à toute la famille des Rambouillet dans la
dédicace de cette tragédie :

« Je ne sçay, dit-il (et me pardonne la France) s'il se
trouvera encores maison de vostre qualité où les lettres
s'appareillent si bien au sanglant exercice de Mars et où la
générosité d'un brave et magnanime cœur reçoive en telle
concordance le paisible esbat des livres. De là vient l'estroit
et indissoluble lien qui vous unist d'amitié, conduisant sous
un seul vouloir, un nombre de très vertueux seigneurs,
comme si une seule âme vous animoit tous ensemble, bien
que composez de diverses façons et habitudes. C'est pourquoy, ores que je ne fusse, ce que je suis, très dévot serviteur de vos seigneuries, je ne pense toutesfois estre par
trop hors de raison de vous faire présent *à tous* de ce seul
mien ouvrage qui, encores que je l'eusse consacré en particulier à l'un de vous, n'eust laissé d'appartenir à tous
également, tant est indvidue et inséparable vostre fraternelle
affection. »

C'est là un sentiment tout-à-fait moderne et exprimé en
une belle langue, à laquelle ne nuit pas trop auprès de nous
l'archaïsme de certains termes.

Hippolyte, du reste, n'est pas la seule pièce que Garnier
ait dédiée aux Rambouillet. L'année suivante il plaçait le
nom de l'un d'entre eux en tête de sa nouvelle tragédie, sa
Cornélie, imprimée en 1574 (1), « bien sûr, disait-il à

(1) *Cornélie, tragédie de Rob. Garnier, conseiller du Roy au siège présidial et sénéchaussée du Maine. A Monseigneur de Rambouillet.
A Paris, de l'imprimerie de Robert Estienne. M. D. LXXIIII. Avec privilège* (in-8, 40 feuillets). — Monseigneur de Rambouillet était « cheva-
lier de l'ordre du Roy, conseiller en son Conseil privé, capitaine de
ses gardes, sénéschal et lieutenant pour sa Majesté au pays et comté
du Maine. »

Nicolas d'Angennes, qu'encore que le principal fait et le plus sérieux des affaires Polonoises repose aujourd'hui sur vos espaules, comme y tenant le premier lieu en l'absence de Sa Majesté (1), vous ne dédaignerez pas, toutesfois d'abaisser la veue sur elle ». Cette mention précise, encore plus que la date de l'impression, le fait dont la première dédicace avait parlé.

« Quand la Noblesse françoise, lui dit-il en débutant, embrassant la vertu, comme vous faites, Monseigneur, fera compte des choses vertueuses, il se trouvera toujours de *gentils esprits* parmi nostre France (la quelle en est mère très-fertile) qui l'honoreront de plusieurs beaux escrits dignes de l'antiquité. » N'est-ce pas là une belle pensée exprimée avec grâce, et qui fait regretter qu'il ne nous reste pas plus d'échantillon de la prose de Robert Garnier ? On serait presque tenté de la préférer à ses vers. « Je suis marri, poursuit-il, que les ouvriers qui scavent par leurs labeurs *vestir une vertu d'Immortalité,* n'ont aussi parfaite cognoissance que moy de l'honneur qui luist en vous, Monseigneur, et en Messeigneurs vos frères : Vous seriez le sujet d'un million de beaux et doctes ouvrages qui porteroient vostre nom, de soy si recommandable, aux yeux de la postérité. . . . . . Certoinement je répute nostre Province heureuse de vous avoir ses chefs, à l'Eglise, la Justice et le fait politique du gouvernement . . . . . » Ce second hommage présenté à monsieur de Rambouillet montre que celui-ci avait fait cas du premier. Le poëte, tout modeste qu'il était, espérait qu'il en serait de même de sa *Cornélie.* « Que si mes vers reçoivent cet heur par la France, d'estre avec quelque estime recueillis, je laisseray les cris et les

(1) M. de Montmerqué a même avancé qu'il avait été vice-roi de Pologne avant qu'Henri III eut pris possession de ce trône électif. On peut consulter sur le but du voyage de Nicolas d'Angennes, l'ouvrage de M. le marquis de Noailles, *Henri de Valois et la Pologne en 1572,* tome II, 387, tome III, 487-491, et les *Archives curieuses de l'Histoire de France,* t. IX, p. 139, où se trouve la lettre d'un gentilhomme de la suite de M. de Rambouillet, ambassadeur du Roy au royaume de Pologne, de Cracovie le 12e jour de décembre 1573.

horreurs de mes tragédies (poème à mon regret trop propre aux malheurs de nostre siècle) pour sonner plus tranquillement les héroïques faits de vostre maison. Cependant vous verrez les pleurs de *Cornélie* qui se va présenter pour son auteur aux yeux de vostre débonnaireté .... Recevez l'ouvrage, Monseigneur, sinon pour le mérite d'iceluy, au moins pour la dignité du subjet qui est d'une grande République, rompue par l'ambicieux discord de ses citoyens : la ruine de la quelle est d'autant plus déplorable, qu'onque rien ne fust veu sur la terre de plus auguste et de plus vénérable majesté que sa grandeur » (1).

Hélas ! la France était bien près de ressembler à Rome et de s'abîmer dans la ruine des discordes civiles sans cesse renaissantes. Les fils de Catherine, marqués du sceau fatal comme leur père, s'éteignaient avant l'heure. Charles IX, ce jeune roi que Garnier avait vu entrer triomphant à Toulouse, escorté de Ronsard, ce roi qui avait toujours bien accueilli les disciples des Muses, se considérant quasi lui-même comme un des sujets du chef de la Pléiade, mourait bientôt, après avoir ensanglanté ses lauriers poétiques dans la journée de la Saint-Barthélemy.

Selon la mode du temps, les poètes se réunirent pour déposer leurs vers sur la tombe du roi, mort victime des intrigues de sa mère, et dans leur pitié pour sa fin prématurée, oublièrent le sang qu'il avait laissé répandre pour ne songer qu'à ses qualités militaires, à la beauté de son esprit et à sa libéralité envers les écrivains.

Le chantre de la *Franciade*, le prince des poètes d'alors, par reconnaissance comme par affection particulière, fut naturellement à leur tête. Son nom figure au début du *Tombeau du feu roy tres Chrestien Charles IX, Prince très*

---

(1) Le succés de *Cornélie* fut si considérable que Garnier eut les honneurs d'une traduction anglaise *Cornelia, A tragedie. At London, printed by James Roberts for N. L. and John Busbie. 1594, in-4°, 47 feuillets.* Cfr. *British Museum ;* bibliothèque Bodléienne, à Oxford.

débonnaire, très vertueux et très éloquent, par Pierre de Ronsard, aumosnier ordinaire de sa Majesté, et aultres excellens Poëtes de ce temps. A Paris. De l'imprimerie de Frédéric Morel, imprimeur ordinaire dudict Seigneur. Avec privilège, 1574 (in-4°, 8 feuillets non paginés) (1).

A côté de nombreuses pièces de Ronsard, à côté de trois poésies d'Amadis Jamin, on voit deux sonnets de Robert Garnier : ils terminent le volume, et se lisent au recto et au verso du huitième feuillet :

Sonnet sur la mort du feu roy Charles IX.

« Passant, arreste toy, tu ne scais pas, peut estre,
Combien ce creux tombeau cache un riche thrésor :
Celuy qu'il serre enclos est un nepveu d'Hector
Dont l'honneur court plus grand que d'être son ancestre.

Si le destin françois qui le fit nostre maistre
Eust égalé son âge aux vieux ans de Nestor,
L'innocente saison du premier siècle d'or,
Dans ces champs repurgez il nous eust fait renaistre.

Las ! mais l'injuste mort l'a pris devant son temps,
Comme il poussoit encor la fleur de son printemps,
Enviant à la France une si belle vie.

Dès l'heure la vertu qui venoit triomfer
Des vices, nourrissons de cest age de fer,
Resta plus que jamais aux vices asservie.

R. G.

Autre sonnet du mesme autheur.

« Sous ce tombeau gist une royauté,
Un demy dieu que la mort larronnesse
Nous a ravy privé de sa jeunesse
Dont il goustoit la tendre nouveauté.

(1) Cfr. Bibliothèque Nationale, Y 4725.

8

Las ! de ses ans la nouvelle beauté,
De son esprit la prudente sagesse
Et de son corps la gaillarde allégresse
N'ont de son dard fléchy la cruauté.

Un si grand Roy dont la vertu guerrière
Ja menassoit l'onde et la terre entière,
Comme un épy de gresle renversé,

Gist regrettable : et la France éperdue
Du mortel coup dont il fut traversé,
Pleure et gémist sa richesse perdue.

ROBERT GARNIER. »

Ce recueil n'est pas le seul où les vers de Ronsard et de Garnier paraissent côte à côte. Leur rencontre de Toulouse avait été féconde en sympathies et en souvenirs. Ronsard, comme je le dirai en parlant des poètes amis de Garnier, avait bien voulu servir de parrain au brave « sonneur de la Romaine arrogance ». C'est un sonnet de Ronsard qui se trouvera le premier placé en tête de l'édition complète de 1585. Le roi des poètes était resté fidèle à l'auteur dramatique éclos à l'ombre de son génie : *Cornélie* comme *Hippolyte* avaient paru avec la recommandation de ses vers. Son *patronage* avait été si grand qu'il lui avait sacrifié ses amitiés des premiers jours, ses souvenirs d'Arcueil, et qu'il l'avait sacré prince de la tragédie aux dépens de Jodelle lui-même, qui venait de descendre dans la tombe pauvre et découragé.

De son côté le disciple avait été reconnaissant envers le maître. Garnier lui avait adressé le sonnet suivant qui se trouve en tête du *Second livre des amours de Ronsard*, commenté par *Rémy Belleau*.

Sonnet.

« Tu gravois dans le Ciel les victoires de France
Et de nos Roys sceptrez ta lyre se paissoit,
Quand ce Monarque Amour, qu'elle ne cognoissoit,
Eut vouloir de luy faire entonner sa puissance.

> Bruslant de ce désir, une flèche il eslance,
> Que ta jeune poitrine imprudente reçoit :
> Puis comme le travail en flattant te deçoit,
> Tu te plais à chanter le cruel qui t'offence.
>
> Ton nom qui ne rouloit sur le parler François,
> Maintenant plus enflé par ta gaillarde voix
> Remplit l'air estranger de sa fameuse gloire :
>
> Si que luy amorcé de ce premier honneur,
> Frappe tous ceux qu'il voit dedans Pégase boire,
> Pour trouver (mais en vain) encor un tel sonneur. »

Ces strophes de courte haleine n'étaient pour ainsi dire qu'une brève échappée du poète à travers les souvenirs de sa jeunesse, pendant laquelle il avait cultivé la poésie amoureuse. Mais il revenait toujours à la poésie dramatique qu'il avait choisie comme son lot, arrivé à l'âge mur. C'était sur Melpomène, présenté par Sénèque et escorté de Lucain et de Stace, qu'il comptait pour faire son entrée dans la postérité, paradis envié des poètes de tous les temps.

Après un silence de quatre années, parurent à quelques mois d'intervalle, *Marc-Antoine* en 1578, puis la *Troade* en 1579, une tragédie grecque ou soi-disant telle, après une tragédie romaine.

Cette fois ce ne fut pas à des personnages Manceaux que Garnier dédia ces nouvelles œuvres. Après les Rambouillet il n'y avait plus guère dans le Maine de puissants patrons s'intéressant à la poésie. De plus, Garnier était devenu célèbre, il pouvait désormais s'adresser hors de sa province, à des Mécènes plus en renom, plus en situation d'être utiles à sa Muse.

Ce fut du Faur de Pibrac, son premier protecteur, qui lui avait jadis fait aimer le théâtre français aux bords de la Garonne, qui reçut l'hommage de *Marc-Antoine* (1). L'an-

---

(1) Du Faur de Pibrac l'avait favorisé, le premier de tous, alors qu'il

cien conseiller au Parlement de Toulouse, avait fait promptement son chemin dans la faveur des princes depuis qu'il
avait patronné en 1565 les premiers essais poétiques de
Garnier. Il était devenu conseiller du roi en son conseil
privé, président en sa cour de Parlement et chancelier du
duc d'Alençon, frère de sa Majesté. C'était tout récemment
que le roi « pour le bien de son peuple et ornement de sa
justice, avait libéralement décoré sa vertu » en lui conférant
la dignité de président du Parlement. Garnier trouva le
moment favorable pour faire acte de gratitude à l'égard de
son premier protecteur, resté fidèle au culte des Muses,
et puiser une nouvelle hardiesse pour marcher sur le théâtre
français en plaçant sa tragédie sous le patronage de ce nom
qui lui avait naguère porté bonheur.

Il lui consacra donc son *Marc-Antoine* (1). « A qui mieux
qu'à vous, disait-il, se doivent adresser les représentations
tragiques des guerres civiles de Rome, qui avez en telle
horreur nos dissensions domestiques et les malheureux
troubles de ce royaume aujourd'huy despouillé de son
ancienne splendeur et de la révérable Majesté de nos rois,
prophanée par tumultueuses rebellions. » La note juste,
l'émotion, la reconnaissance du magistrat patriote éclatent
dans cette dédicace qui n'est pas une œuvre de fade rhétorique ou de basse flatterie comme tant d'autres. Elle

n'était qu'un inconnu, il avait donné à ses vers la hardiesse de sortir
en public. — Ce personnage fut une des grandes figures de la magistrature du XVIe siècle.

(1) *Marc-Antoine, tragédie, par Rob. Garnier, conseiller du Roy et de
Monseigneur, frère unique de Sa Majesté, lieutenant général criminel
au siège présidial et sénéchaussée du Maine. A Monseigneur de Pibrac,
conseiller du Roy en son privé Conseil, et président en sa Cour de Parlement. A Paris, par Mamert Patisson, au logis de Rob. Estienne.
M. D. LXXVIII. Avec privilège.* Cfr. Bibl. de Nantes, B L 28,309 ; et cat.
Soleinne, I, n° 783. — *Marc-Antoine* fut quatorze ans plus tard, traduit
en anglais par la comtesse de Pembroke (W. Ponsonby, 1592, in-4°
de 54 feuillets).

montre bien qu'il n'assistait pas impassible aux luttes religieuses qui déchiraient la France.

La *Troade* (1) est adressée à un autre grand esprit du temps, ami des lettres mais surtout ami des idées de modération, appartenant cette fois non plus à la magistrature mais à l'Église, Renaud de Beaune, archevêque de Bourges. Ce prélat devait plus tard, tant aux États de Blois que pendant la Ligue, acquérir encore plus de notoriété, et jouer un rôle décisif grâce à l'esprit de tolérance et de modération qui lui faisaient placer la France au-dessus des querelles et des divisions de parti. Avant la publication de son œuvre, Garnier lui avait présenté « un eschantillon de ceste tragédie n'estant encore demy esbauchée ». Il crut donc, après lui avoir donné la dernière main, pouvoir « la pousser en public, sous la targue de son nom ».

« Je scay, disait-il, qu'il n'est genre de poëmes moins agréable que celui-ci qui ne présente que les malheurs lamentables des Princes avec les saccagemens des Peuples. Mais aussi les passions de tels sujets nous sont jà si ordinaires que les exemples anciens nous devront doresenavant servir de consolation en nos particuliers et domestiques encombres : voyant nos *ancestres Troyens* avoir par l'ire du grand Dieu ou par l'inévitable malignité d'une secrette influence des astres, souffert jadis toutes extrèmes calamitez et que toutesfois du reste de si misérables et dernières ruines s'est peu bastir après le decez de l'orgueilleux Empire Romain, cette très florissante monarchie. »

L'année suivante, en 1580, ce fut sous les auspices d'un parlementaire lettré, comme presque tous ceux d'alors, que

(1) La *Troade, tragédie de Rob. Garnier .... A Paris, par Mamert Patisson, imprimeur du Roy, au logis de Robert Estienne. M. D. LXXIX. Avec privilège.* Cfr. Bibl. Nat., Y, 5629/1, et Bibl. Municipale de Nantes, B I., 28.311. — Cfr. aussi Catalogue Soleinne, I, n° 784. — Quintus Cicéron avait fait une *Troade* imitée de Sophocle et d'Euripide. Cfr. Patin, *Etudes sur la poésie latine.* II, 481, Hachette, 1869, in-12.

Garnier fit paraître son *Antigone* (1). Barnabé Brisson venait d'être appelé par le roi à la souveraine dignité de président en la cour du Parlement. Notre poète, se rappelant que, lorsque le roi avait honoré de semblable dignité « la docte preud'hommie de Monseigneur de Pibrac, ... les Muses lui avaient mis à propos l'un de ses tragiques ouvrages en main pour testifier la publique allégresse que la France avoit de cet avancement, » crut devoir charger les Muses de lui tirer des mains encore une tragédie pour la présenter au nouveau Président.

« Je ne puis dire que nostre âge (bien que misérable) soit un siècle de fer, cependant que je verroy la vertu ainsi esclater au pourpre de sénateurs sur le trône de la suprème justice de ce royaume telle que nous la voyons reluire en la droite équité de ces six vénérables Pères qui tonnent en ce saint Aréopage le premier rang d'authorité . . . . Pour le moins devons nous espérer de nostre bon Prince, comme d'un second Auguste le retour d'un siècle d'or tandis que tels pilotes manieront, sous le bon-heur qui l'accompagne, le gouvernail de la justice. »

Cette dédicace de Garnier est la plus laudative de celle que nous ayons vue jusqu'ici sortir de sa plume. Il s'est aperçu du reste lui-même qu'il s'égarait en s'embarquant sur la mer des louanges, et qu'au lieu de présenter à Brisson une tragédie il semblait vouloir entrer en un « Panégyrie ». Ne nous étonnons pas de lui voir forcer la note et réclamer pour cette pitoyable Antigone, qui venait comme éperdue se jeter entre les bras de son protecteur, le favorable support d'un homme alors puissant, mais qui devait

(1) *Antigone, ou la Piété, tragédie de Robert Garnier. . . . . A Paris, par Mamert Patisson, imprimeur du Roy, au logis de Robert Estienne, M. D. XXX. Avec privilège.* (in-8. 51 feuillets). — Voir Bibl. Nat., Y 5629 2 ; catal. Soleinne, I, n° 771. — Une soi-disant édition de 1579 n'est mentionnée que par Brunet.

expier bien cruellement plus tard son trop grand amour de la popularité.

Il y avait déjà longtemps que Garnier avait sacrifié aux Muses. Quinze ans s'étaient écoulés depuis les riants soleils de Toulouse qui avaient souri au printemps de sa vie ; six grandes œuvres toutes pleines d'érudition, toutes remplies de patriotisme étaient venu doter la France d'un théâtre qu'on pouvait croire digne de celui de Rome. Cependant, l'auteur de toutes ces œuvres était resté dans son obscurité provinciale, dans sa modeste charge de lieutenant criminel, il n'avait reçu aucune faveur du prince, alors que les pensions, les bénéfices, les dons de toute sorte, moins nombreux toutefois sous Henri III que sous son prédécesseur, avaient récompensé bien des poètes comme Ronsard, Baïf ou Jamyn, des érudits comme Dorat ou des auteurs de ballets de la cour comme Gaspard de Beaujoyeux.

Garnier était fondé à croire que l'heure du berger tardait à sonner pour lui. Ses amis l'avaient cru comme lui et peut-être avant lui. Belleau, mort dès 1577 à Paris, loin de Garnier qui n'avait pu se joindre au cortège de Ronsard, Jamyn, Desportes, portant pieusement sur leurs épaules à sa dernière demeure la dépouille du poète Nogentais, avait dit à la fin d'un sonnet à son adresse :

> « Je plains fort, mon Garnier, que les divins esprits,
> Fertiles de discours et de doctes escrits
> Comme le tien, Garnier, languissent sous la cendre,
> Et que celuy sous plus qui mieux pique et mesdie,
> Desrobe les honneurs, mendiant à crédit
> Ce que les mieux appris n'osèrent oncques attendre. »

Garnier ne se trompait pas en écrivant en tête de *Cornélie* :

« L'ignorante barbarie, qui par l'assiduité des guerres s'est de tout temps emparée de l'esprit des seigneurs, leur a fait dédaigner les lettres, et par ce mespris, empesché l'heureuse naissance d'une infinité de beaux fruicts. »

Et lui n'était pas un plaintif comme la plupart des poètes de cour de son temps, comme Ronsard lui-même qui, sous Henri III et sur ses vieux jours, était devenu satirique.

Pour se mettre plus en vue et donner plus de corps à ses œuvres au lieu de les laisser disséminées dans les petites plaquettes qui avaient présidé à leur origine, Garnier crut avec raison qu'il était à propos de les réunir et de les publier toutes les six dans un volume qui parut en 1580, chez son imprimeur, Mamert Patisson (1).

Un volume de six tragédies, publiées dans le court espace de onze années, cela peut sembler bien effrayant à notre époque qui a peu de tendresse pour les œuvres tragiques. Aussi M. Bernage, bien que plus d'une fois partial envers Garnier, se laisse-t-il aller à prononcer les mots de *facilité suspecte*, résultat de l'inexpérience.

Cette fois nous prendrons la défense de Garnier contre son apologiste lui-même. Non, l'œuvre de Garnier ne porte pas la trace d'une *facilité suspecte*, de même que la coupe des vers indique une œuvre travaillée, et montre que l'auteur n'a laissé courir ni sa verve ni sa plume. Il ne faut pas d'ailleurs se laisser faire illusion par ces mots effrayants : *six tragédies* (sans préjudice des deux qui allaient suivre).

Ces œuvres dans lesquelles la conception du plan est pour ainsi dire absente, qui ne sont que la périphrase et l'adaptation d'œuvres antiques, des tragédies de Sénèque, sont tout autre chose que la tragédie telle qu'elle résulte de

---

(1) *Porcie, Hippolyte, Cornélie, Marc-Antoine, La Troade,* remplissent 206 feuillets ; *Antigone* est paginée à part en 51 feuillets. (Voir Bibl. de l'Arsenal, 96,876 ; catal. Soleinne, I, nᵒˢ 771 ; catal. Pont de Vesle, 1848, nᵒ 603 ; catal. Chédeau, 1865, nᵒ 668. — Cette édition fut suivie d'une autre (1582, 302 feuillets) qui comprend *Bradamante* et où *Antigone* est paginée à la suite des cinq premières tragédies. (Voir catal. Soleinne, I, nᵒˢ 772-773 ; catal. Pont de Vesle, 1848, nᵒ 600.

la transformation, de l'évolution que lui firent subir au XVII° siècle Corneille et Racine.

Pour les érudits qui avaient reçu la forte éducation littéraire des Dorat, des Turnèbe, qui s'étaient repus jusqu'à satiété des souvenirs des auteurs de Rome et d'Athènes, ces imitations du théâtre romain étaient comme un exercice de rhétorique, une œuvre de style avant tout, n'ayant rien de comparable aux œuvres issues tout entières du cerveau de leurs auteurs, ou qui, du moins, si elles étaient encore inspirées par la Grèce, Rome ou l'Espagne, étaient façonnées sur un plan nouveau et se pliaient à une nouvelle esthétique.

On sait quelle était la promptitude avec laquelle, dans leur ivresse poétique, Jodelle et autres jeunes poètes de la première envolée de la Renaissance bâclaient leurs tragédies dont plusieurs n'étaient guère que des traductions. Chez Garnier on trouve au contraire la trace d'un travail fait à tête reposée, portant la marque d'un écrivain connaissant l'art de faire difficilement des vers, je ne dirai pas faciles, cela ne donnerait pas l'idée juste de son talent, mais martelés à l'enclume. Ce qui, en face de ce labeur, explique la fécondité des productions de Garnier, c'est sa rare ardeur pour le travail, sur laquelle ont plus d'une fois insisté ses contemporains.

« Tant qu'il vescut, a écrit Scévole de Sainte-Marthe, ou du moins d'après lui, Colletet, il ne laissa couler pas un seul moment de sa vie qu'il n'estudiast pour son utilité particulière dès qu'il ne rendist quelque service au public. » (1)

Voilà ce qui explique comment, au milieu de ces jours si troublés, il a pu trouver le temps de faire acte d'érudit et

(1) *Eloge des hommes illustres*, de Scévole de Sainte-Marthe, mis en français par G. Colletet, 1644, p. 382.

de lettré en écrivant *pendant les vacations* ses savantes tragédies.

Un des amis de Garnier, membre du présidial du Mans, qui vivait à ses côtés et cultivait la poésie latine, a mis bien des fois de ses vers en tête des tragédies de Garnier, écloses pour ainsi dire sous ses yeux. Il entre dans des détails curieux et intimes sur la composition des tragédies de son collègue.

Voilà ce que nous dit en tête d'*Hippolyte* (1573) Pierre Amy, rendant hommage au poète fertois :

> « . . . . Te Melpomene, inter oppidanos
> Sermones, strepitus que, quos ciere
> Nobis assidue solent clientes :
> Te, inquam, Pierii incolæ recessus
> Inter sollicitos metus potentum,
> Inter jurgia, civium que avaras
> Spes fretis nemorum otiis sequuntur
>
> . . . .
>
> Quid mirum ? instar eis situs amœni est
> Et vallis rigua madentis unda. »

Pierre Amy fait ici allusion aux retraites ombreuses où Garnier allait se recueillir à la campagne pour composer ses tragédies, et où Melpomène, Thalie les neuf sœurs, venaient le suivre pour mieux l'inspirer. Ailleurs en tête de la *Troade* il dit à peu près de même :

> « En te duce, te tuo
> Dicente plectro ecce opacum
> Tempe nemus trepidant ciere ?
> Et quo canentes sedulo in otio
> Tenes Camænas, pumiceis tui
> Sartæ sub antris hospitales
> Perpetuum meditantur umbras. »

Une autre fois il a été heureusement pour nous plus indiscret, et il nous a révélé le nom de cette campagne où le poëte, loin des solliciteurs et des bruits de la ville, pouvait plus à loisir composer ses beaux vers et ses fortes maximes dignes de Rome. C'est en tête de *Cornélie*, après avoir dit en songeant à la comparaison toute naturelle

« *Quid majus usquam aut quid recentius gravi*
Pimplæis intonuit lyra, »

qu'il ajoute :

« Hæc æsculoris in recessibus *tui*
Papilliani masculo
Garnieri plectro personasti. . . .

c'est dans la retraite ombreuse de *ta Papillonière* que tu as sonné ces malheurs de Rome sur ton mâle archet. »

La Papillonière était la terre que Garnier tenait de sa famille et dont j'ai parlé en tête de cette étude. Il se donnait lui-même le titre de sieur de la Papillonière et c'était par allusion à ce nom qu'il portait dans ses armes trois papillons.

Où est située la Papillonière ?

C'est une ferme de la commune qui s'appelle aujourd'hui Le Luart (autrefois le Pin), située non loin de La Ferté, éloignée de quelques kilomètres à peine du château du Luart appartenant alors au conseiller et lieutenant particulier Michel du Luart, dont le fils devait épouser la fille du poëte, *Diane* Garnier ; cette alliance a fait entrer la Papillonière dans le domaine de la famille du Luart qui la possède encore aujourd'hui (1).

C'est donc à la Papillonière qu'il faut aller pour retrouver au milieu de la nature, qui ne change pas, l'image des lieux

(1) C'est ce qui dut contribuer à une alliance entre les deux familles. — Le bois de la Papillonière est indiqué sur la carte de Jaillot. — On connaît encore une autre des propriétés rurales de Garnier, la métairie de Courtevraye, en Nogent-le-Bernard. Cette ferme, autrefois bien plus considérable qu'aujourd'hui, est située sur une colline escarpée, appelée la butte de Courtevraye et a été longtemps la propriété de la famille Jarret de la Mairie.

qui ont inspiré Garnier, dont les vers respirent plus d'une fois l'amour de la vie champêtre.

C'est dans les bois qui entourent ce manoir, aujourd'hui simple ferme, qu'à la nuit tombante le poète a vu plus d'une fois fuir entre les arbres l'ombre de cette Diane pudique, dont il donna le nom à la première de ses filles (1).

Nous avons vu Garnier dans les vallées de l'Huisne, dans son *Tusculum*, occupant ses féconds loisirs, *sedulo in otio*, à enrichir la scène française. Voyons aussi avec quels amis il était en relation, et, avant de parler des poètes du Maine, parlons des poètes de la Pléiade qui avaient été ses maîtres et ses devanciers.

CHAPITRE V

SES RELATIONS LITTÉRAIRES

§ I

Les grands poètes de la Pléiade : Ronsard, Baïf, Rémy Belleau, etc. — Manceaux et Angevins : Pierre Amy ; Jacques Liger ; Jean Girard ; Georges du Tronchay ; Pascal Robin du Faux. — Divers : Patry Bruneau, Jacques Courtin de Cissé, Flaminio de Birague, Robert Estienne, Vauquelin de La Fresnaye.

Le premier et le plus illustre des patrons de Garnier fut le grand Ronsard, qu'il avait vu à Toulouse vainqueur comme lui aux Jeux Floraux et faisant partie du cortège royal. On trouve des vers du chantre de *Cassandre* et de *Marie* en tête de la *Cornélie* de Garnier, et ils ne renferment pas un mince éloge du poète manceau :

> Le vieil cothurne d'Euripide
> Est en procès entre Garnier
> Et Jodelle qui le premier
> Se vente d'en être le guide.

(1) Les descendants de Diane Garnier habitent encore aujourd'hui le splendide château du Luart.

Il faut que ce procez se vuide
Et qu'on adjuge le laurier
A qui mieux d'un docte gosier
A beu de l'onde Aganippide.

S'il faut éplucher de prez
Le vieil artifice des Grecs,
Les vertus d'une œuvre et ses vices

Le sujet et le parler haut,
Et les mots bien choisis, il faut
Que Garnier paye les épices.

RONSARD.

Lorsque parut *Hippolyte*, le poète du Vendômois n'oublia pas de recommander par un nouveau sonnet la tragédie de son ami.

Il me souvient, Garnier, que je prestay la main
Quant ta Muse accoucha, je le veux faire encore :
Le Parrain bien souvent par l'enfant se décore,
Par l'enfant bien souvent s'honore le Parrain.

Ton ouvrage, Garnier, Tragique et souverain
Qui Fils, Parrain ensemble, et toute France honore,
Fera voller ton nom du Scythe jusque au More,
Plus dur contre les ans que marbre ny qu'airain.

Resjouy toy, mon Loir, ta gloire est infinie,
Huyne et Sarte tes sœurs te feront compagnie,
Faisant Garnier, Belleau et Ronsard estimer,

Trois fleuves qu'Appollon en trois esprits assemble.
Quand trois fleuves, Garnier, se dégorgent ensemble
Bien qu'ils ne soyent pas grands, font une grande mer.

P. DE RONSARD.

La *Troade*, enfin, la dernière tragédie que Garnier publia à part, fut présentée au lecteur par un sonnet de Ronsard, qui porte l'éloge à son comble et semble presque l'exagérer.

Quel son masle et hardy, quelle bouche héroïque,
Et quel superbe vers enten-je icy sonner ?
Le lierre est trop bas pour ton front couronner,
Et le bouc est trop peu pour ta Muse tragique.

Si Bacchus retournoit au manoir Plutonique,
Il ne voudroit Eschyle au monde redonner,
Il te choisiroit seul, qui seul peux estonner
Le théâtre François de ton cothurne antique.

Les premières trahissoyent l'infortune des Rois,
Redoublant leur malheur d'une trop basse voix :
La tienne comme foudre en la France s'écarte.

Heureux en bons esprits ce siècle plantureux :
Après toi, mon Garnier, je me sens bien heureux,
De quoy mon petit Loir est voisin de ta Sarte.

P. DE RONSARD.

Enfin, quand Garnier réunit ses tragédies en un seul et même volume, Ronsard voulut bien encore l'honorer d'un troisième sonnet qui fut placé en tête des pièces liminaires :

SONNET DE PIERRE DE RONSARD A L'AUTHEUR

Je suis ravi quand ce brave sonneur
Donte en ses vers la Romaine arrogance,
Quand il bastit Athènes en la France
Par le cothurne acquérant de l'honneur.

Le bouc n'est pas digne de son bonheur,
Le lierre est trop basse récompense,
Le temps certain qui les hommes avance,
De ses vertus sera le guerdonneur.

Par toy, Garnier, la scène des François
Se change en or, qui n'estoit que de bois,
Digne où les grands lamentent leur Fortune.

Sur Hélicon tu grimpes des derniers,
Mais tels derniers souvent sont les premiers
En ce bel art où la gloire est commune.

Garnier ne fut pas ingrat avec son maître. Il paya royalement sa dette envers lui par la magnifique élégie qu'il lui adressa au lendemain de sa mort et qui est à la fois un chef-d'œuvre d'émotion et de poésie élégiaque. Elle montre qu'il y avait entre eux une réelle intimité.

*
* *

Un autre poète de la Pléiade se porta aussi comme caution de Garnier. Ce fut Jean-Antoine de Baïf que bien des liens rattachaient au Maine et qui écrivit à Garnier un sonnet que le poète plaça en tête de l'édition de 1585 :

> Encore nous oyons les furies d'Aiax,
> Et les cris despiteux de l'accort Prométhée,
> Et le jaloux courroux de l'ardente Médée,
> Et du chaste Hippolyt l'exécrable trespas.
>
> Au théâtre François, gentil Garnier, tu as
> Fait marcher gravement Porce à l'âme indomtée :
> Si la muse Grégeoise est encore escoutée,
> La tienne pour mille ans ne s'amortira pas.
>
> Où que tu marcheras, sous tes pieds, de la terre,
> Puisse t'encourtiner le verdoyant lierre,
> Pour l'honorable prix de ta grave chanson.
>
> Garnier, sois honoré (s'il reste dans la France
> Pour les rares ouvriers honneur et récompence)
> Comme des Muses sœurs le plus cher nourriçon.
>
> BAÏF.

*
* *

Les relations de Garnier furent plus intimes avec Belleau dont l'avaient rapproché ses origines fertoises et ses rapports avec les Hubert et les Denisot. Rémy Belleau inséra en tête de *Cornélie* une ode où il résume les trois tragédies de Garnier déjà écrites.

ODE

Garnier, qui d'une voix hardie
Vas animant la Tragédie
Aspiré des sainctes fureurs
D'Apollon, qui chaud de sa flamme,
Vá bruslant et poussant son âme
Au sacré labeur des neuf Sœurs.

Qui d'une grâce douce et fière
Sçais enfler l'estomach colère,
Et rabaisser le front des Rois :
Et qui de vers hautains et braves,
De mots et de sentences graves
Fais rougir l'échaffaut Grégeois.

Qui de complaintes non communes
Vas lamentant les infortunes,
Malheur ordinaire des grans :
Pleurant la douleur échaufée
De celle qui, vive étouffée,
Avala des charbons ardens (1).

Qui des premiers en nostre France
Tiras sous la docte cadance,
Et sous les accens de tes vers,
Une amour chaste, une amour folle,
Rendant la voix et la parolle
Aux ombres mesmes des Enfers (2).

Soupirant de voix amollie
Les justes pleurs de Cornélie,
Qui veit le rivage escumer
Et rougir du sang de Pompée,
Et Scipion d'un coup d'espée
Navré se plonger dans la mer (3).

(1) Porcie.
(2) Hippolyte.
(3) Cornélie.

Je serois d'ingrate nature,
Ayant sucé la nourriture
Et le laict tout ainsi que toy,
Sous mesme air, et sur mesme terre,
Si l'amitié qui nous tient serre
Je n'estimois comme je doy.

Aussi l'on verra les rivières
Traîner leurs humides carrières
Contremont, lorsque s'oubliera
La mémoire, et l'amitié sainte,
Qui tient nos cœurs de ferme estrainte,
Et que le nœud s'en deslira.

R. BELLEAU.

Le « gentil poète » devait être un des premiers à envoyer son tribut d'éloges à son ami lors de l'édition de 1585 et il lui adressa ces strophes :

Je plains fort, mon Garnier, qu'en ce temps misérable,
Plein d'orage cruel et de civile horreur,
Tu viennes souspirer la divine fureur
Qui couronne ton front de la branche honorable.

Je plains fort que le sang et le meurtre exécrable,
Les tragiques trançons et la pasle frayeur,
Exercent sans pitié leur cruelle rigueur,
Du François eschaffaut le sujet lamentable.

Je plains encore plus que les divins esprits
Fertiles de discours et de doctes escrits,
Comme le tien, Garnier, languissent sous la cendre.

Et que celuy sans plus qui mieux picque et mesdit,
Desrobe les honneurs, mendiant à crédit
Ce que les mieux appris n'osèrent oncq'attendre (1).

BELLEAU.

(1) Belleau avait aussi dédié d'abord à Garnier l'*Escargot*, qu'il dédia plus tard à Ronsard.

Garnier de son côté, adressa un sonnet à son ami. On le lit, avec des vers de P. P. ~~(peut-être~~ G. Vaillant de La Guelle, abbé de Painpont), Jean Dorat, P. de Ronsard, Ph. des Portes, A. Jamyn et Est. Tabourot, en tête de la *Bergerie de R. Belleau, divisée en une première et seconde journée.* (Paris, pour Gilles Gilles, 1572, in-8.) (1)

SONNET

Soit que ta voix hardie aille sonnant l'assaut
Et le sanglant ébat de l'horrible Bellonne,
Soit que te complaignant de la Parque félonne
Tu pleures les grands Dues que la cruelle assault.

Soit que, laissant la terre et te guindant plus haut
Aux campagnes du Ciel qui ce monde environne
Tu nous comtes, divin, comme Jupiter tonne
Comme il faict la froideur et comme il faict le chault.

Soit que d'un plus doux vers ores Bacchus tu chantes,
Ores le traitre Amour et ses flèches poignantes
Et ores des Bergers le champestre devis.

Tu es tout merveillable et ta diverse muse
En te lisant (Belleau) tient mes sens si ravis
Qu'il n'est possible après qu'aux autres je m'amuse.

R. G.

J'ai parlé plus haut de l'Élégie que Garnier adressa à Nicolas-Horace de Ronsard, sieur des Roches, que Colletet avait insérée au tome III de son manuscrit des *Vies des Poètes* (p. 183 v°), et dont il avait cité quelques vers en ajoutant : « Le reste mérite bien plus tost à mon avis le

(1) Voir Bibl. Nat., Y 4671. En tête de la première journée (106 ff.) se trouve le privilège accordé à R. Belleau le 11 septembre 1571 et cédé par lui, le 19 juin 1572, à Gilles Gilles. La dédicace adressée à M. Charles de Lorraine, marquis d'Elbeuf, est également datée du 19 juin 1572. — Voir aussi l'édition nogentaise donnée par Gouverneur et celle de Marty-Laveaux (Lemerre, 1878).

nom de stances que celuy d'élégie et il renferme vérita-
blement beaucoup de diverses passions amoureuses, mais,
comme il paraît par cet échantillon, assez rustiquement et
durement énoncées. » Garnier ne fit pas figurer cette élégie,
placée d'abord en tête d'*Hippolyte*, dans les éditions complètes de ses tragédies ; il en faut chercher la raison,
semble-t-il, dans la condamnation dont le sieur des Roches
fut l'objet pour une bien tragique aventure que M. de
Rochambeau a racontée tout au long dans son ouvrage
sur la *Famille de Ronsard* (1).

Je pourrais grossir cette gerbe de poésies échangées
entre Garnier et ses plus illustres contemporains, citer les
vers de Dorat (2), de Flaminio de Birague, de Binet, de
Pasquier, de Robert Estienne, d'Amadis Jamyn, etc. Mais
il faut savoir se borner, et ces vers d'ailleurs sont bien
faciles à trouver en tête des diverses tragédies de Garnier.
On n'en rencontre cependant aucun d'Étienne Pasquier.
Garnier lui envoyait des paquets de bougie, cette gloire du
terroir manceau (ainsi que les poulardes), et son correspondant le remerciait ainsi en distique :

> Unus prae reliquis, Garnieri, candide fulges....
> Vis licere tuis, vis tibi, vis patriae (3).

Les poètes du Maine, peu nombreux alors, en relations
avec Garnier sont pour la plupart de graves magistrats
comme lui membres du présidial. Hélas ! le mouvement tout
français de renaissance imprimé aux lettres par Ronsard et
du Bellay leur est demeuré étranger. Ils parlent encore

(1) 1868, pp. 70 et 301.
(2) Dorat fait de Garnier l'égal des trois grands tragiques grecs,
Eschyle, Sophocle et Euripide.
> Unum pro tribus his Gallia nuper habet.
> At nunc vincit eos qui tres Garnerius unus
> Terna ferat tragicis praemia digna tribus.
(3) Voir Et. Pasquier, *Poemata* (édit. de 1585, p. 122.

latin ou même grec, comme on le fait dans les écoles, et n'osent abaisser leur dignité dans les épanchements de la langue vulgaire.

Nous avons déjà parlé de Pierre Amy qui nous a fourni de si curieuses révélations sur la retraite champêtre de Garnier. Lacroix du Maine a eu bien soin de ne pas oublier ce compatriote :

« Pierre Amy, dit Amius, sieur du Pont, natif de la ville du Mans, conseiller du roi au siège présidial et sénéchaussée du Maine, très docte et très excellent poète latin. Il n'a encore fait imprimer ses poëmes latins, non plus que ses autres compositions françaises. Il florit au Mans, cette année 1584. »

C'est lui qui a été le plus fidèle compagnon poétique de la muse de Garnier. Ses vers latins (six pièces en tout) se lisent en tête d'*Hippolyte*, de *Cornélie*, de *Marc Antoine*, de la *Troade*, etc. Parfois même, comme en tête d'*Hippolyte*, il va jusqu'à se mettre en dépense de deux pièces de vers au lieu d'une seule, et il n'est pas bref.

Alors que d'autres poètes se lassaient, auprès du public, d'être les introducteurs de la muse de Garnier, plus infatigable qu'eux, Pierre Amy resta fidèle à son attachement poétique jusqu'à la fin. C'est une fidélité méritoire de sa part, si, comme le dit son neveu Hardouin Lebourdays, « c'étoit corvée à lui que d'écrire ».

Il y a des noms au reste qui obligent en fait d'amitié : c'était le cas de Pierre Amy ; d'ailleurs le contact de Garnier ne paraît pas lui avoir été inutile ; c'est à lui qu'il dut sans doute « cet air de parler plein d'une véhémente éloquence » auquel fait allusion Lebourdais , et qu'il sut s'assimiler par une étude continue le tour et les grâces de la poésie latine.

Il mourut en 1604. Hauréau, dans sa seconde édition de l'*Histoire littéraire du Maine*, lui a consacré une notice (1).

(1) Tome I, p. 63.

Jacques Liger, auquel au contraire Hauréau n'a pas donné place dans son *Histoire littéraire*, était un autre collègue de Garnier au présidial du Mans. Il mourut en 1595, époque à laquelle eut lieu la suppression de son office et où le nombre des conseillers du Mans fut réduit à dix-neuf. Moins fécond que Pierre Amy, il n'a mis en tête des tragédies de Garnier que dix vers latins d'un ton noble et concis ; on les trouve au début de *Cornélie*. Son *hendeca-syllabus* comme il l'appelle fait regretter qu'il n'ait pas été moins économe de ses vers à l'égard de son collègue qu'il loue comme Amy de se reposer auprès de Melpomène des soucis du tribunal, loin des solliciteurs de procès : « ..... *Frequentoris dum vitas strepitus fori et clientum* ».

Un troisième membre du présidial, celui-là plus savant, donna en vers grecs un témoignage d'amitié à Garnier en plaçant une de ses compositions en tête de *Cornélie*. C'est Jean Girard, sieur de Colombiers, « homme bien docte en grec et en latin, dit Lacroix du Maine. Il a écrit plusieurs choses tant en latin qu'en français sur plusieurs différents sujets lesquelles il n'a encore fait imprimer. Il florit au Mans cette année 1584, âgé d'environ quarante ans. » Comme pour Amy, Lacroix du Maine oubliait les vers semés à travers les tragédies de Garnier. Girard est encore plus concis que Liger. Il est vrai qu'il parlait la langue d'Homère et d'Euripide, ce qui était rare alors, malgré Tusan, Turnèbe ou Ramus. Si comme poète il n'a laissé qu'un mince bagage, sa biographie au contraire mérite d'être plus détaillée qu'elle ne l'a été jusqu'ici. Nous l'avons vu en 1576, choisi capitaine d'une des portes de la ville en compagnie de Garnier ; nous reverrons son nom à la fin de la vie du poète, au milieu des sanglantes discordes de la Ligue, et sa mort si tragique vint assombrir les derniers jours de Garnier et contribuer au profond chagrin dont sa vie fut alors enveloppée au milieu des malheurs de la Patrie.

Quatre conseillers poètes, dans le présidial du Mans, c'est assez pour bien le faire mériter des Muses : il ne faut pas en demander davantage et oublier que c'était Thémis et non pas Melpomène que tous ces graves magistrats avaient charge d'honorer.

A côté de ces conseillers on ne trouve pas d'autres noms de poètes manceaux en tête des tragédies de Garnier si ce n'est celui de M. du Tronchay.

C'était un Angevin, à demi Manceau. Georges du Tronchay, sieur de Balladé, fils de M. Baptiste du Tronchay, conseiller au Mans, et de Jeanne Lancelot, né à Sablé, mort au Mans en 1582, à quarante-trois ans, objet des éloges de Lacroix du Maine, de B. de Tartifume et de Ménage (1), poète et collectionneur, cultivait comme Garnier la tragédie. Dans une élégie à Robin du Faux, on trouve ces vers :

> Tantost je veux ourdir un *Clotaire* françois,
> Tantost je veux chanter les beautés de Clymène
> Tantost de vers plaintifs faire gémir la scène.

L'écrivain gentilhomme a composé le sonnet suivant sur l'anagramme de Robert Garnier, manceau de La Ferté, qui se trouve en tête de *Marc Antoine :*

> En ce que Rome et l'Égypte et la Grèce
> Ont eu de grand, de sainct, de rare et beau,
> La France excelle, illustre du flambeau
> De piété, des loix et de prouesses.
>
> Es arts marquez de quelque gentillesse
> Soit au compas, à la lime, au marteau
> Soit au burin, à la plume, au pinceau,
> France s'est faicte ouvrière et maitresse.

(1) Voir encore sur son compte : Hauréau. *Hist. litt. du Maine,* IV, 211. — Lepaige, *Dict. du Maine,* II. 247 : — *Répertoire archéologique de l'Anjou.* 1861, p. 133.

> L'eschaffaut seul restoit sans vie et voix
> Et n'avoit peu l'ingénieux François,
> En l'animant combler son excellence.

> Lorsque le lut du cothurnicq Garnier
> Luy donnant vie a faict voir le premier,
> Morte braver la tragédie en France (1).

Je ne sache pas que Le Masle, ni Hiérosme d'Avost, ni Pelletier déjà vieux du temps de Garnier, lui aient adressé de leurs vers.

Un Angevin au contraire lui a libéralement prodigué ses éloges poétiques, c'est le poète dont je viens de prononcer le nom, Paschal Robin du Faux, qui l'a chanté à la fois en vers français et latins.

> C'est toy qui de Sophocle ayant seul hérité,
> Toy, toy, Robert Garnier, Manceau de La Ferté,
> Reviens morte, braver la tragédie en France.

Robin du Faux, licencié ès-lois, a écrit comme Garnier des stances amoureuses, des élégies et des sonnets sur les amours de *Rosine* et de *Marquine*. On retrouve souvent les initiales P. R. D. F. en tête des œuvres des poètes contemporains.

Colletet, dans sa *Vie de Claude Robin du Faux* (*Vie des Poètes français*), à propos de la tragédie perdue d'*Arsinoé* du jeune poète angevin, jouée au collège d'Angers en 1572, cite de lui ce fragment d'un sonnet inédit à Robert Garnier :

> Fay raisonner ta voix et que cet *Hippolite*
> Par toy son Esculape à cet an ressuscite

(1) Voir la première édition de *Marc Antoine*, Mamert Patisson 1578, f° 4, verso. Ce sonnet n'a pas été conservé dans les anciennes éditions complètes de Garnier.

Remplissant l'eschaffaut qui sans toy s'en va vœuf
Ainsi je te diray d'une piteuse joye
Ce que j'ay tragique sur l'exil d'Arsinoye
T'appelant à l'antique au cry d'aguy l'an neuf (1).

Un autre ami de Garnier, Patry Bruneau, lui dédia ces strophes qu'on lit en tête de la *Troade :*

Grèce premièrement fut beaucoup estimée
Pour avoir allaicté des doctes nourriçons
Et après elle Rome, à qui mille enfançons
Ont acquis et grand los et grande renommée :

Et maintenant la France est heureuse nommée,
Pour nourrir les enfans qui en maintes façons
Font bruire leurs escrits et leurs doctes chansons,
Ayans tous d'Apollon la poitrine enflammée.

Entre lesquels, Garnier, pour ton stile plus haut,
Pour avoir animé le tragic eschaffaut,
Tu marches des premiers : *Troade* en sert d'exemple.

Où si naïvement tu descris les malheurs
Qui suivent bien souvent l'heur des grands Empereurs,
Qu'on ne doit en cercher témoignage plus ample.

On trouve des vers de Garnier en tête des *Œuvres poétiques* de Jacques Courtin de Cissé, gentilhomme percheron (Paris, 94 feuillets, privilège du 26 août 1584) (2). Il dut même exercer sur lui une influence sensible. Dans les *Hymnes* du *Synèse* (1), on lit des vers de Bonnefon, de Guillaume Gosselin, de M. de Norri, de Claude Binet, sans parler des vers latins de Scaliger, de Binet, de Jacques Durant, etc. Voici le sonnet de Garnier.

A M. DE CISSÉ

Tandis qu'en durs regrets et en plaintes amères
Tu me vois lamenter d'une tragique voix,
Les désastres romains et les malheurs Grégeois,
Pleurant nos propres maux sous feintes étrangères.

Tu nous montres, Cissé, que toutes ces misères
Dont le grand Dieu punit les peuples et les Roys
Font en vain résonner le Théâtre françois,
Et qu'il faut recourir aux divines prières.

Qu'il faut invoquer Dieu par cantiques divers
L'avoir toujours au cœur, en la bouche, en nos vers,
Chantant, comme tu fais, son éternelle essence.

C'est luy vrayment qui peut nos douleurs étouffer
Qui peut nous ramener le bonheur en la France
Et faire un siècle d'or de ce siècle de fer.

ROBERT GARNIER.

Jacques Courtin de Cissé de son côté n'avait pas oublié de célébrer son ami dans ses vers (2).

Docte Garnier qui, d'une docte audace,
As animé le français échafaut,
Et qui le premier d'un style grave, haut,
Fis vergogner l'Athénienne grâce....

(1) *Les Hymnes de Synèse, Cyrenéan Evesque de Ptolémaide, traduits de Grec en François, par Jaques de Courtin de Cissé, Gentilhomme percheron.* A Paris, pour Gilles Beys, rue sainct Jaques, au Lis Blanc. M D LXXXI (1581). Avec privilège du Roy, in-12.

(2) Voir l'abbé Gouget, t. XII.304.

On voit un sonnet de Flaminio de Birague adressé à Garnier pour son édition de 1585. En revanche aucun vers de Garnier dans « les *Premières œuvres poétiques* de Flaminio de Birague, gentilhomme ordinaire de la chambre du roy, Paris, 1585, petit in-12 ». On y rencontre cependant bien des vers des poètes du temps de Ronsard, de Du Bartas, de Passerat, et de poètes de moindre renommée.

Il est vrai que Birague en 1585, n'était guère qu'un jeune homme de vingt ans et que sa qualité de neveu du cardinal et du chancelier René de Birague était son principal titre aux éloges des poètes ses contemporains.

Rien de Garnier non plus dans les œuvres d'Amadis Jamyn, l'ami de Ronsard. En revanche, il était l'objet des louanges de Robert Estienne, qui fut aussi son imprimeur ; l'imprimeur-poète déplorait comme lui les discordes de la France, aussi dit-il à l'adresse de son ami :

> « France, fuy donc la guerre et fay toujours la paix,
> Afin que ton Garnier, te louant désormais,
> Change son dueil tragique en un doux chant de joie. »

Parmi les poètes avec lesquels il eut, après Rémy Belleau, les rapports les plus intimes, il ne faut pas oublier de ranger Vauquelin de la Fresnaye, magistrat comme lui, lieutenant général au bailliage de Caen, l'auteur des *Foresteries*, dont la vie a plus d'un point de ressemblance avec la sienne et qui ne l'a pas oublié dans son *Art poétique*.

> « Et maintenant Garnier scavant et copieux,
> Tragique a surmonté les nouveaux et les vieux,
> Monstrant par son parler assez doucement grave
> Que nostre langue passe aujourd'hui la plus brave » (1).

---

(1) Voir *Les divers poëmes* de Jean Vauquelin de La Fresnaye, publiés et annotés par Julien Travers, Caen, Le Blanc-Hardel, t. I, p. 243. — Voir aussi *Satyres*, livre II, vers à Robert Garnier, lieutenant-général criminel en la sénéchaussée.

§ II

1580-1585. GARNIER NOVATEUR DANS *BRADAMANTE*

Garnier novateur dans le genre tragique : *Bradamante* (1582). — Les
Juives (1583). — La dédicace des *Juives* à Monseigneur de Joyeuse :
aperçu sur la condition sociale d'un poète tragique au XVIe siècle.
— L'édition complète de 1585. — Les tragédies de Garnier ont-elles
été représentées ? Devant quel public ? — La dernière œuvre de
Garnier : l'*Élégie sur le trépas de Ronsard* (1586).

Tous ces témoignages contemporains prouvent la réputation dont Garnier jouissait auprès des poètes de son
temps et la haute estime qu'on faisait de ses vers comme
de son caractère. Cependant, au milieu de tout cela, il ne
paraît pas avoir eu l'oreille de la Cour. Il ne faut pas trop
s'en étonner. Le temps de la renaissance de la tragédie
était déjà bien loin. Il y avait bientôt trente ans que Jodelle
avait fait représenter sa *Cléopâtre*. L'enthousiasme qui avait
alors éclaté parmi la gent lettrée dans les collèges de
Reims et de Boncourt avait pénétré un instant jusqu'à
la Cour qui était venue à la solennelle représentation,
mais on se lassa vite, sinon dans les collèges et auprès
des lettrés, du moins dans l'entourage du roi, de ces
représentations sans fin des catastrophes de la Grèce et de
Rome. La note finissait par être monotone et le spectacle
n'avait rien de gai pour les courtisans de Catherine de
Médicis. Ils préféraient les *Bergeries* et l'*Arimène* de Nicolas
de Montreux ou les *Ballets* de Balthazarini, dit Beaujoyeux,
les comédies, voire même les farces des comédiens italiens.

Hélas ! il y avait assez de sang répandu dans les rues pour
ne pas aimer à voir renouveler ce spectacle sur la scène.
De plus, ces tragédies étaient plutôt faites pour être lues
dans le cabinet par les érudits aptes à goûter les imitations

de l'antiquité que pour être jouées à la Cour, hors des collèges.

Une autre raison de la défaveur de Garnier, loin du soleil, perdu au fond de sa province, c'est que l'allure hautaine de ses vers lui donnait quasi, ainsi qu'à Pibrac, un air de Burrhus et de censeur. Les maximes républicaines et les sorties contre les tyrans devaient sonner assez mal aux oreilles d'Henri III et de sa mère Catherine de Médicis (1). On devait trouver de lui comme Scarron devait dire plus tard de son père « qu'il était Caton avec trop de Catonnerie ». Les rois

(1) Brantôme signale la prédilection de Catherine pour la littérature dramatique : « Elle avait fait construire, nous dit-il, à la suite de ses appartements, une salle de spectacle. » Le grand escalier, construit au commencement du XIXe siècle, en occupe l'emplacement (Cf. Clarac, *Musée de sculptures anciennes et modernes*, I, 530). Il ajoute qu'elle aimait fort à voir jouer des tragédies et des comédies. « Mais depuis *Sophonisbe*, composée par M. de Saint-Gelay et représentée par Mesdames, ses filles et autres dames et damoiselles et gentilshommes de sa cour, qu'elle fit jouer à Blois aux noces de Madame de Cypierre et du marquis d'Elbeuf, elle eut opinion qu'elle avait porté le malheur aux affaires du royaume, ainsi qu'il succéda. Elle n'en fit plus jouer, mais ouy bien des comédies et tragi-comédies et également celles de Zani et Pantalon, y prenoit grand plaisir et y rioit son saoul comme une autre, car elle rioit volontiers et, de son naturel, elle était joviale ». Il dit ailleurs qu'après un tournoi donné à Fontainebleau pour les fêtes du carnaval, « elle fit représenter une comédie sur le sujet de la *Belle Genièvre* de l'Arioste, par Madame d'Angoulême et les plus honnestes et belles princesses, dames et filles de sa cour, qui certes la représentèrent très bien et tellement qu'on n'en vist jamais une plus belle ». (Brantôme, *Vie des dames illustres .... Catherine*, pp. 48-49, 78-79 ; — Cf. Éd. Frémy, *Les Poésies inédites de Catherine de Médicis*, dans le *Correspondant* du 25 mars (1883). — Le *Zani* s'acclimata en France sous le nom de *Jeannin*. Catherine avait le goût des fêtes et des ballets (ses auteurs de ballets étaient Jehan de la Maisonneuve et Balthasar de Beaujoyeux). On en voit bien des preuves dans le voyage de Bayonne. Elle disait aussi : « Souvenez-vous que les Tuileries sont dédiées aux Muses ». — M. Édouard Fleury a fait connaître aussi la dépêche secrète d'Henri III à Arnaud du Terrier, son ambassadeur à Venise, pour lui demander de lui envoyer des comédiens d'Italie (*Un ambassadeur libéral sous Charles IX et Henri III*, in-8. 1880). — Voir aussi *La Comédie italienne en France*, par M. Bernardin, 1902, p. 9 et suivantes.

n'aiment pas qu'on leur répète sans cesse que la vraie puissance a des bornes, et ceux à qui on peut imputer le rôle de raisonneur n'ont guère à espérer les faveurs royales. Bien que Garnier dans ses dédicaces célèbre la débonnaireté des rois et les bienfaits de la monarchie, son contact perpétuel dans *Porcie*, *Marc-Antoine* et *Cornélie*, avec les défenseurs de la liberté mourante à Rome, lui donnent l'accent d'un Brutus (1), peu fait pour plaire aux courtisans.

Il était temps pour sa fortune qu'il changeât de thème, qu'il eût recours à un sujet moins austère et qu'il se montrât sous une allure plus aimable, sous les auspices d'un guide plus avenant que le rhéteur Sénèque.

C'est ce qu'il fit enfin ; aussi produisit-il une œuvre plus moderne et qui cette fois eut accès à la Cour. Ce fut *Bradamante*, qui est une pièce à part dans le théâtre de Garnier, une date pour l'histoire de notre poésie dramatique. C'est aussi son chef-d'œuvre et son principal titre aujourd'hui auprès des lecteurs (2).

Il laisse bien loin le vieux Sénèque et s'inspire d'un modèle d'une toute autre allure, de l'*Arioste*, qui dans son épopée avait, avec une grâce et un charme souverain, fait entendre l'écho de nos vieilles chansons de gestes. Ce choix vint-il de sa seule initiative ou ne lui fut-il pas suggéré par un amateur de l'*Arioste* ? L'un d'eux avait su faire son chemin dans le monde, possédait le flair et l'à-propos et était devenu le poète favori de la Cour qui l'avait accablé sous le poids de ses faveurs, c'était Desportes traducteur lui-même de l'*Orlando furioso* de l'*Arioste*. Il

(1) A l'exemple de Pibrac, son patron, Garnier semble dire à satiété :
   Je n'aime pas ces mots de puissance absolue....

(2) Il n'est pas certain qu'il ait paru une édition à part de *Bradamante*. Celle qu'on trouve à l'Arsenal (C. 22001) *chez R. Estienne, 1582*, *avec privilège* est peut-être empruntée au recueil de 1582 qui s'ouvre précisément par *Bradamante*.

connaissait Garnier, ainsi que le prouve la dédicace que lui fit ce dernier de son *Élégie à Ronsard*. Je ne serais pas éloigné de croire que ce fin courtisan et ce charitable confrère en poésie voyant la malechance continuer pour Garnier, parce qu'il s'obstinait à exploiter une veine de poésie trop peu susceptible de plaire en Cour, lui ait conseillé de s'en prendre au plus spirituel des poètes de l'Italie, et de mettre sur la scène un des plus charmants épisodes du *Roland furieux*.

Cette fois ce ne fut pas une sombre tragédie, pleine d'ombres et de fureurs, mais une pièce plus humaine, éclairée par un gai et vivant rayon de soleil, par un sourire. Ce fut non plus une tragédie mais une pièce dramatique conçue dans un mode nouveau, une tragi-comédie, presqu'une tragédie bourgeoise. Sa *Bradamante* est pour lui on peut le dire, ce que le *Cid* est dans l'histoire de Corneille. Il ne fut pas loin ce jour là d'être un novateur.

« L'histoire des catastrophes dont les individus furent les auteurs ou les victimes est le principal attrait de la connaissance du passé. C'est ce qui porte à l'imagination des poètes et des foules. Aussi en France les dramaturges n'avaient-ils guère exploité d'autre filon que cette mine sombre digne des Atrides, bien que dès le milieu du XVIe siècle la tragédie à dénouement heureux et le drame bourgeois tendissent à se former en France après s'être constituée en Espagne. Mais Robert Garnier a vraiment donné la premier modèle de ce genre de pièces en vers bien que ni le nom, ni la chose ne fussent entièrement inconnus avant lui (1). »

(1) Voir M. Rigal, *Alexandre Hardy*, chap. IV, les Tragi-Comédies, p. 428 et suivantes ; M. Faguet, la *Tragédie française au XVIe siècle*. p. 102 et suiv. ; l'auteur y parle d'une tragi-comédie, dont l'auteur lui reste inconnu, jouée à Fontainebleau devant la cour en 1564 ; Petit de Julleville. *La Comédie et les mœurs*, p. 49. 107 : *Revue de la Renaissance*, M. Séché : *La première tragédie moderne*, 1903.

Dans cette pièce vraiment dramatique, dans cette comédie historique, Garnier avait su faire le mélange du tragique et du comique et de personnages de conditions sociales différentes, comme on le faisait en Espagne (1) et ouvrir de la sorte une route où Hardy devait s'engager bien plus librement, et sans se préoccuper de rester fidèle ni à l'histoire, ni à la poésie antique, en vrai partisan du théâtre irrégulier qu'il était.

Bradamante de Garnier était dédiée à un grand personnage, au chancelier de France, messire Philippes Hurault, seigneur de Cheverny, qui a été célébré par plus d'un poète, et a lui-même prouvé en écrivant ses *Mémoires* qu'il n'était pas étranger à l'amour des lettres. En s'adressant à ce souverain directeur de la justice en France, au principal chef de notre vacation judiciaire, qui ne dédaignait pas de « cueillir de bon œil et favoriser ceux qui se vont avouant d'Apollon », Garnier n'ose se placer parmi « les excellents poètes » dignes d'« appliquer leur indústrieux labeur à si honorable sujet. Mais, dit-il, comme ce n'est ma particulière profession (2), et que je me suis desjà depuis tant d'années retiré de la hantise et communication des Muses, esloigné de leur saint Parnasse, aussi ne me sentes-je avoir que bien petite part en leurs grâces et telle que je n'ay occasion de m'en beaucoup prévaloir (3) ». Il espère seulement que la débonnaireté du chancelier sera incitée par ce témoignage de son humble soumission à vouloir lui continuer son ancienne bienveillance. Peut-être en effet ne fut-elle pas inutile à Garnier, qui cette fois

(1) V. Morel Fatio, *La Comédie espagnole* au XVII⁰ siècle.

(2) Garnier n'était pas, en effet, poète de profession comme Ronsard, Baïf ou Desportes.

(3) À lire ces lignes on dirait que *Bradamante*, comme aussi les *Juives*, furent pour Garnier une rentrée en scène ainsi qu'*Esther* et *Athalie* devaient l'être plus tard pour Racine.

s'était adressé à un patron en état de pousser à l'avancement de sa fortune de magistrat.

Une autre tragédie de Garnier qui parut vers la même époque fut dédiée à un personnage de plus grande importance encore : c'est le plus haut de tous ceux à qui se soit adressé notre poète, si l'on en excepte le roi à qui il adressa bientôt une épître. C'est à Monseigneur de Joyeuse « duc, pair et admiral de France » (1), qu'est dédiée la tragédie des *Juives*, empruntée celle-là à la poésie biblique, aux livres saints, inspirée des malheurs de Jérusalem et non plus de ceux de Rome ou de Troie (2). Cette œuvre n'ouvrait pas, à vrai dire, un filon nouveau dans l'art dramatique, car avant Garnier, on comptait plus d'un poète qui avait déjà mis la Bible à contribution, mais mieux que ces œuvres restées presque ignorées, elle révélait d'une façon éclatante un nouvel horizon de poésie, une source où Corneille dans *Polyeucte*, et Racine dans *Esther* et *Athalie* devaient puiser largement à leur tour. Mieux que *Bradamante*, on peut le dire, qui ne fut pour lui qu'une échappée dans le champ de la tragi-comédie et cependant par l'occasion qu'elle lui donnait de célébrer la grandeur nationale pouvait satisfaire les sentiments de patriotisme du pays, les *Juives*, qui ne sont qu'un long sanglot, répondaient par leur note triste et chrétienne à l'état de l'âme de Garnier, on pourrait presque dire de la France.

Le poète se trouvait là dans son véritable élément, la tragédie chrétienne, car il était bien une âme tragique, mais chrétienne avant tout, corrigeant par sa morale le fatalisme du théâtre païen et son dédain pour l'immortalité de l'âme.

(1) Garnier l'appelle le « Mécène des poètes ». — Voir sur le duc de Joyeuse *Archives historiques du Poitou*, t. XXVI, 1899.

(2) *Les Juifves, tragédie de Robert Garnier*.... *A Paris, par Mamert Patisson, imprimeur du Roy, chez Robert Estienne*. M D LXXXIII. *Avec privilège* (in-12, 42 ff. numérotés). — Voir Bibl. Nat., Y, 3215 (2) ; — Catalogue de la bibliothèque Rotschild.

Il était à l'aise pour chanter et paraphraser les malheurs. Sion châtiée pour avoir délaissé son Dieu, c'était un sujet presque d'actualité. On pourrait dire que ce fut pour lui le chant du cygne, si nous n'avions pas sa magnifique élégie sur la mort de Ronsard.

Il le déclare lui-même dans la dédicace qui permet de lire plus avant dans son cœur que la plupart des précédentes.

« Je m'estois résolu, Monseigneur, de quitter l'ingrat exercice des Muses, *où je ne me suis que trop inutilement esbatu ;* mais estant sur le point de prendre congé, je me suis advisé que deux choses principalement me restoient : de chanter quelque cas de nostre Dieu, digne d'un homme chrestien, et de vous présenter de mes vers comme à celuy qui leur est vénérable entre tous..... Combien que, ou par l'infidélité du siècle, ou par défaut de mérites, ou par un malheur particulier, les peines que j'ay prises à les caresser, m'ayent esté *autant infructueuses* jusques icy, que les assidus et agréables labeurs de ma vocation, si veux-je, Monseigneur, vous regracier des bienfaits que les lettres reçoivent journellement de vous, comme si j'estois du nombre des mieux fortunez, et vous en demeurer autant redevable que l'un d'eux...... »

Il développe ensuite le thème de sa tragédie religieuse : « C'est un sujet délectable, et de bonne et sainte édification. » Il ajoute :

« La prérogative que la vérité prend sur le mensonge, l'histoire sur la fable, un sujet et discours sacré sur un profane, m'induit à croire que ce traité pourra préceller les autres, *et moins désagréer* à Sa Majesté, s'il luy plaist l'honorer de sa veue, luy estant dédié en général avec les précédens tout ainsi que je vous le viens particulièrement vouer et présenter..... »

Cette préface est curieuse : elle montre que Garnier était attristé de voir que la carrière des Muses avait été ingrate pour lui, alors que tant d'autres moins bien doués y avaient trouvé la fortune et les honneurs ; elle montre que les sujets de ses précédentes tragédies, comme je l'avais présumé, avaient *désagréé* à Sa Majesté et que pour tâcher de vaincre la fortune ennemie et de se faire mieux voir le poète entrait dans une voie nouvelle.

Le patron qu'il avait choisi cette fois, et la manière habile dont il s'y prenait pour le louer et pour mettre sous ses yeux sa malechance poétique devaient aussi bien disposer ce nouveau protecteur.

Le duc de Joyeuse était le grand favori du roi, le grand dispensateur des grâces. Deux raisons avaient pu déterminer Garnier à se placer sous son patronage. L'amitié de Desportes, qui était le protégé du duc de Joyeuse, et la charge de gouverneur du Maine que remplissait le duc qui vint même alors au Mans, avaient sans doute mis Garnier en rapports avec ce puissant protecteur (1).

Grâce à lui, il y avait lieu d'espérer qu'on ne laisserait pas languir le poète dans l'obscurité d'une humble charge de province, et qu'un de ces offices que le roi créait si souvent alors au grand conseil, ou dans une autre des hautes juridictions, pourrait être donné à Garnier qui se trouverait ainsi placé sur un théâtre plus en vue et plus digne de son *talent* et de ses labeurs.

Pour aider à l'effet de ses dernières œuvres (2), il réunit toutes ses tragédies en une édition complète qu'il publia

(1) Baïf disait au duc de Joyeuse, en 1581, en tête des *Mimes* (chez M. Patisson) : « Monseigneur, je viens de recueillir mes esprits esgarez de l'éblouissante diversité de tant de magnifiques théâtres, spectacles, courses, combats, mascarades, balets, poésies, musiques, peintures, qui en ceste ville de Paris ont réveillé les meilleurs maistres en chascun art pour honorer et célébrer vostre bien heureux mariage ».

(2) Sainte-Marthe et Baillet ont signalé l'existence d'une neuvième et dernière tragédie de Robert Garnier. Elle a échappé à toutes les recherches des érudits et, devant le silence de Lacroix du Maine, de Pasquier et de Niceron, son existence demeure plus que douteuse.

chez Patisson en 1585 (1). Il la fit précéder d'une double dédicace en prose et en vers, adressée « Au roy de France et de Polongne ».

AU ROI DE FRANCE ET DE POLONGNE

« Si nous originaires subjects de vostre Majesté, Sire, vous devons naturellement nos personnes et biens, pour à toute occurrence les exposer dévotieusement à vostre service : je sembleray venir sans raison présenter à vos pieds le corps de cest ouvrage puisque l'autheur d'icelui, et de tout le bien qu'il pourroit produire, vous est en naissant légitimement acquis. Mais, tout ainsi qu'à nostre Dieu, de qui vous estes l'image et la vive représentation, nous faisons sans l'offenser de religieuses offrandes des biens que nous tenons de sa bonté, j'estime que moy et tous aultres François ne ferons chose préjudiciable aux droits de vostre souveraineté et devoir de nostre obéissance en vous consacrant les fruicts de nostre labeur, combien que sans cela vous les puissiez de vous mêmes justement advouer. Et de quoy pourroient nos pauvres Muses que vous recevez et embrassez si chèrement, recognoistre vos bienfaits que par nos poétiques chansons. La postérité, Sire, incorruptible juge de nos actions, entendant par le fidèle rapport de tant de livres estrangers qui survivront notre siècle, les admirables effets de vos héroïques vertus, blasmeroit nostre ingrate mescognoissance de n'avoir par

---

(1) *Les Tragédies de Robert Garnier....* Mamert Patisson, imprimerie du roy chez Robert Estienne M D LXXV avec privilége, in-12 de 12 ff. non chiffrés et 332 ff. chiffrés. C'est la troisième édition d'ensemble et la première édition complète. — Voir Bibliothèque Nat., Y, 5499 ; bibl. mun. de Versailles ; bibl. du duc d'Aumale à Chantilly ; bibl. Rotschild (Voir catalogue t. II, 1095. Cet exemplaire porte au titre une petite marque de Robert Estienne avec la devise :

Noli supere sed time.

Le privilège est daté du 12 novembre 1583 et accordé pour six ans à Robert Garnier) ; bibl. de Dresde. Berlin, etc. — C'est elle qui renferme le magnifique et seul authentique portrait de Robert Garnier. J'en ai vu naguère (1881) un exemplaire avec le portrait (relié en maroquin rouge, dent., tranches dorées), chez le libraire Fontaine, coté au prix de 140 f.

nos plumes testifié la grâce que Dieu nous fait de vivre sous la douce subjection d'un tel Monarque que les nations qui aboutent les frontières de Scythie ont ambitieusement recherché pour maistre. Je ne crains point que ceux qui auront approché les rayons de vostre Majesté, me jugent pour cela déborder en louanges immodérées : attendu les belles et recommandables parties, dont nostre Dieu vous a rendu d'esprit et de corps si accompli. Vous face sa bonté, Sire, prospérer longuement, et vous donner entre autres félicitez une postérité telle que vous désirez pour le particulier contentement de vostre Majesté et le commun bien de vostre France.

Le très humble et très affectionné
serviteur et subject de vostre Majesté,
ROBERT GARNIER. »

Une dernière question nous reste à examiner : c'est celle de la représentation des tragédies de Garnier. Étaient-ce des pièces de cabinet faites uniquement pour la lecture ? Ou bien étaient-elles aussi destinées à la scène et devant quel public pouvaient-elles être jouées ? Le théâtre médiéval (mystères, sotties, drames irréguliers) était essentiellement populaire et s'adressait à la foule et à la petite bourgeoisie. Le théâtre classique de la Renaissance se produisit à l'écart du grand public dans l'ombre des collèges (1). Les représentations solennelles de la *Cléopâtre* de Jodelle et de son *Eugène* ne sont que des faits isolés. Les autres représentations données dans les collèges de Boncourt, de Reims, etc., ne furent guère fréquentées que par les régents de collèges, leurs élèves et les parlementaires. S'il fallait en croire Henri Duval (2), les pièces de la Renaissance auraient

______

(1) Voir dans Ebert (*Geschichte der französischen Tragödie*. pp. 120-121), ce qui est relatif à l'opposition (*Gegensatz*) des deux théâtres et des deux publics.

(2) *Hist. du théâtre français*, manuscrit de la Bibl. Nat., n° 15048. Cette question de la représentation des pièces de Garnier a été résolue

été jouées par les Basochiens, voire même par les confrères
de la Passion. M. Faguet a ajouté foi à ces dires. Mais ayant
eu moi-même à reconnaître plus d'une fois hélas ! les erreurs
d'Henri Duval, je ne crois plus aucune de ses allégations et
je ne les accepte que si elles sont confirmées par quelques
témoignages des contemporains.

Les tragédies de Garnier furent-elles jouées au collège
du Mans devant le même public que les tragédies latines
du régent du collège de Saint-Benoit, le curé de Saint-
Hilaire, Jean Portier (1) ? Le lieutenant-criminel ne crai-
gnait-il pas de porter atteinte au prestige de sa dignité en
exposant ses œuvres, sur la scène, aux critiques du public ?
Il est probable que oui.

On peut croire que ses dernières tragédies ont été représentées devant un public plus nombreux que celui des
représentations de collège. La tragédie chrétienne des
Juives, que M. Faguet appelle l'*Athalie* de Garnier et du
XVIe siècle, était faite, comme la *Pucelle* de Louis Le Jars,
pour être comprise par la foule. M. Faguet a cru d'après
Henri Duval qu'elle avait été jouée sur le théâtre de l'hôtel
de Reims au mois de décembre 1580 (2), mais Henri Duval,
dont Paul Lacroix m'avait recommandé le manuscrit, n'est
malheureusement pas une autorité.

Quant à *Bradamante*, qui est la seule pièce de Garnier
où la division des scènes soit indiquée, elle pouvait, dans
la pensée même du poète, être l'objet de représentations.
Cette pièce est sans chœurs, aussi Garnier fait-il observer, à
la fin de l'argument, que, les chœurs seuls servant à la

différemment d'un côté par Viollet le Duc et Faguet, d'après Henri
Duval, tandis que M. Rigal croit qu'il s'agissait de tragédies de cabinet,
d'œuvres destinées seulement à être lues.

(1) Voir surtout sur l'antagonisme existant entre le théâtre populaire
et le théâtre des collèges, Ebert, *Entwecklungs-Geschichte der fran-
zosische Tragodie*, vornehmlich im XVI Jahrhundert. Gotha, 1858, in-8°.

(2) H. Duval mentionne en outre plusieurs représentations postérieures même à la fin du XVIIe siècle.

distinction des actes, « *celuy qui voudroit faire représenter cette Bradamante* sera, s'il luy plaist, adverti d'user d'entremets, et les interpoler entre les actes pour ne les confondre et ne mettre en continuation de propos ce qui requiert quelque distance de temps. »

On voit donc que, Garnier ayant fait subir une évolution à sa *manière*, les pièces de la fin de sa vie furent admises à un honneur que n'avaient pas eu les premières ; celles-ci étaient conçues dans le vieux moule oratoire de Jodelle et de Grévin (1).

On trouve la preuve de représentations au Mans d'œuvres dramatiques scolaires.

Dans la dédicace des *Fureurs d'Athamas* imprimée seulement en 1624, de Jean Portier, l'auteur rappelle les succès qu'a obtenus sa tragédie lorsqu'elle a été jouée naguères sur le théâtre du collège Saint-Benoît.

> « Menstrua completes Germano sidere tædis
>   Bis lustra percurrit decem
> Bis toties posuit quidquid de fratre micabat
>   Instante fratre Delia,
> Quin *Benedictino* (memor et mea musa) theatro,
>   Prodente facinus impium,
> In quo suos patrem natos Arthamanta crecentis,
>   Trade juventer viribus
> Non humilis tragicæ illuxit præsentia scenæ. »

Cette représentation est un peu postérieure au temps de Garnier. On ne dit rien de la représentation au Mans des pièces scholastiques de Jean Méot, et de René Flacé,

> *Clarus apollinea Flaceus in arte magister,*

dont Lacroix du Maine dit que sa tragédie d'*Elips*, comtesse de Salbery, fut jouée en juin 1579 (2).

(1) Voir M. Rigal, *Alexandre Hardy* p. 88 et suivantes.
(2) Lacroix du Maine dit aussi que la tragédie d'*Arsinoë* de Pascal

Si les malheurs et les troubles du temps ne permirent peut-être pas à Garnier de voir jouer avant de mourir ses deux dernières pièces, leur représentation ne tarda pas cependant d'avoir lieu peu de temps après sa mort, à l'avènement de l'ère réparatrice qui suivit en France la pacification religieuse de 1598.

On en a plus d'une preuve. On eut dû conserver la trace de la représentation dans les couvents de femmes de la comédie de sainteté dramatique de *Sédécias*, c'est-à-dire des *Juives* de Garnier, psalmodiant leurs émouvantes plaintes.

C'est au contraire son *Marc-Antoine* qui nous semble avoir été représenté. « En 1594 ou 1595 les religieuses que l'on appelait les Dames de Saint-Antoine, ... jouèrent une tragédie de Garnier, appelée *Cléopâtre (Marc-Antoine)*, où les filles étaient vêtues en hommes pour représenter les personnages, et les spectateurs étaient l'abbé de Cîteaux et les quatre principaux abbés de Clairvaux, de Morimond, de Pontigny et de la Ferté » (1).

Quant à *Bradamante*, on a de nombreux témoignages de ses représentations au commencement du XVII° siècle. Le jeune Louis XIII alla souvent y assister. (Voir le *Journal d'Héroard* aux 27 avril 1609, 29 juillet et 2 août 1611, tome I, p. 392, tome II, p. 71 et 72). Une lettre de Malherbe à Peiresc des premiers jours d'août 1614 contient aussi

Robin du Faux, l'ami de Garnier fut jouée au collège d'Anjou en 1572. — Plusieurs des drames de Montchrestien au commencement du XVII° siècle eurent les honneurs de la représentation.

(1) Il pourrait toutefois s'agir ici de la *Cléopâtre* de Nicolas de Montreux, qu'on a oublié de relever. Voir *Mémoires pour servir à l'histoire de Port-Royal*, Utrecht, in-12, t. II, p. 24 ; Sainte-Beuve, Port-Royal, 3me édition in-18, t. I, p. 93 ; Maupas, *Les comédiens hors la loi*, 1887, in-8, p. 112 et surtout M. Rigal, *Le Théâtre français avant la période classique*, 1901, in-12, p. 134. C'est surtout M. Rigal qui a discuté le plus à fond la question et trouvé des arguments nouveaux de la non représentation des pièces de Garnier. Il est encore question du rôle de *Nabuchodonosor* des *Juives* dans les *Entretiens de Balzac* publiés en 1657.

des détails sur sa représentation à Saint-Germain par les principaux personnages de la Cour le 2 août 1611 (1).

Bien mieux que la larmoyante élégie des *Juives*, qui convenait surtout pour être soupirée par « les colombes gémissantes » avant-coureurs des demoiselles de Saint-Cyr, *Bradamante*, accompagnée de ses grâces italiennes et de ses gais sourires, était mieux faite pour plaire aux spectateurs de la Cour et même à ceux qu'attiraient les comédiens de campagnes dans leurs courses errantes à travers la France. Un célèbre passage du *Roman comique* (2) montre qu'elle faisait partie, vers 1620, du répertoire de ces troupes. La Caverne y raconte d'une façon plaisante la manière dont le poète du baron de Sigognac, qui n'avait que deux vers à réciter, écorcha ces deux vers de Garnier en dépit de la rime, dans cette pièce où sa mère parut « belle comme un ange, armée en amazone ».

« *Monsieur rentrons dedans je crains que vous tombiez*
Vous n'êtes pas trop bien assuré sur vos jambes (3). »

*
* *

Toutefois ce ne fut pas une tragédie que le poète Fertois laissa comme dernière œuvre. Le chant du cygne de Garnier fut l'*Élégie sur le trépas de Ronsard*, qu'on peut appeler sa plus belle pièce. On pourrait dire qu'elle vaut à elle seule plus que toutes ses tragédies réunies ; le poète lyrique (ce qu'indiquaient déjà les chœurs de ses pièces) est supérieur, chez lui, au poète dramatique, dont les œuvres sont plutôt des élégies dialoguées que des pièces drama-

tiqués. Voici le début de ce morceau, qui manque à la plupart
des éditions de Garnier (1).

ÉLÉGIE

SUR LE TRESPAS DE PIERRE DE RONSARD

A MONSIEUR DES PORTES

ABBÉ DE THIRON

PAR ROBERT GARNIER

Nature est aux humains sur tous aultres cruelle ;
    On ne voit animaux
En la terre et au ciel, ny en l'onde infidelle
    Qui souffrent tant de maux.
Le rayon éternel de l'essence divine,
    Qu'en naissant nous avons,
De mille passions nos tristes jours espine
    Tandis que nous vivons.
Et non pas seulement vivans, il nous torture
    Mais nous blesse au trespas ;
Car pour prévoir la mort elle nous est plus dure
    Qu'elle ne seroit pas.
Si tost que notre esprit dans le cerveau raisonne,
    Nous l'allons redoutant,
Et sans ceste frayeur que la raison nous donne,
    On ne la craindrait tant.
Nous craignons de mourir de perdre la lumière
    Du soleil radieux,
Nous craignons de passer sur les ais d'une bière
    Le fleuve Stygieux (2) ....

(1) *Élégie sur le trespas de Pierre de Ronsard. A monsieur des Portes,
abbé de Tiron.* Cette poésie parut d'abord dans le *Discours de la vie de
P. de Ronsard, avec une Église prononcée en ses obsèques par Cl.
Binet ; plus les vers composés par le dict Ronsard par avant sa mort,
ensemble son Tombeau*..... Paris, Gabriel Buon, 1586, in-4, 128 p.
(Bibl. Nat., Ln (2), 17,842). — Cette élégie, avec les autres poésies
insérées dans le *Tombeau*, fut imprimée en 1587 et dans toutes les
éditions postérieures des œuvres de Ronsard. Dans la grande édition
de 1633, elle se trouve au tome II, p. 1699.

(2) J'arrête ici la reproduction de cette longue élégie, on la trouvera
tout entière à l'appendice.

Après cette élégie toute palpitante d'émotion, dont Becq de Fouquières a dit que « quelques strophes atteignent à la perfection lyrique », Garnier s'enveloppa de silence et sa Muse désormais demeura muette ; il ne lui restait plus qu'à mourir. Il eut mérité qu'un de ses émules lui vouât une élégie aussi noble et aussi émue que celle dont il avait honoré le trépas de Ronsard.

CHAPITRE VI

LES DERNIÈRES ANNÉES. GARNIER AU GRAND CONSEIL

(1586-1588)

Les derniers jours de la vie de Garnier sont pleins de tristesse et d'obscurité. — Une tentative d'empoisonnement (1583) vient augmenter sa mélancolie. — Il est nommé conseiller au grand conseil (1586). — Michel Vasse lui succède dans son office de lieutenant-criminel. — Vie privée et affaires de famille : prêts et emprunts. — Mort de Françoise Hubert (septembre 1588).

Les dernières années de Robert Garnier sont à la fois les moins connues et les plus sombres de son existence. On pourrait croire, que, quatre ans avant sa fin, sorti de l'obscurité de la vie provinciale, appelé à se produire à Paris sur un théâtre plus en vue, mis en contact avec ces poètes dont il était resté éloigné depuis plus de quinze années, il allait désormais avoir une réputation égale à son génie ; il n'en fut rien. Au soir de sa vie, loin de se reposer dans le calme que lui méritait la dignité d'une carrière pleine d'honneur et de dévouement au devoir et au bien, il n'eut que des jours pleins de troubles et de douleurs pour lui, pleins d'ombre pour nous.

Dès 1583, celui qui avait mis sur la scène tant de tragiques aventures, et qui présidait à la justice criminelle au
Mans, avait failli voir sa maison le théâtre d'un drame
intime. A la fin de cette année éclata au Mans une maladie
pestilentielle qui fit de nombreuses victimes et ravagea la
ville pendant plusieurs années ; elle a laissé, comme
souvenir la construction du *Sanitas*, hôpital improvisé
pour loger les malades et mettre les habitants à l'abri de la
contagion (1). Il s'en fallut de peu que « R. Garnier ne
fournit en sa personne mesme un funeste subject de la
tragédie ». Pendant cette épidémie, ses domestiques ten-
tèrent de l'empoisonner avec toute sa famille, espérant qu'il
serait facile de rejeter sur le mal régnant la responsabilité
de leur crime. Scévole de Sainte-Marthe nous a raconté ce
triste épisode (2) « La trahison de ses serviteurs fut telle et
leur méchanceté parvint à un si haut point qu'ils résolurent
entre eux d'empoisonner Garnier, sa femme et tous leurs
enfants pour piller leur maison ; et ce qui facilitait d'autant
plus ce dessein était la peste qui courait alors, parce que
c'était à sa fureur qu'ils voulaient imputer les effets de leur
poison. Mais la justice du ciel en voulut ordonner autrement ; car à peine la femme de Garnier eut-elle innocem-
ment pris un breuvage mortel qu'ils lui présentèrent en lui
donnant à boire, que les signes du poison parurent d'abord
en elle par des pamoisons et des syncopes qui la saisirent
incontinent ».

On put, grâce à des soins empressés, la rappeler à la vie ;

(1) Registres municipaux, 54, 55.
(2) Alors, dit-il, que de nombreuses familles quittaient la ville, le
lieutenant-criminel resta fidèle à son poste « et au devoir » comme le
fit plus tard, à Dreux, un autre grand poëte, digne héritier de la haute
vertu et de la mâle poésie de Garnier. — V. Henri Chardon, *La Vie de
Rotrou mieux connue*, in-8. La peste sévissait en même temps à
Nogent-le-Rotrou ; et l'on voit les parents maternels de la femme de
Garnier se réfugier alors à Montmirail.

mais sa santé resta ébranlée pour toujours. Son mari qui l'adorait fut atteint dans tout ce qu'il avait de plus cher par cette cruelle épreuve. A la suite de ce comble « des disgrâces domestiques et particulières », une tristesse profonde s'empare de lui, il s'enferme dans le silence, il est comme entouré d'ombres, souffrant de sa propre douleur et pleurant aussi sur son pays, de plus en plus divisé. On ne peut plus ressaisir, pour ainsi parler, que quelques lambeaux de sa vie pour recomposer les six à sept dernières années de son existence. Comme poète, il ne s'est produit que par l'*Élégie de Ronsard* et par l'édition de 1585 où, pour la première fois, il rassemble en un volume ses huit tragédies.

Sa carrière judiciaire est un peu mieux connue (1).

Ce fut vers le milieu de l'année 1586 que Robert Garnier fut pourvu de la charge de conseiller au Grand Conseil. Il y avait dix-sept ans qu'il était confiné au Mans dans de modestes charges de judicature, alors que l'œil du roi s'était abaissé jusqu'à d'autres poètes qui ne le valaient pas, et qui avaient été *pourvus* soit de pensions, soit de bénéfices, soit de charges lucratives (2).

On a vu que le ton sentencieux, les maximes de Garnier de même que celles de Pibrac, dignes de Caton, n'avaient pas été du goût de la Cour. Il avait cependant conjuré la malchance qui le poursuivait. Son *Élégie sur la mort de Ronsard* plus belle que toutes ses œuvres dramatiques — dédiée à Desportes, le puissant abbé de Tyron — la dédicace des *Juives* au duc de Joyeuse avaient appelé sur lui l'attention du roi.

Enfin, son édition de 1585, précédée du magnifique

(1) Les registres de ville ne contiennent rien sur Garnier de 1582 à 1586. Les *Mémoires* de Bodreau et le Journal de Bougard ne renferment non plus rien sur son compte.

(2) Comparer sa destinée avec la faveur dont furent l'objet Ronsard, Baïf, Amyot et Desportes.

portrait de l'auteur, était venue lui donner un regain de notoriété. Il disait en la terminant :

« Ma nasselle trop faible et craintive des vagues,
N'ose de la grand'mer courir les ondes vagues,
Léchant toujours le bord, ou si aucunes fois
Elle entre plus avant, c'est sur les fleuves cois :
Mais si vous la guidez, qui êtes son Neptune,
Elle courra partout sans crainte d'infortune ».

La fortune lui présenta alors une charge au Grand Conseil. Cette charge ne fut pas achetée par Garnier : ce fut un office de création nouvelle dont le roi le gratifia.

Par ses lettres patentes données à Paris le 13 mai 1586, Henri III procéda à la création de quatre présidents et de huit conseillers « désirant, dit-il, nostre grand conseil estre de bien en mieulx fourni de grands et notables personnages, pour ces nouveaux conseillers jouir de leurs états à pareils gages et droits que les anciens ». Cette création suscita une vive opposition. Les États de 1576 avaient demandé que le Grand Conseil fut réduit à 24 membres. Le 16 juin Sa Majesté alla au Parlement faire publier l'édit, mais on fit opposition à son enregistrement. Il y eut des remontrances alléguant que les causes de création étaient fausses et impertinentes. Les lettres ne furent enregistrées — au Grand Conseil — que le 12 juillet. Le 15 de ce mois, aux dires de l'Étoile, le roi fit venir le président et les conseillers ; le président répondit que les offices étaient assez nombreux ; contraints d'obéir à la volonté royale ils déclarèrent qu'ils remettaient leurs offices entre les mains de Sa Majesté. Quatre conseillers demeurèrent à recevoir (1).

(1) Plus tard, le 10 novembre 1589, à Tours, furent publiées des lettres supprimant les états de quatre présidents et de huit conseillers de nouvelle création qui viendraient à vaquer. Bibl. nat., 4404, p. 54 v°, 636.

Je n'ai pu trouver aux Archives nationales les lettres conférant cet office à Garnier. Il est certain néanmoins qu'il lui fut conféré. Nous le voyons porter ce titre, que vient encore confirmer le témoignage des contemporains ; d'ailleurs si l'on ne rencontre pas les lettres, on trouve celle qui confère à Denys Morely « la charge de Robert Garnier, conseiller, décédé » (1).

Dans ces lettres de réception de Denis Morelly (20 mai 1594) on lit : « Estant advertis que Maître Robert Garnier, pourveu d'un aultre office de conseiller au dit grand conseil, est décédé depuis trois ou quatre ans, avons trouvé raisonnable de pourvoir d'icelluy office le dit Maître Denis Morelly, vacant par le trespas dudit Garnier ».

Vers la même date on trouve des pièces ayant trait à la cession par Robert Garnier de son office de lieutenant-criminel à Michel Vasse, alors avocat au présidial du Mans. Par obligation passée par devant Me Gilles, notaire royal au Mans, le 23 juin 1586, le nouveau lieutenant-criminel Michel Vasse et son frère Me André Vasse, le futur doyen du grand Saint-Pierre, alors curé d'Allonnes, se reconnaissent débiteurs envers Robert Garnier de la somme de 722 écus, 13 sols, 14 deniers (2).

On voit, bientôt après, le poète à Paris devenir créancier d'une autre somme dûe par son successeur dans l'office de lieutenant-criminel.

Michel Vasse et sa femme Renée Hervé, fille de défunt Guillaume Hervé, sieur de Panon et de Loyse Le Chesne,

---

(1) Le manuscrit 4404 de la Bibl. Nat. (p. 293-294) porte, à la date du 20 mai 1594 : « Reçu Denys Morely en la charge de Robert Garnier, décédé ». Le nom de Robert Garnier n'a pas été relevé par M. Campardon dans les fiches qu'il a rédigées sur les membres pourvus de charges au Grand Conseil.

(2) Cette somme était encore dûe à la mort du poète. Le curateur de ses enfants, Jean Leboindre, fit condamner les débiteurs à la payer par jugement du sénéchal du 22 février 1592.

s'étaient obligés, le 10 juillet 1586, par obligation passée par M⁰ Raphaël Mange, notaire royal, pour une somme de mille quatre-vingt-trois écus un tiers, envers M⁰ Gabriel de Baugé, avocat en la cour du parlement de Paris, cousin de Robert Garnier.

Le 2 août suivant, Gabriel de Baugé, fit cession et transport de cette créance au poëte, son parent, par devant Jacques Tardeau et Pierre Belot, notaires du Châtelet de Paris, déduction faite sur la dite somme de celle de 133 écus un tiers, payée en l'acquit du défunt sieur de Panon à Robert Garnier ou à son procureur (1).

Mais dès lors qu'on ne peut affirmer que Garnier ait été reçu membre du Grand Conseil, il n'est pas certain qu'il en ait rempli les fonctions, et il est possible qu'il n'en ait eu que le titre. Après 1586, on le voit plus souvent au Mans qu'à Paris ; il est même dit faisant sa résidence dans la première de ces deux villes. Au reste les renseignements sont bien peu nombreux sur son compte (2). Le poëte et le magistrat disparaissent complétement, et il ne reste que l'homme privé, sur lequel les papiers d'affaires nous donnent quelques documents, parce que les pièces de ce genre sont plus souvent conservées dans les dossiers de famille que les poésies, les lettres intimes ou même les pièces historiques.

Ce ne sont que des actes notariés, comme ceux que nous avons cités pour ses rapports avec les Vasse, qui nous font connaître la vie de Garnier jusqu'à la mort de sa femme.

Chose étonnante, on le voit successivement prêteur et emprunteur. Le 15 juillet 1587, il est au Mans et cette fois il agit en qualité de créancier. On trouve à cette date une

(1) Cette même somme était encore due après la mort de Robert Garnier ; elle ne fut définitivement payée, après bien des atermoiements que le lundi 14 février 1594.

(2) Les registres que j'ai consultés n'indiquent pas les noms des membres du Grand Conseil qui ont alors rendu des arrêts.

constitution de rente qui lui est faite par un de ses parents,
en train de se ruiner, Mathurin Leboindre, sieur de Binières
(en Champrond), de la Boulterie en Saint-Georges-
du-Rosay, de Belleborde en Spay, de Launay, etc.
Mathurin Leboindre, né au Mans le 18 janvier 1535,
était fils de Christophe Leboindre, gouverneur châtelain
de la ville de La Ferté, et de Marie de Baugé. D'abord
avocat du roi, puis conseiller au présidial du Mans,
il était destiné à jouer, dans cette ville, pendant les
troubles de 1589, un rôle prédominant et assez peu
honorable parmi les ligueurs. Marié d'abord à Marie
Mesland, il le fut ensuite à Barbe de Breslay qui se vit
réduite à avoir recours à une séparation de biens pour
mettre les débris de sa fortune personnelle à l'abri des
dilapidations de son mari. Le 15 juillet 1587, Mathurin
Leboindre confesse avoir vendu et constitué, sous condition
de rachat, à reméré perpétuel, à noble homme Robert
Garnier, sieur de la Papillonnière, conseiller du roi en son
grand conseil, *demeurant au dit Mans*, acceptant pour lui
et dame Françoise Hubert, son épouse, la somme de
cinquante écus, valant cent cinquante livres tournois de
rente annuelle et perpétuelle, moyennant le prix et somme
de six cens écus sol, valant dix-huit cents livres tournois,
baillée au vendeur (1).

Deux mois et demi plus tard on voit au contraire Garnier,
à Paris, empruntant une somme un peu supérieure à celle
qu'il vient de prêter à Mathurin Leboindre, et cela à des
conditions de cautionnement et de garantie qui ne laissent
pas que de piquer la curiosité. On est surpris de cet emprunt
contracté loin du Mans, alors que la fortune en terres et

(1) Cette somme ne fut remboursée aux héritiers de Garnier que
longtemps plus tard, et après la mort de M. Leboindre, ainsi que le
constate la quittance de Diane Garnier du 10 février 1620, curieux
autographe de la fille aînée du poète, où le D et le G sont gracieuse-
ment conjoints dans sa signature.

en objets mobiliers qu'il laissa à ses enfants indiquent plutôt
une assez large aisance. Il est vrai qu'à cette époque son
beau-père Bertrand Hubert était encore vivant. Sa belle-
mère, Louise Gouin, était morte le jeudi 30 janvier 1586.
Mais il ne serait pas impossible que ce fussent précisément
le règlement de sa succession et des retours de partage qui
donnassent lieu à l'emprunt contracté, indiquant cependant
un caractère d'urgence.

Voici du reste l'analyse de l'acte qui constate ce curieux
emprunt :

« Devant Jean Cadier et René *Sainxot,* notaire à Paris
(3 octobre 1587) (1).

Noble homme M⁰ Robert Garnier, conseiller du roi en
son Grand Conseil, et naguères lieutenant-criminel au pais
du Maine, demeurant en la ville du Mans, paroisse Saint-
Pierre, de présent à Paris, rue de la Harpe, paroisse Saint-
Séverin ; — nobles hommes M⁰ André Jehan, advocat en
Parlement, demeurant à Paris rue des Noiers, paroisse
Saint-Étienne-du-Mont ; Gabriel de Baugé, advocat en la
Cour, demeurant rue de la Harpe, paroisse Saint-Cosme ;
Blaise Méliand, conseiller notaire secrétaire du roi et greffier
de son privé conseil, demeurant rue Saint-Martin, paroisse
Saint-Josse ; et M⁰ Pierre Pasquier, procureur en la Cour,
demeurant rue de la Harpe, paroisse Saint-Cosme ;

Ledit Garnier au nom et comme procureur de *noble
homme M⁰ Bertrand Hubert, bourgeois* et habitant de
Nogent-le-Rotrou, et de dame *Françoise Hubert* sa fille,
femme dudit Garnier, et les autres se faisant forts desdits
Bertrand Hubert et dame Garnier,

Vendent et constituent à tousjours, chacun pour le tout,

(1) Cette pièce est extraite des minutes de l'étude de M. Legay,
notaire, rue Saint-Lazare, à Paris (Registre de Sainxot, notaire 1587,
folios 282 à 284).

11

à noble homme M° Jehan Sandras, secrétaire du roi, interprète en langue germanique et commissaire ordinaire de ses guerres et à Marie Hugues (ou Huguet), sa femme, veuve de noble homme M° François Goret, vivant secrétaire du roi, auditeur des Comptes, demeurant rue Saint-Honoré, tuteur des enfants dudit Goret.

66 escus deux tiers d'escu sol de rente, assis :

Pour ce qui concerne ledit Robert Garnier : sur les terres, seigneuries et ferme de la *Papeillonnière* consistant en bâtiments, terres labourables, appartenances et dépendances, sises et situées au village de *Seaux,* près la Ferté-Bernard, audit Garnier appartenant de ses propres ;

Pour le regard dudit B. Hubert ; sur une grande maison en plusieurs corps d'hostel, cours, écuries, jardins, terres. etc... et maison y joignant, sises *à Nogent-le-Rotrou, près l'auditoire et marché, et vis à vis l'église Saint-Jacques dudit lieu :* — *Item*, sur les terres, seigneuries, maison et fermes des *Loges*, les *Salles*, l'*Argenterie* et appartenances, près Nogent-le-Rotrou, appartenant audit Hubert ;

Pour le regard dudit Jehan : sur la maison où il demeure rue des Noiers, avec une maison le joignant ;

Pour le regard dud. Baugé : sur 100 escus sol de rente annuelle que ledit Baugé a droit de prendre sur François Belot, marchand, demeurant à Paris ;

Pour le regard dud. Méliand : sur le lieu et bordage de la Matherie, sis paroisse de Courdemanche au Maine ;

Pour le regard dudit Pasquier : sur 50 escus sol de rente appartenant audit Pasquier sur M° Robert de Launay, advocat au Mans ;

Et sur tous leurs autres biens,

Ladite rente rachetable et vendue moyennant 800 escus sol payés par ledit Sandras des deniers provenant du rachat de pareille rente vendue à ladite dame Marie Huguet, tutrice de ses dits enfants par le sieur de Paloyseau, moyennant pareille somme.

Lesdits Garnier et sa femme et B. Hubert élisent domicile en la maison dudit Pasquier, rue de la Harpe, et lesdits Méliand, de Baugé, Jehan et Pasquier dans les maisons où ils demeurent, et ledit acheteur rue Saint-Honoré.

Fait en la maison dudit Sainxot, notaire ».

« Ledit jour 3 octobre 1587, devant lesdits notaires :

Ledit Mᵉ Robert Garnier reconnaît que lesd. sieurs Jehan, de Baugé, Méliant et Pasquier n'ont rien reçu de la somme de 800 escus sol entièrement demeurée audit Garnier qui l'a employée à ses affaires particulières et que lesdits sieurs n'ont agi comme ils l'ont fait qu'à la prière dud. Garnier et pour lui faire plaisir ; lequel Garnier promet esdits noms leur garantir indemniser et payer rente, arrérages et rachat, dépens dommages et intérêts, racheter lad. rente dans un an ou leur verser 800 escus sol et les arrérages pour en faire le rachat.

En marge est écrit : Les 66 écus 2/3 de rente ont été paiés à noble homme Mᵉ Blaise Meliand par noble homme Mᵉ François Le Gras, conseiller du roi au Grand Conseil, ledit rachat devant Chapelain et Belot, notaires au Châtelet de Paris, le 7 septembre 1597.

Les principales et arrérages desd. 66 escus 2/3 de rente, payés à Marie Huguet, tutrice de ses enfants et dud. sieur Goret, par Mᵉ Blaise Méliand, à qui lad. demoiselle a fait transport desd. rentes sans garantie le 8 juin 1596, devant Sainxot et Babynet, notaires à Paris ».

On trouve encore, ayant rapport à cette créance un acte du 25 avril 1592, dont voici l'analyse (1) :

Devant Christofle Doudieux, notaire royal au Mans ».

Noble homme Jacques de Saint-Rémy, sieur du fief de Montigné, demeurant en la maison seigneuriale dudit lieu, paroisse de Montigné, constitue à honorable homme M° Jehan Leboindre, conseiller du roi au siège du Mans, curateur ordonné par justice à *damoiselles Diane et Franczoise Garnier, filles mineures dans de deffuncts nobles personnes M° Robert Garnier, vivant conseiller du roy en son Grand Conseil, et de Franczoyse Hubert*, son espouze, demeurant en la paroisse de Saint-Pierre-l'Enterré, de cette ville :

20 escus de rente annuelle et perpétuelle sur tous ses meubles et immeubles présents et à venir et spécialement sur le lieu ou lieux et dommaines de *Montauban*, scitué en la paroisse de *Neufville*.

Pour le prix et somme de 240 escuz, payée audit de Saint-Rémy, des deniers desdits mineurs en espèces, francs, quarts d'escus et douzains.

Ledit de Saint-Rémy élit domicile en la maison de M° Jehan Dupont, sise aux forsbourgs de ceste ville, paroisse Saint-Vincent, pour y recevoir tous commandements nécessaires pour accomplir le contenu au présent acte, devant le sénéchal du Maine ou son lieutenant.

Faict au Pallais royal du Mans, en présence de M° Ambroys Tiger, s° de Sainte-Croix, Estienne Doudieux et Julian Pichon, demeurants au Mans, témoins ».

Trois mois après, on découvre encore un nouvel emprunt

(1) Extrait du chartrier du château de Passay, à Sillé-le-Philippe, appartenant au feu comte Ogier d'Ivry, chef d'escadron, bien connu par ses poésies. Je dois cette pièce comme la précédente à la communication de M. le vicomte d'Elbenne, que je ne saurais trop remercier de son obligeance.

contracté par Robert Garnier par l'intermédiaire de son beau-frère, Denis Hubert, bailli de Nogent-le-Rotrou.

Le 8 janvier 1588, ce dernier s'oblige par devant M⁰ Zacharie Gaucher, notaire à Nogent, pour une constitution de cinquante livres de rente qu'il fait au nom de Robert Garnier à M⁰ Claude Denisot. Cette fois l'emprunt se passait quasi en famille, Claude Denisot était le beau-frère de Denis Hubert, qui avait épousé Marie Denisot ; il était fils du célèbre médecin Gérard Denisot et de Jeanne Pouterrain, et s'était marié en premières noces à la fille du sénéchal Gouin, Marie, parente de la famille maternelle de la femme de Robert Garnier, fille de Louise Gouin et de Bertrand Hubert. On voit qu'il y avait alliance entre les Denisot et les Garnier. Claude, conseiller du roi, trésorier des réparations des villes frontières de Brie, Metz et Champagne, avait de fréquents rapports avec Nogent. Il s'y réfugia même pendant les troubles de la Ligue, ainsi que sa mère Jeanne Pouterrain, qui y mourut alors et fut enterrée dans l'église Notre-Dame ; il y signa en 1591, avec M. le bailli Denis Hubert, le contrat de mariage du frère d'Ambrois Denisot c'est-à-dire du fameux Ragotin que Scarron a mis en scène dans son *Roman Comique* (1). Étant donnés ces rapports entre les deux familles, cet emprunt se conçoit bien plus naturellement que le premier.

Au milieu de ces divers soucis d'affaires, un terrible malheur était à la veille d'atteindre Garnier dans ses plus chères affections de famille. En septembre 1588 il perdait celle qui avait été son inspiratrice, sa muse, le charme de son foyer, la femme adorée qui depuis quinze ans partageait ses joies et ses tristesses, la mère de ses enfants qu'il avait arrachée à la mort au moment de la peste de 1583. Elle lui laissait deux jeunes orphelines, âgées l'une de neuf ans et

---

(1) Voir *Scarron inconnu et les types des personnages du Roman Comique,* par H. Chardon. t. II, 30-102.

demi, Diane, l'autre de six ans et demi. On n'a pas d'autres
renseignements sur la date de la mort de Françoise Hubert
que l'épitaphe inscrite plus tard sur son tombeau, qui fut aussi
celui de son mari et de ses descendants ; on y lisait : « *Hunc
[Garnerium] Anna Hubert matrôna venerabilis præcesserat
die vicesima mensis septembris anno 1588* ». Cette inscription, qui se trompe sur le nom de la femme du poète, et
qui, comme on le verra, a aussi fait erreur sur la date de
la mort de Robert Garnier lui-même, ne mérite donc pas
(quant à la date du décès) une confiance absolue. En
l'absence de tout autre document, c'est cependant à elle
que l'on doit s'en rapporter (1). Françoise Hubert fut
inhumée dans l'église des Cordeliers, ainsi qu'on le voit par
le testament du poète, qui voulut être enterré dans la
chapelle de cette église « en la quelle gist le corps de
deffuncte Françoise Hubert, lorsquelle vivoit femme et
espouse du dict testateur ». Le poète lui garda un souvenir
toujours fidèle et demanda que son effigie, avec la sienne
propre, fussent peints, en forme de « prians au pieds du
crucifix » conduits par les patrons de leurs noms, dans la
vitre au-dessus de cette chapelle restaurée aux frais de ses
héritiers. Il voulut encore que, sur la commune sépulture
qui devait ainsi les réunir, on plaçât « leurs éphygies,
mesme de la dicte Hubert en habit de damoiselle ». C'est
en accomplissement de ce vœu du poète que son tombeau

______

(1) Cette date a été reproduite par Paul Delasalle, notice en tête de
l'édition de l'*Histoire de l'église de la Ferté*, p. xix, Mamers, 1844, et
par Léopold Charles, *Notices biographiques sur le canton de la Ferté*,
16 p. in-8, 1851. J'ignore où l'inscription funéraire a puisé la date du
20 septembre à laquelle elle rapporte la mort de Françoise Hubert.
Je crains que ses auteurs n'aient fait une confusion avec la véritable
date, restée si longtemps inconnue, du décès de Robert Garnier,
qui mourut le *20 septembre*, 1590. Si les deux époux sont morts le
20 septembre à deux ans de date, il y a là une particularité curieuse à
relever.

et celui de sa famille, fut élevé par la femme d'un de ses
descendants en 1660 ; on peut encore le contempler dans
la chapelle du château du Luart, où viennent d'être placés,
après une intelligente restauration, les bustes du tombeau
de la famille de Robert Garnier.

CHAPITRE VII

GARNIER ET LA LIGUE AU MANS

Témoignages de l'historien de Thou et de Colletet sur les dernières
années de la vie de Garnier et sur la part qu'il a prise à la Ligue. —
Raisons de la conversion de Garnier à ce parti. — La Ligue au Mans :
La journée des barricades en cette ville. — Violences : massacre des
officiers du roi. — Rôle de Mathurin Leboindre. — La fin de la Ligue
et la réconciliation des partis (1595). — Garnier meurt suspect aux
Ligueurs, frappé de la taxe révolutionnaire, en pleine réaction
royaliste. Pour ces motifs, les deux partis ont fait sur lui le silence.

On n'a jusqu'ici sur les deux dernières années de la vie
du poète que les témoignages de l'historien de Thou et de
Colletet. On le voit désormais :

> « Dans la pénombre, non en une pleine nuict,
> Mais comme il faict au soir, après que le soleil
> A retiré de nous son visage vermeil
> Et qu'il relaisse encore une lueur qui semble
> Estre ni jour ni nuict, mais tous les deux ensemble ».

De Thou, son contemporain, se borne à dire en parlant
de sa mort, en 1590 : « Il étoit conseiller au Grand Conseil
et *au commencement des troubles* il s'étoit trouvé engagé
dans le parti de la Ligue plutôt qu'il ne l'avoit embrassé....
Enfin cet homme célèbre accoutumé à traiter d'un œil sec
tant d'évènements tragiques qu'il alloit puiser chez les

anciens, ne put les voir retracer continuellement sous ses yeux sans en être pénétré, et il en mourut de chagrin (1).

Colletet est un peu plus explicite :

« Ces disgrâces domestiques et particulières estant suivies de disgrâces publiques, où, comme un bon et fidèle citoyen, il prenait tant de part, le précipitèrent dans une mélancolie si profonde et si noire qu'il témoigna dès lors à ses intimes que la vie commençoit à luy estre ennuyeuse. Néant moins dans les sensibles déplaisirs de voir tout le royaume en confusion et sa province toute pleine de gens de guerre qui ne respiroient que le sang et le feu (2), il crut qu'il falloit en quelque sorte céder aux temps ; si bien que se mestant parmi les factieux, plustost par hazard que par dessein formé et songeant plustost à la conservation de sa triste famille qu'à fortifier leur injuste party, il se vist l'esprit tellement partagé et mesme dans un si grand embarras de mortelles traverses et des maux présents, et d'appréhension d'autres futures calamités, que ne pouvant davantage résister à tant de secouses, il rendit l'esprit en sa ville l'an 1590 » (3).

(1) De Thou. *Hist. univ.* t. VII, p. 693, édit. de Bâle 1742, in-4.

(2) Ces dires de Colletet paraissent se rapporter aux violences commises dans le Maine par le troupes de Jarzay et du duc d'Épernon. Voir *Coppie d'une lettre escritte de la ville du Mans, par un personnage d'honneur et digne de foy, du 26 juin 1588, sur les dégâts et désordres qui se font au pays du Maine par les troupes du duc d'Espernon et autres*, et *Lettre missive envoyée de la ville du Mans par un homme d'honneur et digne de foy en datte du dix-huictième juillet 1588 à un sien amy demeurant à Paris*. Cela concorde bien avec le témoignage de M. de Thou qui montre Garnier se trouvant engagé dans le parti de la Ligue « *au commencement des troubles* ».

(3) Extrait de la *Vie des poètes françois*, de Colletet, manuscrit conservé autrefois à la Bibliothèque du Louvre et détruit dans l'incendie de 1871. La vie de Garnier ne se trouve pas dans les copies partielles qu'on rencontre aujourd'hui dans les manuscrits de la Bibl. nationale. Elle est indiquée, si je ne me trompe, aux manuscrits de la ville de Paris, provenant de Tricotet, comme faisant partie de la copie que possédait M. de Puibusque. — Je ne sache pas que, depuis

A part ces deux témoignages, dont l'un même n'a été connu qu'en 1852 par la publication faite par M. Hauréau dans le IVe volume (p. 4 et 5) de la première édition de son *Histoire littéraire du Maine*, on n'a fourni aucun renseignement sur les derniers jours du poète (1).

Ce silence sur les derniers jours de Garnier vient uniquement de ce qu'il a pactisé un instant avec la Ligue. Toutes les familles, après le triomphe de Henri IV, ont voulu, avec préméditation, ensevelir dans l'oubli les actes de ceux de leurs membres qui s'étaient rangés du côté du duc de Guise et de Mayenne. Pendant trois siècles l'Histoire a gardé une longue timidité, pour ne pas dire davantage, vis-à-vis de tous les honnêtes gens entrés dans les rangs de ce parti. Voyons s'il est possible d'éclairer ces témoignages si discrets et trop peu précis de Colletet et de l'historien de Thou, et, en replaçant Garnier dans le milieu où il se trouvait au Mans à la moitié de l'année 1588, d'expliquer comment il se trouva entraîné, engagé dans les rangs de la Ligue (2).

La ville du Mans était presque tout entière ligueuse (3).

la mort de M. de Caussade, on songe à donner une édition de l'ouvrage de Colletet.

(1) Le maire du Mans, Négrier de la Crochardière, se bornait à dire en 1790 que Garnier était mort « de tristesse et d'ennui ».

(2) On ne s'explique pas comment M. Hauréau a pu hésiter un instant à interpréter les dires de Colletet comme rangeant Garnier parmi les Ligueurs. A l'époque de Colletet les Ligueurs seuls étaient des « factieux » en 1589. Au reste le témoignage de M. de Thou et de Beauchamp ne laissait pas de place à l'hésitation.

(3) Je crois devoir rappeler ici brièvement les événements de l'Histoire générale et de la ville du Mans :

9 mai 1588 journée des Barricades à Paris ; 13 mai, le Roi sort de Paris pour aller à Chartres ; 1er juillet, Édit d'Union ; 16 octobre, États de Blois ; 23 décembre, assassinat du duc de Guise ; Révolte ;

7 janvier 1589, Bussy le Clerc met le parlement à la Bastille ; mars 1589, le roi ordonne au Parlement et à la Chambre des Comptes de se transporter à Tours ; 1er août 1589, mort d'Henri III.

Février 1589, prise du château du Mans par les ligueurs ; 17 mai,

La plupart des membres de la magistrature étaient dévoués à la Ligue. Avant la mort de la femme de Garnier, dès la Madeleine 1588, la ville était livrée aux Ligueurs. Le président du présidial Lepelletier, le conseiller Leboindre, comptaient parmi les principaux.

Sans doute Garnier était partisan de la monarchie, ainsi que le prouve son *Hymne* de 1577 et ses dédicaces postérieures ; mais il était catholique avant tout. Qu'en voyant Henri III, ce triste roi, paraître abandonner la cause catholique, il fit, tout magistrat qu'il était, ce que fit la grande majorité des Français, il ne faut pas le trouver étonnant. D'ailleurs, à cette première époque de la Ligue, ses amis se conduisirent de même : Desportes fut ligueur, Duperron lui-même embrassa un moment le parti du cardinal de Bourbon ; bien d'autres encore, Bodin, Montholon, Renaud de Beaune en firent autant. Le protecteur de Garnier, Brisson, qui devait avoir une si triste fin, se déclara lui aussi pour la Ligue. Garnier avait donc plus d'une raison pour se ranger parmi les partisans du duc de Guise, seigneur de La Ferté-Bernard. D'ailleurs, quand on cherche à sonder les cœurs et les reins pour connaître la cause déterminante qui a engagé un homme dans un parti, on est souvent fort embarrassé (1). Au surplus il ne serait pas étonnant que Garnier, étant l'homme de la légalité, du droit, du respect de la vie de ses semblables, se soit repenti de sa conduite. Il y eut au Mans, dès la première heure du triomphe de la Ligue, des scènes sanglantes qui amenèrent le poète à regretter sa conversion à ce parti.

Garnier à La Ferté : arrivée de Mayenne au Mans : son entrée sous le poète : conseil de la Ligue au Mans : taxes révolutionnaires : 2 décembre 1589 prise du Mans par Henri IV : mort de Garnier, 10 septembre 1590.

(1) Parmi les collègues de Garnier au Grand conseil, les partis adoptés furent divers, sans parler de ceux qui hésitèrent d'abord et prirent ensuite conseil des événements plutôt que de leur conscience, songeant avant tout à se mettre en sûreté.

Le Mans comme Paris, eut sa journée des Barricades, restée inconnue jusqu'ici (1).

Dès le lendemain de la prise de possession de la ville par les Ligueurs, il se passa des faits regrettables qui durent d'autant plus profondément bouleverser l'âme loyale de Garnier qu'ils atteignirent un de ses amis. Parmi les royaux réfugiés au château, qui avaient capitulé les 11 et 12 février, et qui, demeurés à la discrétion de M. de Boisdauphin, avaient été laissés en garde au bailli de la prévôté Mathurin Ourceau, au chanoine de Saussay, à M. de la Grange, au procureur du roi Lechesne, à M. de Toucheveau, au bailli de Montfort et à M. de Pincé, se trouvait le conseiller au présidial Girard, sieur de Coulombiers. Il avait inscrit de ses vers au frontispice de plusieurs tragédies de Garnier et Lacroix du Maine le range parmi les écrivains du Maine. Girard fut au nombre des victimes qui, au mépris de la capitulation, furent mises à mort par ceux qui étaient chargés de les garder. L'historien Blondeau (*Portraits des hommes illustres du Maine*), dit en effet « qu'il fut précipité dans les fossés de la tour Orbrindelle où il estoit détenu prisonnier par les partisans de la Ligue ».

Ce ne furent pas là les seules violences. Le procès-verbal rédigé en mars 1590 par les membres royalistes de la compagnie, Vignolles, Le Vayer, Amy, Davenel, Thomas, Taron, Tiger, Gougeon, Lecorvaisier, Beudin, du Gué, Provost, contre sept de leurs anciens collègues qui avaient pris une part active à la Ligue et furent alors interdits de leurs fonctions, Mathurin Leboindre, François de l'Espervier, sieur de Chambourdon, François Dagues, sieur de la Vassorerie, François Aubert, Julien Jarray, Gabriel Buon et Nicolas Rottier, fait connaître à la charge de ces derniers bon nombre d'actes révolutionnaires.

---

(1) On ne connaît guère dans le Maine, que la journée des Barricades, de décembre 1851, dont le souvenir est rappelé par la fameuse dépêche : « Paris, Lyon, Marseille, *La Suze*, sont tranquilles ».

« Un des conseillers suspendus avait été, dit le procès-verbal royaliste, participant au massacre inhumain commis en la personne des officiers et serviteurs du roi retirés au château, lesquels furent baillés en garde lors de la reddition dudit château. Il était présent lorsque les femmes des serviteurs du roi furent égorgées et jetées en la rivière ; un autre avait pendant la rébellion emprisonné les femmes des absents pour en tirer argent, et avait jugé et condamné à mort les habitants de cette ville accusés d'être serviteurs du roi. »

Voici, entre autres, les griefs articulés spécialement contre Mathurin Leboindre, parent et ami de Robert Garnier : « Il s'est fait, dit-on, chef et président à la justice qui s'exerçait alors sous l'autorité de la Ligue et en l'exercice du dit état travailla les sujets du roi et donna plusieurs jugements à l'encontre d'eux, vérifia plusieurs édits en la présence de M⁰ Jacques Taron, vivant lieutenant-général, le dit Le Boindre le jour que la rumeur commença en cette ville fut un des premiers *qui mirent la main aux barricades pour assiéger les serviteurs du roy qui étoient au château* et qui coururent sus aux habitans qui ne prenaient pas les armes. En deux assemblées faites en sa maison, il fit arrêter que Mᵉˢ Lecorvaisier et François Le Roy, conseillers au présidial, n'exerceraient leurs états à cause qu'ils estoient serviteurs du roy ». Enfin il aurait demandé pour récompense des services rendus par lui à la Ligue le don des fruits des héritages de sa seconde femme Barbe de Breslay, séparée de biens d'avec lui, et qui s'était sauvée à Paris pendant que les Ligueurs étaient maîtres du Mans, don qui lui aurait été octroyé.

On voit par ce document, qui révèle des faits inconnus jusqu'ici, quelles divisions profondes existaient en 1590, au lendemain de la défaite de la Ligue au Mans, entre les membres du présidial appartenant aux deux partis contraires. Ces dissensions éclatèrent alors en plein jour et donnèrent lieu à bien d'autres représailles judiciaires. C'est ainsi qu'un des magistrats du Mans les plus compromis dans la Ligue, le bailli de la prévôté M. Ourceau, se vit de la part du parlement, en raison de la pendaison de l'hôte de Saint-Denys et de trois autres habitants du Mans, l'objet de poursuites auxquelles, après la pacification et la réconciliation des partis, le roi eut bien du mal à le soustraire.

Lorsque Henri IV se fut rallié à la cause des catholiques et que les anciens Ligueurs posèrent les armes — ce qui mit fin à cette longue et cruelle guerre civile ensanglantant la France depuis tant d'années, — le voile du pardon fut jeté par le roi sur les excès commis par ses anciens ennemis. Les familles, si longtemps divisées, heureuses de se donner la main dans une réconciliation sincère, eurent encore plus à cœur d'ensevelir dans un profond oubli les violences commises, de part et d'autre, par chacun de leurs membres pendant près d'un demi siècle de calamités et d'horreurs de tout genre. Ainsi s'explique comment les fils reconciliés des Huguenots de 1562 et des Ligueurs de 1589 ont eu bien soin de ne pas appeler au Mans la lumière de l'Histoire sur les excès commis par leurs pères.

La réconciliation définitive entre les deux partis, au Mans, s'opéra par l' « *Édict et articles accordez par le Roy sur la réunion du sieur de Boisdauphin au service de sa Majesté* », publié en parlement le 12 septembre 1595. « Cet édict éteint, supprime, abolit la recherche et mémoire de toutes choses advenues et particulièrement de la prise de la ville, chasteau et gouverneur de la ville du Mans, forcement et desmantellement du chasteau d'icelle, de tous ceux qui auroient esté tuez ou blessez au chasteau, ville et faux bourgs, chassez, emprisonnez, et de tous ceux qui auroient fait en icelle prise de deniers, emprunts, taxes, etc. Tous les officiers, tant de justice que de finances, et les gens d'église, pourvus par les deffuncts roys, ayant accompagné et suivi Boisdauphin durant les troubles, seront rétablis et maintenus en leurs biens, charges, états et offices ; les dits officiers

ne pourront estre recherchés ni inquiétés à raison des jugements et exécutions des dits jugements donnés durant les
dits troubles, mesmes pour le faict de l'hoste de Saint-Denis
du Mans (1) ». Comme preuve et comme gage de cet oubli
du passé l'auteur principal de l'exécution de l'hôte de
Saint-Denis, Mathurin Ourceau lui-même, « en considération
des fidèles services qu'il a faicts en ces occasions, était
pourveu par le roi de la charge et office de maistre des
Requestes ordinaires de son hostel » pendant que le premier
office de conseiller vacant au Parlement de Bretagne était
accordé à maistre François du Breil, avocat au présidial du
Mans (2).

Tous ces excès ne dûrent pas tarder à refroidir la sympathie de Garnier pour les Ligueurs, et lui firent regretter
de pouvoir être considéré comme le complice d'actes qu'il
réprouvait énergiquement. Aussi ne retrouve-t-on son nom
parmi aucune des pièces du temps émanées des partisans de
la Ligue. Il avait soin de se tenir à l'écart. Il n'est même pas
au Mans le 17 mai 1589, date de l'entrée de Mayenne dans
cette ville. Il est à La Ferté-Bernard, (ville ligueuse, il est
vrai, comme Le Mans) et on voit ce jour-là, « noble Robert
Garnier, conseiller du roi en son grand conseil, sieur de la
Papillonière », servir de parrain à son neveu Jean Gaudard.

Ce qui montre bien ses sentiments, c'est que son nom ne
figure pas une seule fois sur le curieux registre du conseil
de la Ligue au Mans, qui va du 31 août au 13 novembre et
où se lisent, au milieu de beaucoup d'autres, les noms des
membres du présidial, anciens collègues de Garnier.

Bien plus, Robert Garnier était devenu suspect aux
Ligueurs ; ce qui le prouve d'une manière évidente, c'est

(1) L'hôtellerie de Saint-Denis était située au coin de la rue appelée
aujourd'hui de *la Perle* et la place des Halles.

(2) Cet édit se trouve à la fois imprimé à part (Paris 1596, 24 p. in-12)
et dans le *Recueil des édicts et articles accordés par Henri IV pour la
réunion de ses subjets, 1601.*

qu'il est inscrit comme un des plus haut imposés parmi les habitants du Mans qui furent alors frappés de taxes révolutionnaires. Il n'y a pas seulement, il est vrai, des royaux parmi ceux qui furent atteints par ces emprunts forcés, mais alors que les ligueurs ne sont l'objet que de taxes très faibles et des plus minimes, celles des royaux, au contraire, montent à des chiffres fort élevés (1).

Robert Garnier ne vit pas se lever l'aurore de la réconciliation des partis et quand il s'éteignit, avant la fin de 1590, on était en pleine réaction royaliste, au plus chaud moment des représailles exercées par les magistrats ralliés à Henri IV contre ceux de leurs collègues qui avaient embrassé le parti du duc de Mayenne et de la Ligue. Le roi n'avait pas encore commencé à comme il le fit en 1591, à accorder des lettres d'abolition en faveur des conseillers au grand conseil qui ne se sentaient pas la conscience bien en sûreté ou qui craignaient la dénonciation et les représailles des royalistes trop ardents et trop zélés. Il n'avait pas encore absous ceux qui éprouvaient le besoin de se faire relever du simple soupçon qu'ils avaient pu encourir, par suite de leur absence et « déffault » en exercice de leur état, sans avoir signé la Ligue (2).

(1) Les trois personnes qui ont à payer la taxe la plus élevée sont : Robert Garnier, son ami Le Corvaisier, qui fut son exécuteur testamentaire, et le chanoine Berthe. D'aucuns diront peut-être qu'ils étaient les plus riches. Il restera toujours à s'étonner que la plus grande richesse se trouvât précisément chez les royalistes. — Garnier et Julien Le Corvaisier furent taxés à 200 livres, le chanoine Richard Berthe à 150.

(2) Voir entre autre dans Félibien, *Histoire de Paris*, Preuves, t. I, p. 797, les lettres patentes d'Henri IV du 13 mai 1591 enregistrées au Grand conseil, à Chartres, le 5 octobre, en faveur du sieur Jean Legeay conseiller au Grand conseil. François Legras qui devait épouser la fille aînée de Robert Garnier, obtint de bonne heure, dès le 6 septembre 1589 (date de l'enregistrement), un arrest du Conseil d'État, pour rentrer dans les fonctions de son office après avoir justifié qu'il n'avait point pris le parti des Ligueurs dans la ville du Mans.

CHAPITRE VIII

LA MORT ET LE TESTAMENT

Garnier, malade, reçoit l'hospitalité dans la maison de Mme du Bourg, paroisse Saint-Pierre-l'Enterré. — La famille des Hoellet et Mme du Bourg. — Le testament de Garnier (13 septembre 1590). — Sa mort 20 septembre 1590. — Discussion sur la date de ce décès. — Regrets de ses contemporains : Vers de Vauquelin de la Fresnaye. — L'exécution du testament : Denis Hubert tuteur et curateur des deux enfants du poète. — L'inventaire de ses biens. — Éducation de Diane et de Françoise d'après les dépenses inscrites à leurs comptes de tutelle. — Le mariage de Diane (fin de 1594).

Au commencement de décembre 1589 avait lieu la prise du Mans par Henri IV. Les souffrances du siège, les représailles des royalistes dûrent encore assombrir l'âme de Garnier. On pilla les maisons des Cordeliers et des Jacobins. Le docteur en théologie Barate, religieux jacobin et prieur du couvent de son Ordre au Mans fut poignardé dans un faubourg. Ses religieux furent les uns persécutés, les autres envoyés devant le Parlement de Tours. Me Scinier, docteur en théologie et père gardien des Cordeliers et cinq de ses religieux furent *forbannis* ou condamnés à mort. On brûla *Jean du Maine*, mannequin représentant la Ligue ; plusieurs magistrats subirent l'exil. Enfin la mort de La Motte-Serrant, malgré la promesse du roi de n'entreprendre aucune recherche du passé, fut le couronnement des ces réprésailles.

Pendant ces douloureux événements Garnier languissait. Où aller, où se réfugier lui et ses petits enfants, n'ayant au Mans que peu ou point de parents très proches ? Comment en cet état d'esprit et de santé, au lendemain des tragédies domestiques dont sa maison avait été le théâtre, se réduire à n'avoir pour lui et surtout pour les siens que des soins mercenaires (1) ? Il fut assez heureux pour pouvoir compter sur l'amitié d'une parente, d'une compatriote, la marraine de sa fille Diane, Jeanne de Baugé, dame du Bourg (2).

Madame du Bourg, était veuve depuis peu de temps de son mari honorable homme M⁰ Louis Hoellet, sieur du Bourg, avocat, bailli de La Suze, ami de Lacroix du Maine, qui en 1584 vante son talent de jurisconsulte. Louis Hoellet, jouissait d'une juste considération parmi ses concitoyens. Élu échevin le 1ᵉʳ mai 1583, il avait rempli l'année suivante, en cette qualité, une mission à Paris relative à l'égail de la somme nécessaire à la construction de l'hôpital du *Sanitas*.

Les Hoellet habitaient au Mans paroisse de Saint-Pierre-l'Enterré, dont un des membres de leur famille, Adam, avait même été curé au milieu du XVIᵉ siècle. On voit dans les registres de cette paroisse, le 14 octobre 1586, le baptême de leur fils Michel, qui fut tenu sur les fonts par honorable Victeur Lepelletier, ligueur et par Louise Hoellet, dame de Beauchamps.

Peu de temps après sa couche, Mᵐᵉ du Bourg, Jehanne de Baugé, était marraine dans sa paroisse avec Renée Hervé, femme du lieutenant criminel, Michel Vasse, d'un fils du sieur de Roussigné. Le 14 juillet 1589, elle tenait sur les fonts un fils de Pierre Rouillet, avocat du roi en l'élection, de la famille fertoise des Rouillet, qui a donné un bailli à La Ferté-Bernard. Tout cela suffit pour montrer le rang qu'occupait alors cette famille. Madame du Bourg, était, je l'ai dit, parente de Garnier, et en 1579, nous l'avons vu servir de marraine à Diane la première fille du poète (3).

(1) Dès 1587, il habite déjà paroisse Saint-Pierre-l'Enterré, ainsi qu'on le voit, par un acte emprunt du 3 octobre.

(2) On trouve le plus souvent le nom de M. du Bourg écrit de la sorte.

(3) Les *Mémoires* des Bodreau donnent aussi des renseignements sur le frère de Louis Hoellet, Jean, qui fut receveur du domaine du roi en la ville du Mans, sur son mariage, en 1571, auquel assista Louis Hoellet, etc. L'*Inventaire des archives départementales* nous renseigne

Les de Baugé étaient une vieille famille fertoise, alliée aux Le Boindre, qu'on voit aux affaires dès la fin du XVe siècle, et dont on rencontre à chaque instant les noms en qualité de châtelains, d'échevins, etc., dans l'histoire de leur cité.

Plus tard, dans le dernier tiers du XVIe siècle on les trouve aussi possédant des offices de finance à Montmirail. Jean de Baugé y est grenetier de ville en 1575. Claude de Baugé, qui fut une des marraines de sa fille en 1581, était mariée à M. le receveur de Vibraye. Lui même, par son mariage avec Renée Gouin de Nogent-le-Rotrou, était allié avec Robert Garnier du côté de sa femme. Au Mans Garnier avait entretenu d'étroites relations avec les Baugé. Le 22 octobre 1569, il avait été parrain d'un fils d'honorable Denis de Baugé, sieur de la Cave. Nous l'avons vu aussi, vers 1586, en rapports avec Me Gabriel de Baugé avocat en la cour du Parlement de Paris, qui le dernier juin 1572 avait aussi été au Mans l'un des parrains d'un autre fils de Denis de Baugé, Gabriel, destiné à être l'exécuteur testamentaire du poète et le légataire de sa bibliothèque.

C'est donc dans la maison de Jeanne de Baugé, dame du Bourg, que nous trouvons le poète malade dès le commencement de 1590. C'est dans la demeure hospitalière de cette femme dévouée qu'il s'était retiré et qu'il allait mourir. La paroisse Saint-Pierre-l'Enterré était une des moins étendues de la ville (1), et si un heureux hasard fait rencontrer un aveu, une déclaration émanant de Louis Hoellet ou de sa veuve sur leur maison, il ne sera pas

aussi sur les liens des Hoellet avec Lamnay, d'où la famille semble originaire.

(1) Cette paroisse comprenait la rue du Petit-Saint-Pierre, une partie de la rue de la Verrerie, une partie de la Grande-Rue, toute celle qu'on appelle aujourd'hui rue Godard, une partie de la rue de la Truie-qui-File et de la rue Saint-Flaceau. Elle relevait de l'abbaye de l'Épau, du domaine du chapitre de la cathédrale, de celui de Saint-Pierre-la-Cour et du Coëffort.

difficile, je pense, de retrouver sinon la demeure, au moins l'emplacement de la demeure où est mort Robert Garnier.

Il est là dans les premiers mois de 1590, « détenu malade au lit en la ville du Mans, où il faisait sa continuelle résidence.... A raison d'icelle maladie et du danger des chemins », il ne peut se rendre à Nogent-le-Rotrou où son beau-père Bertrand Hubert était mort le 19 mars. Il ne put s'y transporter, ni pour rendre les derniers devoirs au grand père de ses enfants, ni pour vaquer au règlement de leurs intérêts.

Il passa procuration à noble homme Me Gabriel de Baugé, avocat à Paris, son cousin, qui s'était retiré de la capitale, à cause des troubles de la Ligue et était venu se réfugier dans le Perche, et lui donna mandat de le représenter dans le partage de la succession échue à ses enfants.

La procuration fut rédigée par Me Le Balleur notaire au Mans, le 5 juillet 1590 (1).

La maladie du pauvre désespéré continuait toujours. Pendant ce temps, il manda son cousin Gabriel de Baugé et son beau-frère Denis Hubert, le bailli de Nogent, de l'aller voir, ce qu'ils firent par deux voyages.

Sa fin approchait. Le 13 septembre 1590 il fit son testament. Cet acte bien précieux pour l'histoire du poète, qui renferme, on peut le dire, ses *novissima verba*, l'essence de ses dernières pensées et l'expression de ses sentiments les plus intimes a été publié en 1845 dans une revue locale restée entre les mains de tous les érudits du Maine (2).

---

(1) Le partage de la succession de Bertrand Hubert eut lieu la veille de la mort de Garnier ; ses deux filles obtinrent le cinquième lot. De nombreuses expéditions de ce partage existent encore aujourd'hui.

(2) Ce testament de Robert Garnier publié dans la *Province du Maine* de 1845 a été cependant publié comme inédit en 1890 par M. Dunoyer de Segonzac archiviste de la Sarthe dans le *Bulletin historique et philologique*, 1890, p. 203-208, et dans la *Revue littéraire du Maine* du mois de mai de la même année. Un concours littéraire ouvert alors par cette Revue en l'honneur de Robert Garnier est resté sans résultat.

Il a été aussi connu de Paul Delasalle et de M. Léopold Charles qui en ont donné des extraits, avec sa date.

Malgré cela, depuis bientôt quarante ans, la plupart des auteurs, même M. Hauréau, dans sa dernière édition de l'*Histoire littéraire du Maine*, continuent à faire mourir Robert Garnier le 15 août 1590, c'est-à-dire un mois environ avant la date de son testament, ce qui ne laisse pas que d'être, ce que j'appellerai, un joli tour de force *littéraire*. Je ne parle pas ici de ceux qui reculent la mort du poète jusqu'en 1600 par suite d'une autre erreur qu'il était aussi facile d'éviter (1).

Voici ce beau testament de Robert Garnier qu'on peut appeler le document le plus intéressant de sa biographie :

« Saichent tous presens et à venir que, en la cour royale du Mans, par devant nous Mathurin Leballeur, notaire d'icelle, demeurant au Mans, personnellement estably, noble homme Robert Garnier, sieur de la Papeillonnière, conseiller du Roy en son grand conseil, de présent faisant sa résidence en ceste ville du Mans, en la maison de la vefve de M. Loys Hoellet, paroisse Saint-Pierre-l'Enterré, soubz mettant luy, ses hoirs et ayans cause, biens, meubles et immeubles presens et à venir au pouvoir et juridiction de la dite cour, lequel estably considérant qu'il n'est rien plus sertain que la mort et insertain que l'heure d'icelle, ne voulant déséder intestat, et estant sain d'esprit, entendement et de pensées, combien qu'il soit detenu de maladie corporelle a faict son testament et ordonnance de dernière volontée en la forme et manière qui en suyst.

Premièrement, a recommandé son âme à la benoiste et sainte Trinité de Paradis, la priant luy faire pardon et miséricorde par le mérite de la doloreuse mort et passion de

(1 Elle provient de la confusion qu'on a faite de lui avec un homonyme.

nostre Seigneur Sauveur et Redempteur Jésus-Christ, implorant l'intercession de la glorieuse et très sacrée Vierge Marie sa mère, de monsieur saint Michel archange, monsieur saint Jean-Baptiste, monsieur saint-Pierre, monsieur saint Paul, monsieur saint Estienne, monsieur saint Julien, madame sainte Anne, Marie-Madeleine et de toute la cour céleste du Paradis, à ce qu'il y soit colloqué au nombre des bienheureux, a voulu et ordonné que, lors qu'il aura pleu à Dieu faire séparation de son âme d'avec son corps, son dict corps estre inhumé en l'église du couvent des Frères-Mineurs, ordre de Saint-François appelé les Cordeliers du dict Mans en la chapelle en laquelle gist le corps de deffuncte Françoise Hubert lorsqu'elle vivait femme et épouse du dict testateur. Que à son enterrement et semetine et autres jours en suyvans et subsequens soit faites obsèques funèbres de divin service avec le convoys des collèges ecclésiastiques, solennités et cérimonyes avec luminaires, recommandations et prières, le tout en tel nombre et en tels lieux et endroicts que ses exécuteurs testamentaires cy après nommés adviseront et verront bon estre, et à leur bonne discrétion, ne désirant touteffois le testateur trop grandes pompes et somptuosités, s'en rapportant a l'advis de ses exécuteurs, veult et ordonne le dict testateur que par ses dicts exécuteurs soit faict rebâtir et réédifier et reparer en tel temps qu'ils verront bon estre propre et commode, la dicte chapelle en laquelle gist à présent le corps de la dicte Hubert son espouse, et que icelle chapelle soit restaurée tant de pavéz par bas que de voulte, couverture, vitres et autres réparations et réédifications nécessaires, et que les frais, cousts et myses qu'il y conviendra faire soient prins et paiés sur les biens du dict testateur, lequel veult aussi que en la vitre au dessus de l'autel de la dicte chapelle soit une image et effigye du Crucifix et plus bas, les effigies du dict testateur et de sa dicte espouse ensemble Diane et Françoise Les Garnier leurs filles en forme de prians, iceux testateur et espouse conduicts par les patrons de leurs noms, davantaige que en la dicte chapelle soit myses épitaphes, soit en cuyvre ou pierres faisant mention des noms et qualitez du dict testateur et de sa dicte espouse mesme du don, legs et service qu'il ordonne par ses présentes estre faict à perpétuité en la dicte église des Cordeliers et que sur leur sépulture soyent leurs ephygies mesme de la dicte Hubert en habit de damoiselle et avec escriture de prose latine à la mode antique, telle que ses exécuteurs adviseront et verront bon estre.

Plus le dict testateur veult et ordonne que pour le remède de son âme et de sa dicte deffuncte femme et espouse ensemble de leurs parens et amys trespassés soit dict et célébré par chacun dymenche de l'an à perpétuité une messe basse de *Requiem* à l'autel de la dicte chapelle à l'heure de neuf heures du matin, laquelle célébration d'icelle messe commencera le dimenche prochain en suyvant la semeine du testateur et consécutivement par chacun dimenche perpétuellement.

Pourquoy faire le dict testateur donne, lègue, veult et ordonne estre paiés par chacun ans aux religieux, gardien et couvent des dicts Cordeliers du Mans, la somme de dix escus sol vallant trente livres tournois de rente annuelle et perpétuelle, dont le premier paiement commencera un an après le décès du dict testateur et consécutivement d'un an en un an à pareil jour à tousiourmes, au paiement en continuation de laquelle rente de dix escus le dict testateur a affecté et hypothéqqué tous et chacuns ses biens, spéciallement son lieu et métairie et appartenances de Courteurays, situées en la paroisse de Nogent-le-Bernard sans que la spécialité déroge à la généralité ni la généralité à la spécialité.

Item, le dict testateur pour ce que très bien luy a pleu et plaist à donner et léguer veult et ordonne estre baillé et

délivré sçavoir à Jehan Godefroy son serviteur domestique
la somme de trente et trois escus un tiers vallant cent
livres tournois à une fois paiés oultre ses services et aussi
oultre les services donne et lègue à Gervaisotte Boutier sa
servante domestique, sa vie durant seulement, la somme
de seize escus deux tiers d'escu vallant cinquante livres
tournois de rente viagère dont le premier paiement commencera un an après le décès du dict testateur, et consécutivement d'un an en un an à semblable jour la vie durant de la
dicte Boutier comme dict est, au paiement et continuation
d'iscelle rente viagère le dict testateur a aussi affecté et
hypoteqqué tous et chacuns ses biens signamment et particulièrement son dict lieu et métairie de Courteurays, le dict
don et legs faict par le dict testateur à la dicte Boutier
pourveu et au moien qu'elle ne soy cy après mariée et
qu'elle fasce servisce tel quelle pourra aux filles du dict
testateur et pour tel temps que ses exécuteurs testamentaires la voudront retenir et employer à ce quelle pourra
faire servisce à icelles filles et non aultrement.

Plus, le dict testateur a donné et legué veult et ordonne
être baillé et délivré à N..... Boudin sa niepce, fille de sire
Étienne Boudin et Magdeleine Garnier sa femme, la somme
de cent escus sol vallant trois cents livres tournoys à une
fois paiés pour ayder à marier sa dicte nièpce et à laquelle
icelle somme sera baillée lorsqu'elle aura trouve party et
sera espousée.

Item, le dict testateur veult et ordonne qu'il soit faict
faire mis et planté en l'église parochial de la Ferté-Bernard
une imaige et effiggie de crusifix avec ses témoins et accom-
pagnements semblable à ceux de l'église Saint-Pierre-de-la-
Cour du Mans ou des Jacobins du dict Mans et que, au
dessoubz du dict crusifix soient escrits et gravez en grandes
lettres visibles ces mots : *Robertus Garnier civis Fertenus
in supremo galiarum consilio regius senator et antea præ-*

*fectus cenomanensis reg. capitul. In ornamentum hujus
ædis hoc signum passionis domini.*

Plus, le dict testateur veult et ordonne que en la dicte
église parochial de la Ferté soit dict et chanté solennelle-
ment en la forme et sur le chant que l'on faict en l'église
cathédrale du Mans à yssue de chacunes des dernières
vespres des festes de la Purification, Annonciation, Visita-
tion, Nativité et Conception de Nostre-Dame par chacun an
à perpétuité, et encore au vendredy saint appelé le vendredy
benist à yssue de ténèbres la prose *Stabat mater dolorosa,*
et ce qui s'en suyt avec les oraisons qui ont acoustumé se
dire en la dicte église du Mans à la fin de la dicte prose
tant pour les vivans que trespassez.

Pour quoi faire le dict testateur veult et ordonne estre
baillé et délivré au procureur fabrical de la dicte église de
la Ferté-Bernard la somme de soisçante six écus deux tiers
d'écu vallant deux cents livres tournoys pour estre conver-
tyes en acquest d'héritage ou constition de rente, et le
revenu d'icelle estre distribué par le dict procureur fabrical
à chacun jour que se chantera le dict *Stabat,* sçavoir au
curé trois solz, à chacun prestre qui y assistera et aydera à
chanter deux solz, au maistre d'escolle du dict lieu de
la Ferté aussi y assistant trois solz, et à chacuns de quatre
escoliers qu'il y conduira et ayderont à chanter douze
deniers, le tout à chacun jour que le dict *Stabat* sera dict
et chanté en la dicte église de la Ferté comme dict est, et
le surplus de la dicte rente au profit de l'acquert desdits
deux cents livres demeurera au profict de la fabrice de la
dicte église de la Ferté.

Davantaige, le dict testateur a ordonné et légué veult et
ordonne que par chacuns ans, à perpétuité, soit baillé et
délivré au dict couvent des Cordeliers du Mans au jour de
mardi gras la somme de deux escus sol vallant..... tournoys
de rente perpétuelle pour s'éjouyr et ayder à faire la
despense qu'ils pourront faire le dict jour à la charge que

lo prestre, qui celebrera la grand messe au chœur de la
grande église des Cordelliers, le lendemain, qui est jour du
mercredi des cendres aura en son *memento* les ames du dict
testateur et de sa dicte deffunte espouse ensemble leurs
parens et amys vivans et trespassez, et à cest effect le dict
testateur se submet oblige avec tous ses biens et particulièrement son dict lieu de Courteurays ; et pour faire faire
et accomplir le contenu du présent testament, le dict
testateur a nommé pour ses exécuteurs testamentaires
noble Denys Hubert, bailly de Nogent-le-Rotrou son beau-
frère, noble Gabriel de Baugé, advocat au parlement, son
cousin, et honorable maistre Julien Lecorvaisier, sieur du
Plaissis, conseiller magistrat en la seneschaussée et siège
présidial du Maine, et chacun d'eux seul et pour le tout les
quels il prie affectueusement en prendre le faix et charge et
au dict effect il leur affecte et hypotecque tous et chacuns
ses biens, les suppliant aussi le dict testateur et les nomme
et eslit pour estre tuteurs et curateurs aux susdictes Diane
et Françoise ses filles, et encore prie le dict sieur de Baugé
d'avoir particulier soing et solicitude que ses dictes filles
soient mises en lieu propre pour être instruictes et
enseignées mesme en la religion catholique, apostolique et
romaine en laquelle elles ont été commencées à enseigner
par leur père et mère jusques à present.

Et oultre, prie les dessus dicts et aultres parens des
susdictes filles de ne souffrir, consentir et endurer que
icelles filles soient maryées sinon qu'elles soient en aage
competent, du moins quelles aient ateinct et accomply
l'aage de dix-huict ou vingt ans, leur recommandant ses
dictes filles, et les suppliant davantaige quelles soient
pourvues et maryées en notable famille selon que à leur
qualité appartient et quelles ne soient pourvues et maryées
à aultres que de la religion catholique, apostolique et
romaine, et a ledict testateur donné et legué à ses dicts
exécuteurs testamentaires pour avoir souvenance de lui,

— 178 —

sçavoir : au dict sieur Bailly de Nogent deux esguières et
quatre couppes d'argent en l'estat quelles sont de présent
et quelles appartiennent au dict testateur ; et au dict sieur
de Baugé le dict testateur donne et lègue son bassin et
deux sallières aussi d'argent, ensemble ses livres et sa
bibliothèque, et au dict Lecorvaisier, sieur du Plessis, ledict
testateur donne et lègue son rechault et vinaigrier d'argent,
et à ce tenir garder et accomplir et aux cousts, myses,
pertes domaiges, et intérest rendre et amender, oblige le
dict testateur luy ses hoirs et ayans cause biens meubles et
immeubles présens et advenir renonçant à toutes choses à
ce contraires sen est abstrainct por les foy et serment de
son corps sur ce baillez en notre main dont l'avons jugé par
le jugement de la dicte cour.

Faict et passé au Mans, en la dicte maison de la vefve de
M. Loys Hoellet en la quelle le dict testateur faict à présent
sa résidence, le jeudy treizième jour de septembre l'an mil
cinq cens quatre vingt et dix, après midy, en la présence
d'honnêtes personnes : Me René Jousseaume, sieur des
Chesnes, clerc juré au greffe criminel de la seneschaussée
du Maine, Edin Leballeur, notaires royaux et Philippe Gelé
praticien en cour laye, demeurant au dict Mans sçavoir est
le dict Jousseaume en la paroisse Saint-Vincent, le dict
Leballeur en la paroisse Saint-Hilaire et le dict Gelé en la
paroisse Saint-Jehan-de-la-Chevrye tesmoins à ce requis et
appelez.

Ansi signé en la minute des présentes R. Garnier,
R. Jousseaume, E. Leballeur, P. Gelé, M. Leballeur.

(Archives du département de la Sarthe.)

Sept jours après ce testament, « le jeudi 20e de septembre
au dit an 1590 », décédait au Mans le précurseur de Rotrou
et de Corneille. On ne saurait dire à combien d'erreurs a
donné lieu la fixation de son décès. Les auteurs qui se
croyaient les mieux informés le faisaient mourir en août

1590, les uns le 5, les autres le 15. Cette erreur provenait, chose étonnante, des descendants de Garnier lui-même, qui au milieu du XVIIe siècle, ignorant déjà l'époque exacte de sa mort, firent inscrire sur son tombeau cette date fautive du 15 août, que relevèrent sans songer à mal ceux qui purent voir ce tombeau resté debout jusqu'à la Révolution, dans l'église des Cordeliers du Mans. On put la reproduire de confiance jusqu'en 1844, c'est-à-dire jusqu'au moment où fut publié le testament du poète. Depuis lors, ainsi que je viens de le dire, le maintien de cette date ne s'explique que grâce à l'incroyable légèreté avec laquelle on écrit l'histoire ; on reproduit sans vergogne par esprit de routine et de paresse, toutes les erreurs du passé. A côté des auteurs qui font mourir Robert Garnier en août 1590, nonobstant la date de l'acte de ses dernières volontés, je ne parlerai pas de ceux qui reportent sa mort en mai, ce n'est là qu'une de ces erreurs légères sans aucune importance, comme il en échappe à tout le monde (1).

Qu'au milieu des préoccupations et des combats de la Ligue, au lendemain du silence dans lequel on s'efforça d'envelopper, après la victoire de Henri IV, les vies de ceux qui avaient figuré dans le camp de Mayenne en jetant sur elles le voile de l'oubli, on ait négligé de retenir le jour exact de l'année 1590 dans le cours de laquelle mourut l'auteur des *Juives*, on le conçoit facilement. Toutefois malgré le témoignage de l'historien de Thou, de Scevole de Sainte-Marthe, de Colletet, malgré l'inscription du tombeau de Robert Garnier, aller retarder sa mort de dix ans et la rapporter à l'année 1600, voilà le plus étrange.

C'est La Monnoye qui, au XVIIIe siècle, a le premier vulgarisé cette erreur dans ses notes des *Bibliothèques* de Lacroix du Maine et de du Verdier, et chose piquante, elle

____

(1) On ne trouve pas la mention de sa mort dans les registres de l'état-civil.

a pénétré jusque dans le Maine où, vers 1799, le maire du Mans, Négrier de la Crochardière, qui avait vu le tombeau, l'insérait dans la biographie du poète.

Il est surprenant qu'on n'ait pas reconnu plus tôt cette erreur. Il y avait beaucoup d'ouvrages, à portée des érudits, qui prouvaient aussi que Garnier était mort bien avant 1600.

La vraie date de la mort du poète, 20 septembre 1590, fera-t-elle son chemin dans le monde de l'érudition. Les dictionnaires de biographies, « la plus grande pépinière d'erreurs qu'il y ait dans le monde des lettres » resteront toujours là pour propager les assertions les plus inexactes aux dépens de la vérité. Les érudits du moins sont prévenus.

Garnier laissait après lui une œuvre publiée à près de trente éditions, chose quasi-unique pour un poète du XVIe siècle, et de l'auteur on ne savait presque rien. Est-ce indifférence ou ingratitude de la part des contemporains ? Non, je le répète, c'est simplement la suite des malheurs du temps, et du court passage de Garnier dans le parti de la Ligue. S'il était mort à une époque plus calme, si un court moment de sa vie n'avait fait de lui un suspect dont les siens mêmes ne cherchaient pas à réveiller le souvenir, il eut certes, comme d'autres poètes, vu répandre sur son tombeau maintes fleurs poétiques en guise d'oraisons funèbres. Seuls de ses contemporains de Thou et Scévole de Sainte-Marthe n'ont pas voulu laisser passer sa mort sans lui donner un témoignage d'estime et de regret.

Parmi les poètes, Vauquelin de La Fresnaye donna un souvenir à son ami, mais ce fut un hommage tardif, et ce n'est qu'assez tard qu'il écrivit les vers qu'on va lire (1) :

Neuf lustres sont passez, que ma muse lyrique
Lamenta sur le Clain La Péruse Tragique ;

(1) *Œuvres de Vauquelin* de la Fresnaye, édition Travers, p. 679.

Et maintenant je plain Garnier qui commençant
Alloit tous les Tragics de France devançant :
Qui juge connoissant les lois et la droiture
Punissoit en ses vers l'infame forfaiture
Des rois malavisez et des peuples mutins,
Par l'exemple des Grecs et des princes latins :
Cartels, où tous les Grands bien apris peuvent lire
Ce qu'un Conseil flatteur ou craintif n'ose dire :
Pour ce, de Melpomène et l'amour et le cœur,
Il fut des vers Grégeois et des Romains vainqueur.
Toutefois de ces vers il n'eut onc récompence ;
Le métier de cet Art ne vaut pas la dépence.
Garnier pour le public fut tousjours empesché,
Et pour son passe-temps aux Muses attaché.
Les Muses luy servoient de cartes et de balle,
Où prennent leurs plaisirs les âmes généralles
Mais seul en son loisir des muses fréquenté,
D'un plaisir souverain il estoit contenté :
Tant ce jouët à fouls, cet art folastre affole
Ceux que Phœbus ravit maistres en son écolle.
La Parque ferma, lorsqu'on luy ferma les yeux
Le Théâtre et la porte à tous ébats joyeux :
Mais hélas ! elle ouvrit maintes sources hautaines,
En des yeux regorgeans de piteuses fontaines
Des ruisseaux d'Hélicon sa mort nous a privez.
Mais la Loire et le Loir enflez sont dérivez
Et la Ferté-Bernard, le lieu de sa naissance,
Sarte et Maine ont jetté des pleurs en abondance.
Les Muses ont quitté leurs lauriers Delphiens,
Et couronné leurs chefs de cyprès Candiens.
Et luy trousse bagage, et conduit son théâtre
Pour faire les grands rois devant les Dieux combatre
Ayant ses vers assez les mortels rejouys
C'est bien raison qu'ils soient des immortels ouys » (1).

Par une sorte d'ironie amère du destin envers Robert
Garnier ce n'est qu'après sa mort, et à l'occasion des affaires

(1) Voir aussi Beauchamps, t. III. *in fine.*

de sa succession que les renseignements commencent à devenir nombreux sur son compte.

Aussitôt après toutefois, Mme du Bourg fit avertir de sa mort ses parents de Nogent-le-Rotrou, parmi lesquels le bailli Denis Hubert, son beau-frère, et son cousin Gabriel de Baugé étaient ses exécuteurs testamentaires. Les chemins n'étaient pas encore très sûrs ; cependant, depuis la prise de La Ferté par le prince de Conti, dans le courant de mai, le voyage entre Nogent et Le Mans présentait moins de dangers. Les deux parents mandés par Mme du Bourg s'empressèrent de s'acheminer vers Le Mans, ils y provoquèrent une assemblée de parents pour s'occuper au plus vite du règlement des intérêts des deux jeunes orphelines que laissait Garnier, et dont la personne comme les biens demandaient les mesures les plus promptes.

Les deux pauvres enfants restèrent au Mans entre les mains de la parente qui avait soigné Garnier dans sa dernière maladie. Madame du Bourg, était d'ailleurs marraine de Diane ; de ce titre résultaient alors des liens, des amitiés, des obligations aussi, dont on ne trouve plus guère de traces aujourd'hui qu'au fond des campagnes. Tout ce qui avait trait à la pension à payer à Mme du Bourg pour l'éducation des petites orphelines fut réglé.

Denis Hubert fut nommé tuteur et curateur pour régir et gouverner le corps des enfants et leurs biens maternels seulement, situés au pays du Perche, tandis que noble Jean Le Boindre , conseiller au présidial, appartenant à une famille fertoise alliée à Garnier, fut institué tuteur et curateur pour le regard des biens paternels (et autres) situés au pays du Maine (1).

Tous deux étaient chargés de faire inventaire par la dite

(1) Jean Leboindre sieur du Perruchay, du Gros Chesnay, doyen des conseillers, garde-scel en 1577, échevin en 1595, marié à Anne du Breuil en 1577.

institution ou nomination, qui se fit le dernier jour de septembre.

Le lundi 1er octobre, ils firent inventorier, priser et vendre les biens meubles trouvés en la ville du Mans après le décès de Robert Garnier. Toutefois la plus grande partie de ces meubles ne fut pas vendue et demeura en la garde de Jean Le Boindre pour être conservée en nature aux mineures, suivant l'avis des parents.

Après avoir donné ordre à ce qui avait trait à la personne de ses nièces, le bailli de Nogent assisté de Gabriel de Baugé, se transporta le dimanche 13 octobre 1590 à La Ferté-Bernard, la ville natale du poète, pour y faire inventorier plusieurs meubles qui étaient la propriété du défunt, et « qui étoient en la dite ville ès maisons des sieurs de Chéronne et de la Goupillière, appartenant au sieur Garnier. »

L'inventaire en fut fait par Me Victor Cochon, notaire en la cour royale du Mans, qui procéda ensuite à leur vente en la manière accoutumée, de concert avec Gabriel Barillet, sergent et les deniers en provenant furent remis entre les mains du sr de Perruchay. Toutefois de nombreux objets, bijoux, vaisselle d'argent, linges, hardes, etc., furent exceptés de cette vente et demeurèrent entre les mains de Denis Hubert pour être gardés aux mineures, suivant avis des parents.

Après son retour à Nogent, le bailli fit « faire un service solennel en l'église Notre-Dame dudit Nogent pour et à l'intention des dits deffunts Garnier et sa femme, le lundi 5 novembre 1590.

Et y fut déboursé :

Premièrement pour la prière faite à l'église le dimanche précédent. . . . . X sous.

Pour faire pareille prière à l'église de Mr St Laurent. X

A Monsr de Notre-Dame qui célébra ledit service, comme apert par son acquit du dixième dudit mois. L

Aux sonneurs de ladite église Notre-Dame.   XV sous
A la Baquette pour le luminaire.   .   .   .   XII
Pour des armoiryes.   X
Pour une messe basse.   V
Pour le pain porté à l'oferte.   II
Pour le vin porté à ladite oferte.   .   .   .   VI
Pour faire ausmone aux pauvres.   .   .   .   C   »

On voit que les pauvres ne furent pas oubliés et qu'ils
eurent la meilleure part.

Gabriel de Baugé, après avoir assisté à l'inventaire et à
la prisée des meubles échus aux mineures, s'en alla à
Montmirail où il fit sa continuelle demeure. « A raison *de la
malice du temps et du danger des chemins qui lors régnait* »,
il s'abstint de venir assister aux autres opérations.

Le précieux compte de tutelle qui fut rendu aux mineures
par Denis Hubert contient la mention de ces actes malheureusement perdus et de ces faits intéressants. C'est lui
encore qui, en nous donnant l'énumération des objets mobiliers appartenant à Robert Garnier et qui furent excepté de
la vente, nous renseigne de la façon la plus exacte et la plus
intime sur son intérieur et sa manière de vivre. Il nous permet
aussi d'apprécier, par le luxe que nous révèlent dans sa maison la vaiselle d'argent, les bijoux, etc., la large aisance du
poète, digne de sa vie honorable, bien réglée, et si différente
du désordre et de la gêne de Jodelle ou de Grévin (1).

Voici la liste des objets mobiliers, intéressants pour
l'histoire des mœurs ou de l'art, qui furent excepté de la
vente faite à La Ferté-Bernard, et gardés par le bailli de
Nogent pour être remis aux demoiselles ses nièces à leur
majorité. Un certain nombre d'entre eux furent remis à
Diane Garnier dès décembre 1594, à la veille ou au lendemain de son mariage avec M. du Luart.

(1) Comparer l'inventaire de Molière, publié par Eudore Soulié.

« Une paire de braselets de seze pièces chacune monture, des quelles pièces sont esmaillées.

Deux petites agattes en chastons en or,

Deux petites colonnes de corail et petites perles,

Deux chandeliers d'argent pesans trois mares et demy, trois onces.

Un petit bassin d'argent à cracher poisant six onces.

Deux sallières d'argent.

Une escuelle à oreille aussi d'argent poisant un marc une once.

Une assiette d'argent poisant un marc, demye once moings.

Un petit flacon d'argent.

Deux fourchettes dorées en le bout.

Un dragouer poisant deux onces un quart et un gros.

Une auvalle d'or garnie d'une perle.

Cinq boutons d'or esmaillés.

Une pomme d'or esmaillée et taillée.

Six anneaux d'or.

Vingt-neuf petites patenostres dorées.

Un cure-dent d'or garny de deux petites perles.

Un petit cœur doré garni de petites perles.

Une petite médaille d'or en forme d'enseigne.

Une grande croix d'or.

Un chapelet de courail gabré d'or, garny de cinq grosses marques.

Deux bracelets et un petit sainturon d'argent.

Une sainture de velours garnye d'une estrainte et cloux d'or.

Une esguillette de taffetas garnye de fers d'or.

Une petite estrainte d'argent.

Six petites patenostres d'argent.

Une chesne de menues perles et grenats.

Une sainture et carcan de mesme.

Neuf petites bagues d'argent et une moietié d'une agrafe et un bout d'une chesne d'argent.

Un cachet d'argent du dit sieur Garnyer.

Un bout de chesne d'or contenant, comprins le crochet, quatorze pièces.

Unze quatruples pistolets, trois doubles ducatz à deux testes.

Deux pièces d'or fondues.

Une monstre d'orloge non sonnante,

Une orloge sonnante qui fut prinse et emportée par le sieur de Beaugé pour la faire accomoder.

Une douzaine de cuillères d'argent qui furent vendues plus tard la somme de douze escus sol. ».

Indépendamment des meubles de La Ferté, il y en avait encore d'autres à Nogent, provenant en partie de la demeure et de la succession des grands parents paternels des deux orphelines. La plupart leur furent aussi conservés, et rendus plus tard en nature.

J'y remarque :

« Une robe de camelot à usage d'homme.

Une robe de serge fourrée à l'usage de la dite Françoise Hubert.

Un vieil manteau de serge de douze estamyes à usage de femme.

Une cotte de drap noir bordée de velours.

Une meschante robe noire à usage de femme.

Un chaperon de drap doublé de satin.

Deux vieux corps de pourpoints, un collet de velours à usage de femme, un bas de chausse verd à usage d'homme, une paire de gands.

Un viel devant de chemynse de dix élèses rouge et vert.

Une aulne de taffetais colombin.

Une robe de serge de deux estamiges fourrée, laquelle fut ensuite perdue et pourrie en une cache, valant trois escuz sols.

Une meschante caquetoire.

Deux demiz moutons d'or, deux saints Louis, trois escus du roy et seize sols monnoye et ung petit chaslit à rouelles, qui furent délaissés à Denis Hubert avecq autres hardes, pour la part et portion du raport des habits nuptiaux de la dite dame Françoise Hubert.

Une esguière d'argent doré par les bords, pesant deux marcs et demy, une once et demye.

Une coupe d'argent doré par le bord pesant un marc et demye once.

Une autre coupe d'argent blanche en façon de goblet pesant un marc.

Quatre grosses cuillers d'argent, dorées par un bout, pesant un marc.

Quatre grosses fourchettes d'argent de mesme façon pesant six onces.

Un anneau d'or de dans lequel y a une pierre rouge.

Un aultre anneau d'or de dans lequel y a une cornaline à teste.

Un aultre anneau d'or en forme de figure, dedans la teste duquel y a gravé un M et un O.

Huit quadruples pistolets, cinq ducats, trente-cinq escus sol, sept pistolets, cinq escus, et quarante-cinq sols monnoyé le tout revenant à la somme de IIII^{xx} III livres.

Une méchante caquetoire et un bahu couvert de cuir qui fut envoyé à La Ferté-Bernard pour rendre la peau d'un, que feu M. Garnier avait emprunté. »

Je ne veux pas pousser plus loin cette énumération, préférant parler de ce qui a trait aux deux filles de Robert Garnier. Le compte de tutelle rendu par leur oncle, comprenant quatre années de gestion environ, entre dans de nombreux renseignements sur les dépenses de leur éducation.

« Le 15e febvrier 1591 (dit le bailli de Nogent), j'ai envoyé à ma dite dame du Bourg, chez laquelle lesdites damoiselles avoient esté mises en pension le dimanche 14 octobre 1590, trente escus sol, cinq pistollets et cinq ducats qui vallent six vingt livres quinze sols, VI^{xx} l. XV s. »

Nouvel envoi de cent « escus pistolets (revenant en livres à ......) par M⁰ de Vangouin, le 23 avril 1591. » Chaque trimestre le tuteur a soin d'adresser le quartier de pension de ses nièces se montant à cent escus sols, somme qui plus tard fut trouvée trop élevée par les héritiers des mineures, et donna lieu à des contestations avec M^mᵉ du Bourg qui leur paraissait trop avantagée par le paiement de ce gros chiffre de pension.

Cependant, M^mᵉ du Bourg ne semblait pas désireuse de garder ses jeunes parentes auprès d'elle, à cette époque si pleine de trouble et d'inquiétude, ainsi qu'on le voit par un curieux témoignage du bailli de Nogent :

« Le 4ᵉ may 1591, madite dame du Bourg me manda qu'elle désirait être déchargée des dites damoiselles et le 27 juillet madite dame par lettres me pria d'envoyer quérir mes niepces, suivant lequel mandement ne pouvant seurement à raison du malheur des temps me transporter en la dite ville du Mans je y envoie exprès ma femme pour compter et pour contenter la dite dame du Bourg et fis mener avec elle trois chevaux pour amener mes dites damoiselles........

« Ma dite dame du Bourg se voiant prinse au mot changea d'opinion, voiant les dits chevaux et pria ma femme luy bailler l'argent pour la pension des dites damoiselles ce qu'elle fist et luy fut lors baillé 54 escus. »

Outre le prix de la pension, on voit Denis Hubert faire parvenir à ses nièces des objets de toilette et autres. Il leur envoie pour les habiller, tantôt « vingt-quatre aulnes de crinon, pour faire robbes, qu'il a fait venir de Tours à quarante sols l'aune, soit en tout XLVIII livres » ; tantôt « huit aulnes de fine serge orange et blanche pour leur faire des cotillons à raison d'un escu l'aune, valant xxiiii livres ». Une autre fois l'envoi consiste en « deux paires de cousteaux garnys de gaines de velours et pendans de soie qui ont cousté i l. iiii s. »

Je ne saurais relever toutes les mentions de ce long compte de Denis Hubert qui constate toutes les rentes soit en argent, soit en nature, et tous les paiements faits pendant le cours de sa gestion ; paiement du legs fait par Garnier à Gervaisotte Bordier, paiement des arrérages de rentes, recette des fermages, etc.....

Cette gestion de Denis Hubert semble avoir été chaque année la répétition de la gestion de l'année précédente, sans qu'aucun événement extraordinaire en soit venu troubler le cours. Vers la fin de 1593 toutefois, il y eut une assemblée de parents à La Ferté-Bernard. Elle fut relative probablement au procès alors pendant pour soustraire les mineures au paiement de la taille auquel on voulait les obliger, et pour les faire maintenir dans le privilège de la noblesse que Garnier avait dû à sa qualité de membre du grand conseil. « Denis Hubert a paié, dit-il, i. sols pour la despence faite à La Ferté par Mr de Beaugé et parents des dites damoiselles le 8e jour de septembre 1593 que nous nous assemblâmes pour respondre à Mr le lieutenant du Mayne pour la recherche qu'il faisoit. » Les parents avisèrent qu'il fallait envoyer sur les lieux pour s'enquérir d'un homme qui y séjourna cinq jours. Denis Hubert se transporta lui-même au Mans le 14 octobre, mandé par lettres de Mme du Bourg et du sr de Perruchay, y séjourna huit jours, et y retourna ensuite dès le mois de janvier 1594 sur un mandement de Mr de Baugé.

L'auteur de la *Bibliothèque du Droit français* Laurent Bouchel, au mot *exemption*, écrit :

« Mercredi 26 janvier 1594, par arrest des généraux il est ordonné que le curateur des filles de deffunct Me Robert Garnier, conseiller au grand conseil, serait rayé du rôle des tailles et autres impositions de la ville du Mans, parce qu'elles estoient mineures, et que tout ce qu'il avoit payé leur seroit rendu. »

Le manceau Bodreau (*Grand Coutumier*, p. 318) cite aussi le même arrêt déclarant que les filles de défunt Garnier seront exemptes de taille, seulement pendant leur minorité, et il l'invoque comme preuve que la noblese acquise par les charges était purement personnelle et nullement transmissible (ce qui était controversé).

La sentence de Messieurs des requêtes entre les héritiers de défunt Garnier, conseiller au grand conseil, fut confirmée par une transaction en 1628. Une contestation analogue s'éleva entre divers cohéritiers de Pierre Le Gras, conseiller au grand Conseil. (Cf. Bodreau, pp. 317-320, art. 239 de la *Coutume du Maine*.)

Enfin survint de bonne heure un événement qui vint alléger la gestion du bailli de Nogent. Diane, à peine âgée de seize ans, se maria à la fin de l'année 1594, quatre ans et quelques mois après la mort de son père.

Cette union était sans doute déjà projetée quand le 18 octobre Denis Hubert alla passer huit jours au Mans où l'avait appelé M. de Baugé. Moins de six semaines après, il s'y rendait de nouveau pour être présent à la cérémonie des noces, en compagnie d'Étienne Boudin (de la Ferté-Bernard) sr des Tellingères, beau-frère de Garnier, (mari de sa sœur Magdeleine) le seul parent paternel à un degré très proche que Diane vit assister à son mariage (1).

Garnier à la veille de sa mort, dans son testament, voulant prolonger pour ainsi dire sa protection paternelle sur les jeunes enfants qu'il allait laisser orphelins, avait formellement recommandé de la marier de bonne heure. Les exécuteurs testamentaires du poète se montrèrent donc

____

(1) Ils se transportèrent au Mans le 28 novembre, y restèrent huit jours entiers ; leur dépense et celle de leurs gens fut de VIII l. III s.

les fidèles observateurs de ses dernières volontés. De plus, ils la firent entrer, suivant le désir de son père, dans une honorable famille catholique qui devait bientôt devenir une des plus distinguées et des plus notables du Maine.

CHAPITRE IX

DIANE ET FRANÇOISE GARNIER

Diane Garnier : son mariage avec François Le Gras du Luart (1594). — Leurs quatre enfants. — Mort de Diane (6 décembre 1621). — Le tombeau de Robert Garnier : il est érigé dans l'église des Cordeliers, au milieu du XVIIe siècle, par le sculpteur Michel Bourdin. — Histoire de ce tombeau : les bustes se voient aujourd'hui à la chapelle mortuaire de la famille du Luart. — Le portrait de Garnier. — Histoire de l'iconographie du poëte et de ses erreurs. — Françoise Garnier : son mariage avec Geoffroy Aubert (novembre 1600). — Querelles de famille. — Leurs enfants. — Le mari et la femme meurent à quelques mois d'intervalle dans le courant de 1605. — Discussions d'intérêts entre leurs enfants.

Diane se maria au commencement de décembre 1594 à François Legras du Luart, ancien conseiller au Parlement de Bretagne, devenu conseiller au grand conseil (par lettres du 18 août 1587). Son oncle, François Hubert, arriva au Mans le 28 novembre pour signer le contrat de mariage. Il fut passé le 2 décembre 1594 en présence d'une assistance d'élite, dans la maison du sieur de Perruchay, Jean Leboindre, garde des sceaux à la chancellerie du présidial ; du côté de la mariée, son oncle maternel, Denis Hubert, le bailli de Nogent, se faisait fort de ses deux frères, Bertrand, chanoine chevecier de la collégiale Saint-Jehan, Yves Hubert, sieur des Salles, receveur des tailles et aides et de son beau-frère Ferrand Bruart licencié en droit, bailli de Saint-Victor-de-Buton, garde de ses enfants de Marie Hubert (1). Son oncle paternel, Étienne Boudin sieur des Tellingères, mari de Madeleine, se faisait fort de Gaudart, sieur de la Roussillerie, autre beau-frère de Robert Garnier, mari de feue Roberde.

Le futur était assisté de sa mère, Françoise Denisot, et de ses deux frères, Félix, conseiller au Parlement de Bretagne, sieur de Lousserie, et Pierre, alors avocat à Paris, sieur de Rouzeaux (2).

D'autres parents ou amis de feu Garnier, ou naguère ses collègues au présidial, signèrent aussi le contrat : Mathurin Leboindre, Pierre Gougeon, sieur de Piccaine, conseiller, qui devint curateur de Françoise, Jean Le Corvaisier, un de ses exécuteurs testamentaires, François de l'Épervier, sieur de Chambourdon, conseiller au présidial, un médecin du Mans, Jean Richer, sieur de Gaigné, époux de Marie Denisot, sœur de Mme du Luart, mère, et Jacques Richer, avocat.

Les deux familles Legras du Luart et Garnier avaient des relations de parenté et de voisinage. Michel Legras avait épousé Françoise Denisot, et le bailli de Nogent était lui-même le mari d'Anne Denisot. Peut-être Mme la Baillive et Mme la lieutenante firent-elles le mariage ? Michel avait été le collègue de Robert Garnier au présidial, ou plutôt il avait été lieutenant particulier pendant que Garnier occupait la place de conseiller (3). M. du Luart avait en effet résigné son office de conseiller en 1569, au moment de l'entrée en fonctions de Garnier comme lieutenant particulier. Le 9 avril 1569 il avait été pourvu de cette charge au lieu et à la

(1) J'ai parlé ailleurs dans une étude sur les *Noëls de François Briand*, Champion, 1904, in-8, d'un manuscrit de Noëls contenant les *Cantiques* de Denisot, et ayant appartenu au commencement du XVIIe siècle à la famille des Hubert de Nogent-le-Rotrou.

(2) Les armes des du Luart sont *d'azur à trois rencontres de cerf d'or.*

(3) Ils avaient aussi été compères ensemble le 26 juillet 1575.

privation de Jehan de Vignolles, l'ancien chef des Huguenots du Mans. Plus tard le 22 février 1572, après l'édit de pacification qui rétablit Vignolles, il fut pourvu, en manière de compensation, de l'office de lieutenant particulier pour en jouir concurremment avec Vignolles et du siège de premier conseiller. Le roi avait donné ordre au général des finances en la généralité de Languedoc de lui assigner le fonds de ses gages. Enfin son fils aîné François, d'abord conseiller au Parlement de Bretagne, avait été collègue de Garnier au Grand Conseil. Il se fit donner des lettres royales à Tours le 6 septembre 1589 afin de ne pas être inquiété pour sa conduite durant la Ligue.

L'union de la fille du poète et du conseiller au Grand Conseil ne laissa pas d'être féconde. Quatre enfants, au moins, en provinrent :

1° *François* du Luart, baptisé le 29 décembre 1600, qui eut pour parrain le conseiller au présidial Jean Leboindre et pour marraine sa tante Françoise Garnier, dame des Rosiers. François, l'aîné de la famille, était destiné à mourir d'une façon tragique, à cinquante et un ans, le 5 juillet 1652, des suites de l'émeute soulevée à l'Hôtel-de-ville, à la fin de la Fronde, par les partisans du prince de Condé.

2° *Bertran*, dont le baptême eut lieu le 14 août 1602 et qui fut tenu par son grand oncle, vénérable et discret Me Bertrand Hubert, official du Perche, et chevecier de l'église Saint-Jean-de-Nogent, et par Marie Denisot, dame de Gaigné, sa grande tante paternelle.

3° *Françoise*, baptisée le 19 août 1608, qui eut pour parrain Jehan Richer, sieur des Vallées, chanoine de Saint-Pierre et pour marraine Marie Taron, femme de René Brullé, receveur des décimes (1).

4° *Jacques* (baptème du 26 mars 1616) tenu par Jacques Richer, conseiller, et Marguerite Amy.

____

(1) Elle devait épouser Pierre de Briou, président en la cour des aides de Paris.

Diane Garnier et son mari occupaient une grande place dans la cité ; on les voit à chaque instant tenir les enfants des familles les plus en vue et Diane a pour compères les principaux membres de la magistrature. Elle avait du reste, dit son épitaphe, un esprit aussi élevé que son père. Mais elle mourut prématurément dans sa 43me année : « Ce 6 décembre 1621, disent les registres paroissiaux du Mans, eut lieu le décès de demoiselle Diane Garnier, en présence de monsieur son mary, de M. Mathurin Blanchard et de ses serviteurs ». Avec elle s'éteignait le nom de Garnier ; nous verrons que sa sœur était morte depuis longtemps. Cette prompte extinction de son nom, trente ans après sa disparition, n'a pas dû peu contribuer au silence et aux erreurs qui se sont produites à profusion sur son compte. Le mari de Diane, M. François du Luart ne lui survécut que six ans et mourut lui-même le 7 octobre 1627.

Leur fils aîné, à qui son père avait résigné sa charge de conseiller au Grand Conseil, le 26 septembre 1623, épousa Marie Leclerc de Lesseville le 7 avril 1636. Il devint maître des requêtes ordinaire de l'hôtel le 22 janvier 1626 et mourut le 5 juillet 1652, laissant plusieurs enfants qui ont perpétué cette famille encore existante de nos jours. Sa veuve lui survécut jusqu'au 12 octobre 1690. Ce fut elle qui réalisa le vœu du testament du poète et éleva son tombeau à une date qui se rapproche du 31 juillet 1653, date du devis de ce monument funéraire.

*
* *

Comme Garnier l'avait demandé, on plaça dans l'église de La Ferté le crucifix et ses accessoires, avec l'inscription spécifiée dans son testament.

Le vandalisme de 1793 nous a privé du magnifique crucifix en bois de noyer donné par Robert Garnier. Il

décorait primitivement le haut du jubé, qui séparait le chœur
de la nef. Lorsque ce jubé fut détruit au XVIIIe siècle, on le
relégua dans la chapelle du Rosaire où il était encore
lorsque la Révolution l'en arracha, pour le brûler, avec
beaucoup d'autres ornements de l'église, sur la place
publique de La Ferté (1).

En revanche, Garnier dut attendre longtemps l'érection
du tombeau de famille qu'il avait demandé par son testament. Ce ne fut que plus de soixante ans après sa mort que
ce monument fut élevé dans l'église des Cordeliers, grâce
au pieux souvenir de la veuve d'un des descendants de sa
fille. En juillet 1652, Marie Leclerc de Lesseville, femme de
François Legras du Luart, maître des requêtes, perdit dans
un tragique événement son mari, âgé de 61 ans. Il fut
victime du coupable incendie allumé à l'Hôtel-de-ville de
Paris, lors des derniers troubles de la Fronde, par les
partisans du prince de Condé.

Pour honorer à la fois la mémoire de son époux, et
réaliser le vœu testamentaire de Robert Garnier, elle fit
élever dans la chapelle de l'église des Cordeliers du Mans,
lieu de sépulture de la famille de Garnier et des du Luart,
un tombeau réunissant les bustes des membres des deux
familles.

Ce tombeau est surmonté de six bustes représentant :

1° Robert Garnier.

2° Sa femme *Françoise* Hubert, désignée par erreur sous
le nom d'*Anne*.

3° Diane Garnier, fille aînée du poète, épouse de François
Le Gras.

4° François Le Gras, conseiller au Grand Conseil.

(1) V. Paul Delasalle. *Mosaïque de l'Ouest*, t. I. 1844, p. 93 et sa
préface mise en tête de l'*Histoire de l'Église de La Ferté-Bernard*, édit.
de 1844. p. xv, et suiv. et cette *Histoire* par Léopold Charles p. 46,
47 et 49. — M. de la Sicotière dans le *Maine et l'Anjou* de M. de
Wismes, *Notice sur La Ferté*, p. 7.

5° Leur fils François II Le Gras du Luart, d'abord conseiller au Grand Conseil, puis maître des requêtes, mort le 3 juin 1652.

6° Enfin, Marie Leclerc de Lesseville elle-même, la veuve de la victime de l'émeute de l'Hôtel-de-ville, celle qui fit élever ce mausolée, et qui (morte seulement en 1690) devait attendre de longues années avant d'aller rejoindre son mari dans le tombeau. Elle avait voulu que son « effigie » fût représentée à côté de celle de son mari, « *donec charissimo conjugi, Deo indulgente, jungatur in pace* ».

L'artiste qu'elle choisit pour sculpter ce monument funéraire était Michel Bourdin, deuxième du nom, qui a signé son œuvre *Michel Bourdin parisiensis fecit*. Michel II fils du sculpteur Michel Bourdin *aurelianensis*, (l'auteur de la statue de Louis XI en l'église de Notre-Dame-de-Cléry) (1), et de Nicole Absolut, né à Paris le 8 novembre 1609, ne mourut que le 4 août 1678, à Paris, âgé de 69 ans. Son acte de décès relevé par Jal sur les registres de Saint-Jean-en-Grève le dit maître peintre-sculpteur. Il mit son nom au traité de jonction qui fut fait le 7 juin 1651 entre les maîtres peintres et sculpteurs et les membres de la nouvelle Académie royale fondée en 1648. Il tint sur les fonts en 1668 un fils du sculpteur Girardon.

L'abbé de Marolles, son contemporain, le met complaisamment au rang des plus grands sculpteurs français. On a eu peine, faute d'avoir retrouvé les œuvres de Michel II, ou de les avoir distinguées de celles de son père, à déterminer ce qu'il y avait ou non de bien fondé dans le jugement porté par Michel de Marolles sur cet artiste. Désormais les bustes

---

(1) Sur les sculpteurs Bourdin, voir Eugène Vaudin, *Les Bourdin père et fils, sculpteurs orléanais.* — Herluison, *Réunion des Sociétés des Beaux-Arts, des départements*, 1888. — M. Paul Vitry, *Les Boudin et les Bourdin*, deux familles de sculpteurs de la première moitié du XVIIe siècle, Paris, 1897, gr. in-8.

de la famille de Robert Garnier et des Legras que l'on voit aujourd'hui dans la chapelle mortuaire de la famille du Luart, au cimetière du Luart, joints au dessin du tombeau tout entier qui se trouve dans les portefeuilles de Gaignières, permettront d'apprécier à sa valeur le talent du sculpteur dont avait fait choix Marie Leclerc de Lesseville, la veuve de François du Luart (1).

Maulny dit : « Ce tombeau avait subsisté dans le bas-côté gauche de l'église des Cordeliers du Mans jusqu'au moment de la destruction de cette église, en 1792. Lors de sa fermeture, deux officiers municipaux remirent à un fondé de pouvoirs de M. Le Gras du Luart le monument consacré à la mémoire de ses ancêtres, ainsi que les cercueils contenant leurs restes (2). »

S'il faut en croire l'*Annuaire* de 1817, (*Tombeaux et épitaphes du Maine*, p. 24) ce fut Maulny qui sauva de la destruction les bustes de Garnier et de sa famille ainsi d'ailleurs que celui-ci l'a dit lui-même. Les pièces du mausolée de Robert Garnier furent longtemps conservées éparses dans le château de M. le marquis du Luart, pendant que les six bustes étaient placés dans sa chapelle. Il fut

(1) Voir le *Dictionnaire* de Jal ; — Émeric David, *Vie des sculpteurs*; — M. Vaudin, *Michel Bourdin sculpteur*, (Dans le *Bulletin de la Société des sciences de l'Yonne*, année 1882 p. 316 et suiv.) Sur le tombeau de Garnier, voir surtout M. le vicomte d'Elbenne, *Province du Maine*, 1895, p. 97 et suiv. M. d'Elbenne a donné, d'après M. Jules Guiffrey et le vicomte de Grouchy, *Revue de l'Art français*, onzième année 1894, p. 357 et suiv., le devis du tombeau du 31 juillet 1653, et la reproduction du dessin de Gaignières, d'après un calque de M. Ricordeau. — Il a reproduit les inscriptions décorant le tombeau et qui avaient été déjà données autrefois par Étoc-Demazy, *Essai sur les sépultures du Maine* 1836. — Quelques pages récemment écrites, dans les *Annales Fléchoises* de 1904, par M. l'abbé Calendini, depuis que cette étude a été remise à l'imprimeur, ne contiennent rien de bien précis sur l'inhumation des restes du poète fertois au Luart en 1793.

(2) Voir Étoc-Demazy, *Essai sur les sépultures du Mans*, 1836, p. 99 et *Bulletin de la Société d'Agriculture de la Sarthe*, t. III, 1838, p. 137.

plus d'une fois question de transférer et de rééditier le
tombeau dans l'église cathédrale du Mans (1). Plus tard,
au château du Luart entièrement réédifié par l'architecte
Delarue dans le style de la Renaissance, les bustes en
marbre blanc, provenant du tombeau des Cordeliers,
ornèrent longtemps le beau vestibule d'entrée voûté et du
plus pur style François Ier. Récemment enfin ils ont été
placés dans la chapelle du cimetière par M. le marquis du
Luart, mon ancien collègue au Conseil général de la Sarthe,
qui a bien voulu me faire part de l'intelligente restauration
dont ils ont été l'objet.

C'est donc le pèlerinage du Luart que devront faire
les dévôts à la mémoire de Garnier, s'ils veulent aujour-
d'hui considérer son buste sculpté par Michel Bourdin.
Il est vrai qu'on peut en voir comme un reflet à la
Société d'Agriculture, Sciences et Arts de la Sarthe, ce
buste ayant servi de modèle pour faire le portrait du poète,
qui décore, avec ceux de la plupart des Manceaux célèbres,
la salle des séances de cette compagnie à laquelle il dut
être donné par Maulny, qui l'avait reçu de M. du Luart.
Malheureusement, ce portrait est loin d'offrir le moindre
mérite et le peintre a voulu sûrement copier la sculpture au
lieu de s'en inspirer pour faire un portrait véritable. C'était
une toile destinée à meubler un cabinet d'érudit voulant
avoir chez lui, vaille que vaille, la représentation des célébrités mancelles et non pas une œuvre digne du cabinet
d'un artiste, voire même d'un curieux.

Et cependant, ainsi que je le dirai plus longuement, c'est
d'après ce portrait qu'a été dessiné par Lepelletier le Garnier
lithographié par Duperray, qui fait partie de l'*Iconographie
mancelle* de Pesche, et, sous les traits duquel presque tous

______

(1) V. dans *Le Maine et l'Anjou* de M. de Wismes, sa notice sur le
château du Luart, p. 5.

les manceaux se représentent la physionomie de l'auteur des *Juives* et de *Bradamante*.

Ce portrait gravé est presque de pure fantaisie et, on pourrait ajouter, une déplorable trahison à l'égard du poète, non pas qu'il le représente sous des traits peu sympathiques, mais par ce que ce n'est nullement le portrait vrai de Robert Garnier.

Il ne pouvait d'ailleurs en être autrement quand on songe que cette lithographie provient d'un dessin fait d'après un portrait peint, œuvre d'un barbouilleur qui avait copié non pas un tableau, mais un buste.

Et qu'était lui-même, au point de vue de la ressemblance, ce buste sculpté non pas *ad vivum*, mais *plus de soixante ans après la mort du poète?* Reproduisait-il fidèlement les traits de Garnier? De quelle œuvre s'était inspiré l'artiste pour sculpter l'image de l'ancètre du grand Corneille ?

C'est ici que se pose la question de l'iconographie du poète, que j'essaierai de résoudre quelques pages plus loin.

.*.

Pour le moment il me faut dire ce que devint la sœur de Diane, Françoise Garnier, plus jeune qu'elle de trois ans. Elle fut mariée à dix-huit ans, le 9 novembre 1600, à Geoffroy Aubert, sieur des Rosiers, alors conseiller au présidial du Mans.

Geoffroy était né le 7 février 1560, de Pierre Aubert sieur de la Perriche, grenetier du grenier à sel et de Perrine Belocier, sa première femme, fille de Guillaume, morte en 1576, âgée de 43 ans.

Cette famille, à laquelle s'allia Françoise et dont il nous faut dès lors dire quelques mots, avait eu des rapports avec Robert Garnier ; elle comptait parmi ses membres un conseiller du présidial, François Aubert.

Le sieur de la Perriche avait joué un rôle assez louche pendant la Ligue, alors qu'on le voit figurer, à partir de 1589, dans le conseil des Ligueurs, au Mans. Ainsi qu'un de ses parents, il avait été accusé quelques mois auparavant d'avoir voulu livrer la ville aux royaux. On le soupçonnait d'être d'intelligence avec eux lors de la tentative que fit le gouverneur d'Angers, la Roche-Pot, pour l'enlever à Bois-dauphin, tentative qui ne laissa pas de lui être bien dommageable. Sa maison eut à souffrir de la lutte.

Les soupçons qui avaient plané sur lui, ou du moins qui résultaient des aveux arrachés par la torture à l'hôte de Saint-Denis, aveux rétractés même par leur auteur, étaient-ils fondés ? On pourrait le croire en songeant à la faveur dont Henri IV honora bientôt sa famille. Je ne sais trop même si, après la défaite définitive de la Ligue, Pierre Aubert ne se vanta pas de sa défection. Quoi qu'il en soit son fils Geoffroy se vit l'objet des faveurs de Henri IV, dont il reçut la charge de sénéchal de Vannes (1).

Il revint au Mans quelques années plus tard, y obtint une charge de conseiller au présidial et, en 1600, s'unissait à Françoise Garnier. Il avait 40 ans déjà, alors que sa jeune épouse n'en comptait que 18.

En 1599, devant Cartier notaire au Mans, M. du Luart avait baillé, pour son partage, à sa belle-sœur, vingt-quatre mille livres, dont douze mille en fonds de terre et douze autres mille en deniers, ou contrats de constitution de vente, chargeant aussi Denis Hubert de lui livrer les titres des biens du Perche, jusqu'à concurrence de 12,000 livres, pour satisfaire au paiement de ce qui était dû à la jeune épouse. Plus tard Jacques Aubert allégua que de mauvaises créances ayant été mises dans le lot de sa mère, les Legras étaient responsables envers lui de l'insolvabilité des débiteurs, ainsi que les Hubert. Il y avait bientôt un demi-siècle que Garnier

(1) V. *Annales fléchoises* octobre 1903.

était mort ; les procès, on le voit, duraient longtemps. Il est vrai que la minorité de Jacques Aubert avait interrompu la prescription et que M. du Luart avait lui-même été le curateur du fils de Françoise Garnier.

Quant aux héritiers de Denis Hubert, ils ne durent pas être peu surpris de cette querelle tardive, qui venait contester la gestion de leur auteur.

Ces héritiers étaient :

1º *Anne Hubert*, fille de Denis, veuve alors de noble Pierre Le Royer sieur de la Chevalerie, conseiller et élu pour le roi à l'élection du Maine. Elle habitait au Mans paroisse Saint-Pavin-la-Cité.

2º Sa sœur *Louise*, veuve de René de Rousseau, écuyer, sʳ de Villeroussien, gentilhomme servant chez le roi, maître d'hôtel du comte de Soissons, demeurant à Nogent-le-Rotrou paroisse Notre-Dame (1).

3º Son autre sœur *Françoise*, épouse de Louis de Bresseau, conseiller, maître-d'hôtel ordinaire en la maison du roi, seigneur de Meaussé, capitaine des gardes du comte de Soissons demeurant à Paris (2).

Une transaction intervint heureusement le 24 août 1635, puis en 1637, qui vint mettre fin à ces querelles de famille menaçant de s'éterniser. C'était une parodie des discordes des Frères ennemis qu'avait dépeintes Garnier dans son *Antigone* ou plutôt de celles que Racine devait mettre en scène dans les *Plaideurs*.

Un enfant *Jacques* leur naquit, paroisse de la Couture, et fut tenu sur les fonts le 18 mai 1601 par honnête Jean

(1) Ils eurent deux garçons, René et Louis-René qui se noya dans le puits du séminaire du Mans.

(2) En 1662, Louis-Anne de Bresseau, seigneur de Meaussé, achète Montfort-le-Rotrou ; cette même année les lettres confirmatives de l'érection de cette châtellenie en marquisat furent octroyées en sa faveur.

Belocier, receveur particulier du pays du Maine, et par Diane Garnier, sœur de la mère.

Il ne serait pas impossible de savoir quelle était la maison qu'occupait Françoise dans la paroisse de la Couture, où habitait également son beau-père Pierre Aubert, toujours existant. Elle était située, je pense, au-devant de l'hôtellerie de l'image du chef de Saint-Denis. Du moins on voit les Aubert payer, chaque année, cent livres, à Melle du Tronchay (Marguerite Hoyau) ou à son gendre, pour la ferme, à elle due, du lieu des Rosiers et de la maison susdite. Les Rosiers, dont Aubert prenait le nom, étaient situés à Cerans.

L'union de Geoffroy Aubert et de Françoise Garnier ne fut pas de longue durée. Le mari qu'on trouve parrain le dimanche 6 mai 1604, mourait dès le 12 juin 1605, et sa jeune veuve ne lui survivait que quelques mois à peine ; elle disparaissait dans l'avril de son âge laissant au berceau un petit orphelin de cinq ans, tant la mort était cruelle dans la descendance du poëte, qui avait chanté les malheurs de la famille d'*Antigone*.

Voici deux pièces inédites qui se rapportent à ce double décès et qui suppléent à l'absence des registres de décès de la paroisse de la Couture à cette date.

« Je soubsigné, curé de la Coulture, confesse avoir receu de honorable homme Pierre Aubert, cy-devant grenetier du Mans, 15 livres 17 solz, pour le contenu des articles ci-dessus faits à la sépulture de honorable homme Geoffroy Aubert, vivant sieur des Rosiers et conseiller du roi en cette ville, de laquelle somme je quitte, le dit sieur Aubert et tous aultres.

Faict le 5me jour de juillet 1605.

DENYS ».

« Je soubsigné, curé de la Coulture, confessé avoir reçu de honorable homme Marie-Pierre Aubert, cy-devant grenetier du Mans, 19 livres pour pareil service mentionné de l'aultre costé à la sépulture de deffuncte damoiselle Françoise Garnier, ensemble pour mes droits rectoriaulx et permission d'estre inhumée en l'église des Cordeliers hors de la paroisse, pour n'avoir testé, dont je le quicte et le promets acquitter vers tous les prebtres. Faict le 1er jour d'aoust l'an mil six cent cinq.

DENYS (avec paraphe).

On voit que Françoise était allé rejoindre son père dans la chapelle des Cordeliers, qui fut le lieu de sépulture des Aubert comme descendants de Robert Garnier (1).

Leur fils, Jacques, eut pour curateur son oncle François Le Gras du Luart, à qui cette fonction fut conférée le 9 janvier 1606. Il devait être aidé dans sa gestion par le grand-oncle de l'enfant, le beau-frère de Robert Garnier, Denis Hubert, et aussi par l'aïeul de l'orphelin, Pierre Aubert, qu'on voit rendre compte à M. du Luart des deniers reçus par lui. L'inventaire des biens n'eut lieu que le 14 octobre 1608.

Le grand-père de Jacques, Pierre, mourut lui-même le 7 mars 1615 ; il fut inhumé à la Couture près de sa femme Perrine Belocier et par son testament du 2 mars il choisit pour exécuteur testamentaire le tuteur de son petit-fils noble François Le Gras, M. du Luart. Les autres enfants étaient morts sans postérité, et Jacques restait son seul héritier.

Ce dernier fut émancipé en 1622. A cette époque la

(1) Dans la chapelle saint Joseph ont été enterrés Geoffroy, sieur des Rosiers, Jacques Aubert, sieur de Poillé, lieutenant-criminel, Jacques-Louis, chanoine de Saint-Julien, le sieur Maudet, sieur de Viliers, Anne Le More, veuve de M. le lieutenant-criminel et autres.

majorité ne commençait qu'à 25 ans. M. du Luart qui administrait ses biens mourut lui-même en 1623 et fut remplacé dans sa gestion par son fils François II du Luart.

Jacques Aubert, conseiller, épousa le 28 octobre 1625 dans la paroisse Saint-Nicolas où il habitait alors, Marie Lecorvaisier, fille de noble Jacques Lecorvaisier sieur de Courteilles, conseiller du roi et de Suzanne Vasse (1). On voit toutes les grandes familles du Mans les Portal, les Marest, les Ledivin, etc., assister à leur contrat de mariage qui avait été passé le 5 septembre, et l'on n'a pas été sans remarquer que les noms de Lecorvaisier et de Vasse avaient déjà figuré dans la vie de Robert Garnier. De ce mariage naquit, Jacques Aubert, sr de Poillé, qui devait occuper la place qu'avait si dignement remplie son bisaïeul.

Jacques Aubert, une fois devenu majeur, eut de nombreux différends avec ses parents maternels à raison de la gestion qu'ils avaient eue de ses intérêts et de ceux de sa mère. Il débuta par un procès contre son cousin-germain, M. du Luart, en 1628, à cause de son compte de tutelle. Il existe un dossier, dit procès de roture, contre M. du Luart (30 mars 1628).

Il intervint d'abord entre lui et François Legras un accord à raison de ces comptes en avril 1629.

Puis de nouvelles contestations surgirent sur de nouveaux points contentieux toujours relatifs aux droits mobiliers et

(1) Suzanne Vasse était fille de Michel Vasse le lieutenant-criminel, successeur de Garnier et de Renée Hervé de Pannon ; sa sœur Renée épousa René Levayer le célèbre intendant d'Arras.

Jacques Lecorvaisier était fils de Julien, avocat du roi et de Marie du Breil, fille de Jean du Breil sr de la Fontaine, receveur du domaine, un des principaux Huguenots de 1562, et de Françoise Breslay. La sœur de Jacques, Marie, était la femme du procureur du roi Antoine Portal ; Marie était sœur d'Antoine Lecorvaisier, qui fut aussi lieutenant-criminel, l'auteur de l'*Histoire des Évêques du Mans*.

immobiliers de Françoise. Aubert prétendait qu'on ne lui avait pas tenu compte de l'intérêt des sommes qui lui revenaient, et que des erreurs avaient été commises. Il assigna le 10 février 1635 son cousin devant le sénéchal du Maine et fut représenté par l'avocat J. Garnier.

Ce procès renferme de curieux détails sur les biens de Robert Garnier et de sa femme, mais exclusivement sur ceux de Nogent-le-Rotrou, provenant de Bertrand Hubert et de Louise Gouin, le lieu de Miheray, la maison du *Porc-Épic* à Nogent, etc. Il remettait en question le premier compte de tutelle rendu à Françoise Garnier par son beau-frère à la veille de son mariage en 1599.

Le compte de la gestion des biens de Nogent, le compte des recettes des deniers de rentes constituées et du revenu des héritages du Perche furent rendus successivement à M. du Luart par Denis Hubert, qui avait continué de gérer les biens de Nogent, le 9 novembre 1600. Déjà lors de ce dernier compte de singulières difficultés s'étaient élevées. Madame Dubourg, la femme dévouée chez laquelle avait expiré Garnier, et qui avait élevé ses jeunes enfants, vivait encore. M. du Luart avait demandé à ce qu'elle fut appelée à reconnaître les quittances qu'elle avait données des sommes reçues par elle pour la pension des deux orphelines.

La dépense totale pour leur pension s'était élevée à 934 escus 5 sols. M. du Luart demandait que cette double pension fut taxée à raison de « huit vingt-six escuz deux tiers chacun an », ou à autre somme qu'arbitrerait le sénéchal, et que Mme Dubourg fut condamnée à restituer le surplus « par suite de ce que le dit Hubert auroit trop payé ». A son tour, Jacques Aubert demandait que les du Luart et les Hubert fussent tenus d'être garants envers lui de l'insolvabilité des créances qui avaient été mises dans le lot de sa mère.

L'accord définitif entre J. Aubert et François Legras ne se fit guère que le 3 avril 1629, et même en 1635, par suite d'une transaction ainsi que je l'ai dit.

Mais j'ai hâte d'abandonner ces querelles d'argent et ces contestations sans fin. Elles fatigueraient les lecteurs et tendraient seulement à prouver que la réputation d'acharnés plaideurs que possédaient les Manceaux était bien justement méritée.

CHAPITRE X

ICONOGRAPHIE ET BIBLIOGRAPHIE

La *Bibliothèque historique* du P. Lelong et le Catalogue des portraits de l'école française appartenant à M. Didot sont les seules sources de l'Iconographie de R. Garnier. — Erreurs de cette iconographie. — Erreurs de la collection de la Bibliothèque Nationale. *Robert* Garnier a été confondu avec *Claude* Garnier. — Impossibilité de rapporter à un même personnage les deux types dissemblables de Robert et Claude Garnier. — Explication de la confusion qui a été faite et qu'on trouve jusque dans l'*Histoire de la littérature française* de M. Faguet et dans l'*Iconographie mancelle* de M. Mautouchet etc. Le vrai Garnier est le beau portrait gravé de l'édition de 1585 fait *ad vivum*. L'auteur en reste inconnu. — Explication du défaut de ressemblance de la lithographie de Duperray avec ce portrait. — Vœu d'un buste de Garnier aux foyers du théâtre du Mans et de la Comédie française. — Bibliographie du poète. Elle se trouve dans l'édition des œuvres donnée à Heilbronn en 1882-1883 par M. Foerster. — Souhaits de la représentation de *Bradamante* sur le théâtre du Mans.

Jusqu'à présent l'iconographie de Garnier a été peu étudiée et on peut le dire très *maltraitée*. Les principaux renseignements donnés sur son compte se trouvent dans la *Bibliothèque historique* du père Lelong et dans les *Graveurs de portraits en France*, catalogue raisonné de la collection

des portraits de l'École française appartenant à Ambroise
Firmin-Didot, 1875-1877.

La *Bibliothèque* du père Lelong se borne à indiquer de la
sorte cinq (soi disant) portraits de Robert Garnier :

1° N... à Paris, in-8. En robe et en fraise.
2° Rabel, J. C. de Mallery sc. in-8, couronné de laurier.
3° Michel Lasne, in-8.
4° Desrochers.
5° N... en petit.

Ambroise Firmin-Didot indique et décrit seulement trois
portraits de R. Garnier, ou prétendus tels, dans sa collection :

1° Tome Ier, n° 800, le Garnier de la *Chronologie collée*
n° 114.
2° Tome II, page 172, n° 1423, (nous reproduisons plus
loin la description) le soi-disant Garnier in-8, de Rabel (le
n° 2 du père Lelong) au bas duquel on lit : *Rabel pinxit*, à
droite C. de Mallery *sculp*.
3° Tome 2, n° 2008, un Garnier in-12, (décrit plus loin)
sous l'ovale duquel on lit à gauche : J. Rabel ; à droite :
Excudit, non mentionné par Robert Dumesnil.

Ce n'est pas non plus au Cabinet des Estampes (chose
surprenante) qu'on peut acquérir des connaissances *exemptes
d'erreur* sur l'iconographie de Garnier.

On y trouve cinq portraits gravés attribués à la personne
du poète Fertois :

1° Le Garnier peint par Rabel et gravé par C. de Mallery.
(C'est le n° 2 de Lelong, et le n° 1423 de Didot).
2° Le Garnier de Desrochers (n° 4 de Lelong).

Ces deux premiers portraits reproduisent un type complètement différent des trois suivants que nous allons indiquer :

3º Le magnifique Garnier, in-8, en robe et en fraise, sans nom de graveur, au bas duquel on lit les vers de Scévole de Sainte-Marthe, et qui doit être le nº 1 du père Lelong.

4º Le petit Garnier de la *Chronologie collée* (nº 114), sans doute le nº 5 de Lelong.

5º Le Garnier, in-12, à mi-corps, dans une bordure ovale, qui est le même que le nº 2008 de Didot, sous l'ovale duquel on lit à gauche *J. Rabel*, à droite *Excudit* (inscription qui ne se trouve pas au bas de l'exemplaire coupé du Cabinet des Estampes).

On peut encore, il est vrai, mais cette fois en consultant l'œuvre de Michel Lasne, trouver parmi les portraits gravés de ce grand artiste, au Cabinet des Estampes, le Garnier indiqué au nº 3 du père Lelong (1). Ce portrait, comme nous le disons, reproduit le Garnier de Rabel et de Mallery ; c'est une œuvre sans caractère, et qui n'est pas digne du talent de Michel Lasne.

Voilà, pour ceux qui aiment les recherches faciles et s'en tiennent aux dires d'autrui, en quoi consiste l'iconographie de Robert Garnier : Six portraits gravés, (le nº 2008 de Didot, qui est le nº 5 du Cabinet des Estampes, n'ayant pas été indiqué par le père Lelong), sans compter, bien entendu, la lithographie toute moderne dont nous avons fait connaître l'origine.

Eh bien ! cette iconographie est complètement erronée. Ceux qui l'ont dressée ne se sont pas aperçus des erreurs d'attribution commises par les graveurs ou plutôt par les

(1) Ed 27 a.

éditeurs de gravures, qui ont tout simplement considéré comme des portraits de Robert Garnier des œuvres gravées se rapportant à d'autres personnages. L'auteur de *Bradamante* a été en effet victime d'une confusion qui n'a pas encore été relevée, ce qui est vraiment surprenant. Il suffisait pourtant de jeter le regard sur tous les prétendus portraits de Robert Garnier pour reconnaître, d'après les différences des types, que ces estampes se rapportaient à plusieurs personnages, et ne pouvaient être attribuées à un seul et même individu, et qu'il ne pouvait s'agir de diversités de physionomie résultant de ce que le visage est vu de face ou de profil.

Le poète fertois avait parmi ses contemporains des homonymes, poètes comme lui, Claude et Sébastien Garnier mort en 1607. De là les erreurs qui se sont glissées dans son iconographie et que les iconographes n'ont pas d'ailleurs été seuls à commettre ; des érudits, des biographes de Robert Garnier l'ont confondu plus d'une fois avec ses homonymes. Ainsi cette confusion a été cause qu'on a prolongé sa vie bien au-delà de 1590, parce qu'on a cru le voir dans les premières années du XVI⁰ siècle et jusqu'en des vers signés alors du nom de Garnier et qu'on a considérés à tort comme les siens. Ainsi M. Hauréau a tout récemment, dans la seconde édition de son *Histoire littéraire du Maine*, attribué à Robert Garnier un sonnet manuscrit en l'honneur de Jean de Toulouse, placé en tête du premier volume des *Annales de l'abbaye de Saint-Victor de Paris* de ce même Jean de Toulouse (1). Ce sonnet est cependant signé *Cl. Garnier* et, qui plus est, il est suivi de la devise de ce poète Σμικρός ἐν σμικροῖς, μέγας ἐν μεγάλοις. La devise à elle seule vaut une signature. Celle de Robert Garnier était *nec prece, nec precio*, rappelant, a-t-on remarqué, celle de Beroalde de Verville *ni pour salaire, ni pour complaire*. On la lit au

(1) Voir Bibl. nat., ms. fr. nᵒ 14368.

bas de ses vers à Nicolas de Ronsard, sieur des Roches, imprimés en tête de sa tragédie d'*Hippolyte*. La devise grecque qu'on vient de lire est au contraire celle de Claude Garnier, qui prenait le titre de gentilhomme parisien, et dont les œuvres sont postérieures à celles du poète manceau et appartiennent toutes au XVIIe siècle (1).

Si les éditeurs de gravures avaient su à qui se rapportait cette dernière devise ils n'auraient pas rempli de tant d'erreurs l'iconographie de l'auteur de *Bradamante*, qu'ils ont en effet confondu à plaisir avec son homonyme (2). Beaucoup des prétendus portraits de Robert Garnier ne sont autre chose en effet que ceux de Claude (3).

Éliminons donc tout d'abord de son iconographie ces faux portraits et voyons comment la méprise a pu prendre naissance.

La cause de l'erreur est le portrait d'*un* Garnier gravé par C. Mallery, d'après Rabel et décrit comme il suit par Didot, qui y voit bien entendu notre Robert Garnier, ainsi que l'avait fait le père Lelong. « N° 1423, Garnier, in-8, hauteur de la planche, 0,134, largeur 0,085. En buste dans une bordure ovale, équarie, autour de laquelle cette inscription CMIKPOC EN CMIKPOIC MErAC EN MErAAOIC, vu de profil, tourné à droite, la tête ceinte d'une couronne de laurier. Pendants d'oreille de forme allongée. Dans le coin du haut à droite de l'ovale un écusson contenant une croix de Jésus (sans indication d'émail), timbré d'un casque, tiré de profil, orné de lambrequins. Dans le bas au-dessus du tr. c. à

(1) Voir sur Claude Garnier, l'abbé Gouget. t. XIV, 244 ; Brunet et les *Variétés historiques et littéraires* d'Édouard Fournier, t. II. p. 255.

(2) Voir M. Gustave Mouravit, les *Devises des vieux poètes*, Paris, Morgand. 1879, in-4°, p. 35 et 37.

(3) Cette erreur s'est malencontreusement glissée dans l'*Iconographie mancelle* de M. Mautouchet, 1891, in-8, dans l'*Histoire de la littérature française* de M. Émile Faguet. t. I, p. 451, dans le *Dictionnaire* de Larousse. etc.

gauche *Rabel pinxit*, à droite : *C. de Mallery sculpsit.* Dans la marge ce quatrain :

> Tel fut Garnier qui malgré l'ignorance
> Remit en vogue en la fleur de ses mois
> La douce lyre au chantre vandômois
> Et ramena les neuf muses en France » (1).

Ce portrait doit être vrai, car la physionomie a un caractère très individuel ; le visage est peu sympathique, malgré un certain air de candeur. Le personnage a une grosse lèvre pendante : il a l'air jeune, la barbe est naissante, le duvet point aux lèvres. Un grand col tombe sur une soutanelle et un manteau drapé.

Qu'on le remarque bien ! Il ne ressort nullement de ce portrait qu'il soit l'effigie de Robert Garnier. On voit simplement qu'il représente les traits d'un poète du nom de Garnier. La devise grecque qui l'encadre indique nettement au contraire qu'il s'agit de Claude et non de Robert. Ce portrait a engendré une erreur sans en commettre ; il a seulement donné naissance à la confusion dont se sont rendus coupables les graveurs, venus postérieurement, qui en imitant cette œuvre ont vu en elle les traits de *Robert Garnier.*

En effet, Desrochers s'inspira, pour sa collection de portraits, de la gravure de Mallery, ou pour mieux dire il la copia. Son Garnier, de même grandeur, est également encadré dans un médaillon. Il est seulement tourné à gauche au lieu de l'être à droite ; le costume est le même. Toutefois cette œuvre d'imitation est moins bonne que l'original. Le personnage n'a plus le même air de candeur,

---

(1) Il semble que Claude Garnier ait voulu être confondu avec Robert Garnier, contemporain de la Pléiade, car il a réveillé lui aussi le souvenir de Ronsard. Voir *Variétés historiques et littéraires* de Ed. Fournier, t. II, p. 255.

les deux lèvres sont énormément grosses et semblables à celles d'un nègre. On voit dans la marge, le même quatrain qui accompagne le portrait gravé par C. de Mallery, mais, et c'est là où cette fois s'épanouit l'erreur, on lit au bas du portrait gravé par Desrochers :

> *Robert Garnier, poète françois, lieutenant criminel du Mans, conseiller au Grand Conseil, né et mort au Maine en 1590, âgé de 56 ans.*

Desrochers ne fut pas seul à imiter le portrait gravé par Mallery. C'est ce que fit aussi Michel Lasne dans une gravure sans caractère et qui, je le répète, n'est pas digne de son talent ; son Garnier in-8 reproduit le type et l'inscription du Garnier de Rabel et de Mallery. La figure est également en buste dans une bordure ovale. La tête est laurée, mais n'offre aucun caractère d'individualité, c'est l'image d'un jouvenceau, qui n'a plus toutefois la barbe naissante de l'original.

Au bas on lit ce quatrain :

> Tel fut Garnier au printemps de son âge,
> Haut, eslevé de l'esprit et du corps
> L'un en ces vers et l'autre en cet image,
> Se recognoist et dedans et dehors.

A la différence de Desrochers, Michel Lasne n'a nullement mis au bas de son œuvre le prénom du poète fertois : il n'a fait lui aucune confusion ; ce sont seulement les iconographes qui se sont trompés et qui ont vu dans ce portrait celui de Robert Garnier.

Ainsi des portraits rapportés par le père Lelong à l'auteur de *Bradamante* il faut en retrancher trois, et les attribuer au contraire à son homonyme *Claude* Garnier.

Ce point bien établi, arrivons enfin aux vrais portraits de Robert Garnier et commençons par ceux qui contemporains de son existence ont plus de chance dès lors d'avoir été gravés *ad vivum*, et d'être sa ressemblance authentique, au lieu de n'être que des œuvres de pure fantaisie, comme le sont trop souvent celles des auteurs de collections de personnages, au milieu du XVIIe siècle.

C'est ce qui est absolument vrai pour Robert Garnier. Il y a de lui, comme on va le voir, quatre portraits gravés authentiques ; or celui qui est à la fois le meilleur, le plus ressemblant, on peut l'affirmer, bien que le moins connu, est une œuvre artistique de premier ordre, et celui de tous ces portraits le premier en date, exécuté du vivant du poète manceau.

Il est sans contredit le plus authentique, car il a été *agréé* par Garnier, qui de son vivant lui a fait l'honneur de le placer en tête de ses œuvres. C'est en effet le portrait figurant au frontispice de l'édition de 1585, celle où il a réuni l'ensemble de ses tragédies et qui est sans contredit la meilleure de toutes.

On le trouve encore aujourd'hui dans plusieurs exemplaires de cette édition ayant la reliure du temps (comme le bel exemplaire de la bibliothèque de l'Arsenal), ce qui donne à l'œuvre gravée une date certaine, enlève toute idée d'addition postérieure, et ne permet en un mot d'attribuer ce portrait qu'à un graveur du seizième siècle (1).

C'est le portrait de Garnier in-8 en robe et en fraise, qui porte le n° 1 de la bibliothèque du père Lelong. Le visage est vu de trois quarts, avec une expression de tristesse et de mélancolie qu'avait le poète dans les dernières années

(1) J'insiste sur ce point, parce que j'ai entendu un de nos plus habiles iconographes me dire que cette gravure rappelait la manière de Van der Heyden.

de sa vie. La lèvre est accompagnée d'une moustache et le menton d'une barbe en pointe ; les cheveux sont droits sur la tête qui est tournée à droite, et a bien le type de celles du temps de Henri III, sans en avoir toutefois l'étroitesse. Le cou est entouré de la fraise qu'on portait alors ; la robe est fermée par un long rang de boutons et la gravure laisse voir les reflets de la moire dont elle est faite. Cette fine gravure a été faite sinon directement d'après nature, (ce qui eut pu cependant avoir lieu à cette époque, où on dessinait directement à la pointe), au moins d'après un crayon digne de celui des Janet, des Dumoustier et de Quesnel. Elle a trop de finesse pour avoir été exécutée d'après un portrait peint.

Quel est l'auteur de cette belle œuvre ? Elle ne porte malheureusement aucun nom de dessinateur ni de graveur. On pourrait songer au burin si connu de Thomas de Leu ; mais ce portrait gravé ne figure nullement dans l'œuvre de l'artiste, si longuement décrite par Robert Dumesnil.

La qualité de manceau de Marc Duval, un de nos plus habiles et de nos plus grands burinistes eut pu donner à Garnier l'idée de recourir à son talent ; il y a certaines analogies dans les draperies de son portrait et celles de la *Catherine de Médicis* de Duval de 1579, représentée assise à une table dans une chambre de son palais d'où l'on aperçoit la campagne. Mais Marc Duval était mort à cette époque, de plus il était huguenot, tandis que Garnier était fervent catholique.

D'ailleurs le faire du portrait de Catherine est plus gras ; le *Garnier* a quelque chose de plus sec, qui sent le flamand, et qui rappelle la manière de Thomas de Leu, de Léonard Gaultier, des Wievix, de Jacques Granthomme (1).

Je laisse aux iconographes de profession (j'ai cependant parmi eux consulté les plus habiles), le soin de prononcer

(1) Le peu qu'on sait d'Élisabeth Duval, fille de Marc, ne permet pas non plus de songer à elle.

le dernier mot sur ce portrait de Garnier, dont l'auteur reste
à l'état d'énigme. Je l'ai fait reproduire dans cette étude, ce
qui permettra de le juger à sa valeur.

J'oubliais de dire qu'au bas du portrait on lit :

> Cur commune decus togæ et coturni
> Se GARNERIVS exhibet togatum
> Nec illi suus est item cothurnus ?
> Librum evolve, videbis hic latentem
> Suo quem ingenio sibi ipse pinxit
> Gravis ratibus æmulum cothurnum.
>
> SCŒVOLÆ SAMMARTHANI (1).

Les autres portraits gravés de Garnier ne peuvent pas
être datés d'une façon aussi précise, mais sont tous postérieurs à celui-ci, dont la plupart se sont inspirés.

Un d'entre eux est signé de J. Rabel, à la fois peintre et
graveur; cette signature eut dû suffire pour mettre en garde
les iconographes contre l'attribution à Robert Garnier du
portrait gravé par C. de Mallery d'après Rabel, lui-même,
et dont le type est si différent de celui dont nous allons
parler. Didot décrit ainsi la gravure de Rabel.

« Nᵒ 2008, Robert Garnier, in-12. Hauteur totale 0,105,
largeur 0,079. A mi-corps dans une bordure ovale autour de

(1) On lit ces mêmes vers avec quelques modifications dans les
Epigrammata de Scévole de Sainte-Marthe :

> IN R. GARNERII POETÆ TRAGICI TOGATAM EFFIGIEM
>
> Cur toga decus et decus cothurni
> Se Garnerius exhibet togatum
> Nec illi suus est item cothurnus ?
> Tu vero illius Aureos libellos
> Evolve, invenies in his latentem
> Suo quem ingenio sibi ipse primus
> Gravis ratibus æmulum cothurnum.

Ces vers ont été reproduits par Duboulay, *Histoire de l'Université de
Paris*, 1673, t. VI, p. 971. — On sait que Scévole de Sainte-Marthe a
donné place à Garnier dans ses *Elogia* dont la première édition est de
1598 et dont Colletet a donné une traduction française en 1644.

laquelle on lit *Robertus Garnerius poeta tragicus*, vu de trois quarts, tourné à gauche, tête nue, fraise autour du cou. Les manches de la robe cachent la bordure. Sous l'ovale à gauche : *J. Rabel* ; à droite : *Excudit*. Non mentionné par Robert Dumesnil ».

Ce portrait dérive du précédent. Le type du personnage, en robe et en fraise, la moustache et la barbe sont les mêmes ; le visage est encore plus sévère. Les yeux regardent en-dessous et leur regard est dur et quasi mauvais. Les cheveux sont plus naturels et moins droits sur la tête ; mais en somme l'œuvre n'est pas bonne, et l'artiste a eu, heureusement pour lui, bien souvent la main meilleure. Rabel est mort à Paris le 5 mars 1603, ce qui donne une date extrême à son portrait de Garnier (1).

N'y a-t-il pas eu entre sa gravure et celle de 1585 un autre portrait gravé de Garnier ? Au lieu de s'inspirer directement de l'artiste de 1585, Rabel ne s'est-il pas inspiré d'une œuvre intermédiaire qu'il nous faut décrire à son tour ?

Je veux parler du Garnier qui fait partie de la collection des 144 petits portraits gravés, dite la *Chronologie collée*, et qui porte le n° 114 de cette collection. Ces portraits exécutés avec finesse et précision sont généralement attribués à Léonard Gaultier (2), né dit-on à Mayence vers 1561 et mort après 1628 postérieurement à Rabel, dont il était le contemporain. Ce portrait de Garnier est évidemment dérivé du Garnier de 1585. Le poète est également en robe et en fraise.

---

(1) Rabel peintre et graveur au burin et à l'eau forte, était né à Beauvais vers le milieu du XVIe siècle. Son œuvre est décrite dans Robert Dumesnil, t. VIII, p. 120-139 et t. XI, p. 294-295. — Voir aussi Siret, *Dictionnaire des peintres*, nouvelle édition, t. I, p. 725, 2e partie. Malherbe lui a consacré un sonnet. Il était un des premiers artistes de son temps, très employé par la Cour pour les portraits.

(2) Voir les *Graveurs de portraits en France*, de Didot, t. I, p. 270 ; Renouvier, *Types et manières des maîtres graveurs*, 3e partie, p. 50. Quelques iconographes ont cependant attribué les portraits de la *Chronologie collée* à Thomas de Leu.

La tête est tournée à gauche et vue de trois quarts ; elle est triste et songeuse et plus étroite que celle de la gravure qui a servi de modèle ; le visage est creusé par le chagrin, et par les rides qui s'y voient près des lèvres. Ce portrait gravé de L. Gaultier me semble antérieur à celui de Rabel, qui dès lors a dû le connaître et paraît s'en être inspiré peut-être plus directement que de l'œuvre de 1585.

Ce portrait de R. Garnier de la *Chronologie collée,* n'est pas le seul qu'ait gravé Léonard Gaultier ; mais c'est sans contredit le plus vrai. On trouve en effet un autre petit portrait de R. Garnier, ayant la tête laurée, signé cette fois *L. Gaultier fecit,* au frontispice de l'édition des œuvres du poète donnée à Rouen, en 1604, par Théodore Reinsart, 646 pages (1). Ce portrait formant titre gravé n'a pas été mentionné que je sache par d'autres iconographes que par Soliman Lieutaud.

On le retrouve dans plusieurs éditions rouennaises postérieures, telles que certaines éditions de Raphaël du Petit-Val, reportées à la date de 1615 et 1616, parce que le titre gravé porte *L. Gaultier fecit 1615* ou *1616.*

Un cinquième portrait se trouve dans une édition des *Tragédies* de R. Garnier, sans date, à Paris, chez Mathieu Guillemot, au Pallais en la galerie des prisonniers, in-12, 334 feuillets, caractères italiques, et sans l'élégie sur la mort de Ronsard (2).

Cette édition a un frontispice gravé ; au haut, dans un petit médaillon ovale on voit R. Garnier, couronné de lauriers, vu de face, en fraise, ayant le même type et la

____

(1) *Les Tragédies de Robert Garnier, conseiller du Roy, lieutenant-criminel au siège présidial et sénéchaussée du Maine, au roy, Revues et corrigées de nouveau. A Rouen,* chez Théodore Reinsart. 1604, in-12, 646 p. Un exemplaire de cette édition est décrit dans le *Bulletin de la librairie* Morgand et Fatout, I, n° 388. Voir ce qu'en ont dit Deschamps, Foerster et M. Émile Picot.

(2) Bibl. nat. V 5501. Voir M. Émile Picot.

même robe que la gravure de l'édition de 1585, mais sans
en avoir le beau caractère, et le visage exprimant presque
la même dureté que l'œuvre de Rabel. Sur ce frontispice se
voit également gravé un monument d'architecture formant
retable avec des génies de chaque côté et dans les entre-
colonnements, à gauche, un guerrier la tête couverte d'un
casque et le costume du temps de Henri IV, à droite une
femme ayant le type de Catherine de Médicis avec un
mouchoir à la main. La *Topographie du Maine* de Leclerc
renferme aussi, un petit portrait gravé de Robert Garnier.

Voilà enfin tirée au clair l'iconographie du poète manceau
qui se compose de la sorte :

1° Le portrait de l'édition de 1585.
2° Le portrait gravé par Rabel (à la fois peintre et graveur).
3° Le petit portrait de la *Chronologie collée*.
4° Le portrait gravé et signé par L. Gaultier qu'on voit
au titre des éditions de 1604.

On voit que de ces portraits gravés deux ont paru dans
des éditions de Garnier, et que celui de L. Gaultier constitue
même le titre gravé de ces éditions. Les deux autres ont
été publiés seuls en dehors des œuvres du poète.

En ajoutant à ces quatre estampes gravées, le Garnier
tout moderne dessiné par Pelletier et lithographié par
Duperray, qui a paru dans l'*Iconographie du Maine*, de
Pesche, on a l'iconographie complète du poète.

Ce qui est curieux, c'est de voir comment cette dernière
lithographie peut dériver de la belle gravure de 1585.
A regarder ces deux œuvres d'un œil distrait, on est
plutôt frappé par leur dissemblance que par leur similitude.
Le Garnier de 1585 avec sa figure sévère et soucieuse
rappelle les têtes ligueuses du temps de Henri III ; le Garnier
de Pelletier avec sa large face épanouie et sa barbe arrondie

respire la bonne humeur des physionomies à la Henri IV. Et cependant la lithographie de Duperray dérive de la gravure de 1585, mais en passant par combien d'intermédiaires, Grand Dieu ! C'est ce qu'il ne faut pas oublier. On ne sera pas étonné dès lors de la déformation dont Garnier a été la victime. La gravure de 1585 a inspiré le sculpteur Michel Bourdin pour son buste du poète Manceau dans la seconde moitié du XVIIᵉ siècle ; c'est elle sans contredit qui lui a servi de modèle. Un peintre, qui n'était pas un artiste, a reproduit sur la toile ce buste sculpté de Garnier au commencement du XVIIIᵉ siècle.

Le manceau Pelletier a dessiné Robert Garnier d'après cette toile, et enfin Duperray a lithographié ce dessin. On ne sera pas surpris en lisant cette longue généalogie que la figure de Garnier ait subi en chemin plus d'une modification et que son type se soit singulièrement modifié. C'est le cas de dire *traduttore tradittore*. Et cependant il sera impossible à tout iconographe de ne pas reconnaître que la lithographie de Garnier dérive de la belle gravure anonyme de 1585.

Il reste une chose à faire dans le Maine ; c'est de se débarrasser bien vite de cette lithographie de Duperray qui a popularisé dans la province natale du poète un Garnier de fantaisie, dont la physionomie est absolument le contraire de la sienne et d'y substituer la reproduction de la gravure de 1585. Pour ma part j'ai fait reproduire, il y a longtemps déjà, le Garnier de 1585 par la photographie et j'en ai distribué des épreuves à ceux qui conservent dévotement le souvenir du poète Fertois.

Mais il reste encore plus à faire pour répandre dans le grand public Manceau les traits du poète tragique dont les vers sont les accents précurseurs de ceux de Corneille. C'est au foyer du théâtre du Mans que je voudrais voir d'un côté placer le buste de Robert Garnier, de l'autre celui de

Scarron ; la tragédie, comme la comédie s'y trouveraient
dès lors placées sous le patronage de deux noms célèbres.
Là ne s'arrête pas encore mon ambition pour la gloire de
Garnier. C'est au foyer du Théâtre Français non loin du
buste de Rotrou, de Caffieri, en compagnie de tous ceux qui
sont l'illustration de notre histoire dramatique, que je
voudrais voir s'élever le buste de leur glorieux ancêtre, de
celui dont Racine lui-même n'a pas dédaigné de s'inspirer.
M. le marquis du Luart, non loin duquel j'ai eu l'honneur
de m'asseoir naguères au Conseil général de la Sarthe, où
j'avais été aussi le collègue de son père, consentirait
j'en suis sûr, à mettre pour un moment à la disposition
d'un artiste le buste de l'auteur de *Bradamante* œuvre de
Michel Bourdin, et à contribuer ainsi à rajeunir la gloire
du grand poète manceau. Mais ce buste étant lui-même
imparfait, il serait préférable encore de voir une œuvre
nouvelle inspirée de la belle gravure de 1585, c'est-à-dire
de l'image la plus vraie de Garnier, venir prendre une
place d'honneur à la Comédie française. Monsieur Jules
Claretie, dont l'esprit est si largement ouvert au culte de
nos gloires dramatiques, ne pourrait manquer d'être favorable à cette entrée de Garnier, de l'ancêtre du grand
tragique, dans le temple de gloire dont il a ouvert la porte
à ses descendants, et de faire bon accueil à celui qui fut
le protégé de Pibrac, l'auteur des *quatrains* et son intime
connaissance.

Demander une statue pour Garnier, soit à La Ferté où il
est né, soit au Mans où il a vécu et où il est mort, ne serait
pas souhaiter pour lui une gloire au-dessus de ses mérites ;
mais je suis de ceux qui, se gardant de la statuomanie,
savent conserver en tout l'esprit de mesure, et préfèrent se
borner à souhaiter ce qui est simple, facilement réalisable.

Un buste de Garnier aux foyers du théâtre du Mans et de
la Comédie française, tels sont donc les vœux modestes

de son biographe. Rien ne sert plus pour fixer dans la mémoire des hommes le nom de ceux qui sont la vraie gloire d'une nation, et pour inspirer le désir de connaître leurs œuvres que la reproduction mise sous les yeux du grand public de leur véritable physionomie. L'art qui les fait revivre leur assure autant que leurs travaux une célébrité durable et vraiment populaire.

.

Après l'iconographie du poète, ce serait le lieu de parler de sa bibliographie. Mais il n'y a vraiment plus rien de nouveau à apprendre au lecteur après celle que M. Foerster, aidé des connaissances si complètes de M. Émile Picot, a dressée en 1882 en tête de son édition des *Tragédies* de Robert Garnier (1). D'ailleurs j'ai donné, chemin faisant, l'indication des éditions originales de chaque tragédie du poète. Je me bornerai à signaler de nouveau l'édition de 1585, la meilleure et la plus complète, parue du vivant du poète, accompagnée de son portrait. Il faut se rappeler aussi que Garnier a fait subir quelques retranchements, dans ses éditions complètes, aux poésies liminaires placées en tête des éditions originales de ses diverses tragédies. Entre autres l'*Elegie à Nicolas de Ronsard*, sieur des Roches, ne figure plus dans ses éditions complètes. Remarquons que Toulouse n'oublia pas le poète qui avait fait dans ses murs ses premiers débuts. C'est dans cette ville que parut en 1588, du vivant même de Garnier, l'édition de Pierre Jagourt, la quatrième depuis celle de 1580. Il est regrettable que Le Mans n'ait pas suivi l'exemple de Toulouse.

(1) Voir aussi Desportes, *Bibliographie du Maine* : — Hauréau, *Hist. littéraire du Maine* ; — Le *Dictionnaire* de Brunet et son supplément.

Peu de poëtes ont compté autant d'éditions que lui. Depuis 1580 jusqu'à la fin du XVII° siècle (vers 1673) il en est paru cinquante-deux d'après M. Foerster. Il y faut ajouter aujourd'hui celle que le savant bibliographe a donnée lui-même à Heilbronn en 1882-83.

Dès lors il ne restait plus qu'à écrire la vie de Robert Garnier et à publier celles de ses œuvres qui étaient demeurées inédites. J'ai tenté de combler cette lacune.

Le dernier mot est-il dit sur la vie de Robert Garnier? Peut-on l'affirmer? Il est possible qu'il existe, entre les mains des châtelains du Luart, des documents dont mon ancien et obligeant collègue, M. le marquis du Luart, peut ignorer l'existence. Les papiers de famille de Robert Garnier que j'ai fait connaître ont trait surtout à la famille maternelle de Diane Garnier et à ses biens du Perche. Ceux qui se rapportent à ses biens paternels du Maine, et entre autres à la Papillonnière à Courtenvraye, doivent exister encore, et j'ose espérer qu'ils se retrouveront un jour. Qui sait? N'a-t-on pas fait à notre époque des découvertes aussi surprenantes, telles que celles des papiers de Montesquieu, de Turgot, etc. Je souhaite pour Garnier qu'il en soit ainsi, et, même contre toute espérance, j'espère encore qu'on pourra mettre la main sur un exemplaire ou sur un manuscrit des *Plaintes amoureuses*. Grâce à cette découverte, un Garnier élégiaque, qui n'est guère connu que par son *Élégie sur la mort de Ronsard*, pourra rivaliser un jour avec le poëte dramatique.

Il me reste à émettre encore un dernier souhait. J'ai exprimé le désir de voir un buste de Robert Garnier placé aux foyers de la Comédie française et du théâtre du Mans. Ne serait-il pas possible et à propos que le jour où l'érection de ce buste aurait lieu dans la cité mancelle les acteurs de la Comédie française vinssent jouer au Mans la *Bradamante* de Garnier ou au pis aller une adaptation de cette pièce? On a bien vu jouer il y a quelques années, à Nogent-le-Rotrou, le *Jugement de Paris* (1), qui n'était, à vrai dire, qu'une sorte de « reconstitution archéologique ». *Bradamante* est comme l'aurore du théâtre moderne. Sa réapparition sur la scène du Mans serait un juste hommage rendu à la mémoire de Garnier et la réparation de l'oubli dans lequel les Manceaux l'ont laissé trop longtemps.

(1) Voir plus haut chapitre III.

APPENDICE

I

ÉCOLE DE GARNIER

L'école de Robert Garnier. Ses imitateurs. — Antoine de Montchrestien.
— Luc Percheron, auteur de *Pyrrhe*. — Nicolas de Montreux. —
Thomas Lecoq, auteur de *Caïn*. — Levayer de Boutigny, auteur du
Grand Selim. — Pousset de Montauban.

A partir de Garnier la tradition du théâtre tragique ne
fut pas interrompue. Il eut des disciples immédiats. S'ils
n'avaient pas été passés en revue par M. Bernage, qui les a
tous énumérés, j'aurais eu à les mentionner à cette place ;
mais je n'aurais qu'à répéter ce qu'il a dit. Je me bornerai
donc à parler des plus célèbres d'entre eux ou de ceux qui
ont quelques liens de voisinage avec le Maine, sur lesquels
Garnier dut exercer une plus grande influence.

Le plus illustre des imitateurs de Garnier est sans contredit Antoine de Montchrestien. Mais le poète de Falaise
est bien plus jeune que le tragique fertois : il avait une
quinzaine d'années quand mourut Robert Garnier. Le
disciple valut peut-être davantage que le maître ; en tout
cas c'est une figure plus énergique, un type plus expressif
et de tout autre allure. Un ami de Montchrestien exprime
son sentiment dans un quatrain qu'il a mis en tête de son
David :

> « Deux tragiques Grégeois sont encore en débat
> Pour la palme d'honneur qu'au mieux disant on donne :
> Mais notre Montchrestien est hors de ce combat,
> Puisque *Garnier* lui cède aujourd'hui la couronne. »

Garnier la lui eut-il cédée s'il eut vécu plus longtemps ?
Cela est douteux. Il n'eut peut-être pas aussi considéré le
turbulent et huguenot Montchrestien comme un de ses
disciples (1).

Plus heureux que Robert Garnier, Montchrestien vit
représenter de son vivant plusieurs de ses œuvres. En
1596, alors qu'il avait seulement dix-huit ans, il faisait imprimer sa première tragédie *Sophonisbe*, et, en la dédiant
à Mme de la Verune, femme du gouverneur de Caen, il la
remerciait d'avoir bien voulu assister à la représentation
de cette pièce (2).

Son *Écossaise* fut aussi jouée à Orléans en 1603 (3).

En résumé, Antoine de Montchrestien, après Robert
Garnier, est un anneau de la chaine, qui diminue la distance
séparant la tragédie du XVIe siècle de la grande école
classique.

*
* *

Nous allons trouver maintenant un disciple direct de
Garnier, c'est un jeune poète manceau Luc Percheron,
originaire d'Assé-le-Riboul, aux portes de Beaumont-sur-
Sarthe. Sa tragédie de *Pyrrhe* (1592) n'a été publiée qu'en
1845, à seize exemplaires, d'après un manuscrit provenant
de l'abbaye Saint-Vincent. MM. Raoul de Montesson et Max

(1) Voir les *Tragédies de Montchrestien*, nouvelle édition, par Petit
de Julleville, *Bibliothèque elzévirienne*. Plon, 1891. M. Petit de Julleville, p. XIX, a écrit : « En somme la tragédie de Montchrestien continue celle de Robert Garnier, elle ne marque pas un progrès sur ce qui
l'avait précédée. » M. Bernage relève quelques imitations de Garnier
dans le poète de Falaise.

(2) A Caen dès 1584 une comédie de *Joseph*, traduite par Jacques de
Cahaigne, avait été jouée par « l'élite des jeunes gens de cette ville »
le jour de la réception d'un docteur en théologie.

(3) Voir L. Auvray, l'*Écossaise de Montchrestien représentée à Orléans
en 1603*, *Revue de l'histoire littéraire de la France*, t. 1, p. 89-93.

de Clinchamp, ces deux savants bibliophiles manceaux, fins lettrés, épris de leur trouvaille, ont peut-être exagéré la valeur de cette œuvre qui, dit-on, fit illusion à Sainte-Beuve lui-même (1). La tragédie de *Pyrrhe* en cinq actes, est surtout, à vrai dire, une tragédie de collège, que son auteur avait conservée manuscrite et qu'il avait commise dans sa jeunesse, comme l'ont fait bien des rhétoriciens jusqu'à nos jours.

Percheron plus que personne est l'imitateur et l'héritier direct de Garnier, dont la mort précéda de deux ans seulement la date de la tragédie de son jeune émule. Il parle vraiment la langue vigoureuse de l'auteur d'*Hippolyte ;* sa période a l'ampleur tragique et la sonorité des tirades de Garnier. Tout l'acte cinquième de *Pyrrhe* est un dialogue entre Phénix et le chœur et se termine par la mort de Phénix, à l'instar des premières pièces du poète fertois (2).

Jusqu'à présent on ne connait guère autre chose sur Percheron que la dédicace de sa tragédie à Mesdemoiselles Marthe et Élisabeth de Beaumanoir, qui, aux dires de Lacroix du Maine, aimaient la poésie. Je m'attarderai à publier sur lui de nouveaux renseignements pour le faire mieux connaître.

Mais ces notes, je dois l'avouer, sont plus intéressantes pour sa biographie que pour l'histoire de sa carrière poétique. Celle-ci semble d'ailleurs s'être bornée à la composition de *Pyrrhe*, tant s'éteignit de bonne heure la verve tragique du jeune poète manceau, qui après sa sortie du collège parait avoir abandonné Melpomène pour Thémis.

On a vu que c'est auprès de Beaumont-sur-Sarthe, à Assé-le-Riboul, que naquit Luc Percheron. Dans cette paroisse demeurèrent aussi d'abord son père Maître Luc

(1) Cf. Hauréau. *Histoire littéraire du Maine.*
(2) Voici les noms des personnages de la pièce : Diane. Olixène, Pyrrhe. Hermione, Phénix. Oreste, Pylade. la *nourrice.* le *chœur.*

Percheron, sieur des Poussetières, et sa mère Guillemine Vincent ; ils ne vinrent que plus tard habiter Beaumont en qualité de marchands.

Le 2 avril 1592 dans sa dédicace à Mesdemoiselles de Beaumanoir, le jeune poète déclare qu'il a « esté rappellé à la patrie pour y faire peut être long séjour » et qu'il a été détourné de ses « estudes ès loix ». Dès le 8 janvier 1589 on voit sa signature au bas de l'accord du mariage de sa sœur Marie, qui épousa alors à Assé Noël Coullon, marchand. Une autre révélation plus curieuse nous dit qu'il « renonce à réclamer aucuns livres d'école à cause qu'ils furent brûlés en la maison de son père lors de la prise de la ville par les soldats en 1590 » (1).

En 1593 il est qualifié licencié ès droits, avocat au siège présidial du Mans, demeurant à Beaumont. Il se maria le 13 septembre 1593 à Barbe Pignard. Celle-ci mourut le 26 juillet 1642 et fut inhumée, ainsi que son mari, dans l'église (2). Luc Percheron prolongea ses jours jusqu'au 27 mai 1645. Il pouvait être âgé alors de 73 ans. Depuis 1595 les registres de Beaumont nous font connaître la naissance de ses enfants. Si je voulais passer ici en revue l'histoire de la famille Percheron, je ferais connaître le sort des enfants, les alliances du poète, sa famille, etc.

Je me bornerai à rapporter un document qui peut être intéressant pour l'histoire du poète lui-même et qui mentionne l'inventaire dressé en novembre 1653, après le décès de son fils Luc II, procureur au duché de Beaumont. On trouva parmi les livres du défunt, 44 volumes de droit,

(1) Voir la transaction intervenue le 24 octobre 1616 entre lui et après le décès de sa mère, morte à Beaumont le 17 octobre 1616.

(2) Barbe Pignard était fille de Pierre, marchand et de Barbe Martin. Les Percheron donnèrent à leur fils le lieu et bordage des Poussetières, en Assé, avec réserve pour eux de la jouissance, moyennant un loyer annuel de treize écus et demi. Le contrat mentionne toutes les personnes d'importance assistant au mariage du poète.

38 volumes d'histoire, 52 de piété, 60 de littérature grecque, latine et française. Parmi ces livres un certain nombre avaient assurément appartenu naguères à l'auteur de *Pyrrhe*.

Je citerai ces livres des Percheron :

Une *Coutume du pays d'Anjou et Maine*, gothique, in-12, 1457 (?)

Les tragédies grecques et latines de *Sophocle, de Sénèque*, les comédies de *Térence*.

L'édition de 1593 des *Œuvres de Robert Garnier*.

Tragediæ Mussonii. La Flèche, 1621.

Tragediæ sacræ, auctore Caussino. Paris, in-8°, 1620.

Ravisii Testoris dialogi et epigrammata.

Le *Trésor de la Muse sainte*, par Auvray.

Les *Nouvelles récréations poétiques* de Le Masle, 1586.

Les *Dialogues des trois Vignerons*, de Jean Rousson.

On le voit, c'est bien la bibliothèque d'un disciple d'Euripide, d'un héritier de Garnier et de la Pléiade. S'il n'est pas facile de se procurer l'édition de *Pyrrhe* donnée en 1845 à seize exemplaires seulement (1), on pourra du moins par les très nombreuses tirades du poète citées dans les deux éditions de l'*Histoire littéraire du Maine*, d'Hauréau, juger que Percheron était bien en effet l'héritier poétique de l'auteur de *Porcie* et d'*Antigone*.

Percheron procède beaucoup de Garnier et nullement de Hardy. On rencontre chez lui d'interminables dialogues ou monologues sans action, mais aussi des vers fortement frappés comme dans Garnier. Le détail scénique de sa pièce est moins sauvage que dans Euripide qu'il imite ainsi que l'Énéide de Virgile. Son Hermione est amoureuse d'Oreste, elle hait son mari Pyrrhus, sans être jalouse d'Andromaque qui ne paraît pas.

(1) Voir Crapelet, 1845, 1er mars.

.·.

Il est un autre poète manceau que Garnier eut peut-être été plus disposé à reconnaitre comme son disciple : Nicolas de Montreux.

Ce poète, contemporain de Garnier, comme lui cultivait la tragédie, mais en outre d'autres genres de poésies. Il se faisait appeler Olenix du Mont-Sacré, anagramme de son nom.

Nicolas de Montreux a composé les tragédies classiques tirées de l'antiquité *Cléopâtre* et *Sophonisbe*, une pièce tirée de l'Arioste comme la *Bradamante* de Garnier et aussi une pièce sacrée, *Joseph le Chaste* (1601) sans parler de l'*Arimène* de ce favori du duc de Mercœur, que sa splendide mise en scène mit peut-être plus en valeur que les vers eux-mêmes (1). Le poète, plus adonné à la pastorale et aux bergeries qu'à tout autre sujet, ne semble guère s'être inspiré de l'œuvre de Garnier, bien qu'il lui soit un peu postérieur. On peut s'en convaincre en lisant : *Le premier livre des Bergeries de Juliette, auquel, par les amours de Bergers et Bergères, l'on voit les effets différents de l'amour, avec cinq histoires comiques, racontées en cinq journées par cinq Bergères, et plusieurs Echoz, Enigmes, Chansons, Sonnets, Élégies et Stances. Ensemble une pastorale en vers françois à l'imitation des Italiens* (4ᵉ édition reveue et corrigée par l'Autheur). *A très illustre et vertueux Prince Mgr François de Bourbon, prince de Conty. De l'invention d'Olenix du Mont-Sacré, gentilhomme du Maine.* (A Paris, chez Gilles Beys, rue Saint-Jacques, au Lis blanc,

____

(1) *Arimène*, pastorale dédiée à Mgr de Mercœur et devant lui représentée au château de Nantes, le 25 février 1596, imprimée en 1597. Voir A. Julien, *Histoire du Costume au théâtre* et *Revue française*, Louis Lacour, *Un opéra au XVIᵉ siècle*.

1588, avec privilège du roi.) La dédicace au prince de Conti est datée de Paris, 16 juin 1585.

Il en est de même de l'*Athlète, pastorale ou fable bergère, par Olenix du Mont-Sacré, gentilhomme du Maine* (à Paris, chez G. Beys, 1588, avec privilège du roi) (1) et des *Premières Œuvres poétiques, chrétiennes et spirituelles de Olenix du Mont-Sacré, gentilhomme du Maine, divisées en sonnets en forme d'oraisons, en plaincts chrétiens et sonnets moraulx* (2).

Dans le second livre des *Bergeries* se voit dans un ovale le portrait de l'auteur âgé de vingt-quatre ans en robe boutonnée, au petit col tombant, les cheveux courts ; sa figure, vue de face, paraît peu spirituelle. Mais les plus grands éloges lui sont prodigués. On lit au bas :

> « Gentil du Mont Sacré, pour te faire paroistre,
> Il ne falloit ny peintre ou crayon ou vermeil,
> Car mille beaux esprits t'avoient ja faict cognoistre
> Docte, sage, éloquent, sans pair et sans pareil. »

On trouve en tête de la pastourelle d'*Athlète* ce sonnet de Pierre Bouillon de Barenton (3) :

> « C'estoit trop peu pour toy que d'un docte artifice
> Estaller doctement en prose tes discours,
> Et par un chaste vers soupirer les amours
> Qui ont gesné tes ans d'un amoureux supplice.

(1) Figurent parmi les personnages : Delfe, magicienne, Rustic, berger, Synops, berger. Athlette, bergère, Francine, vieille, Ménalgre, berger, un messager.

La pièce contient trois actes, qui n'ont que très peu de scènes, en tout trente-trois feuillets.

(2) Gilles Beys. in-12. 16 juin 1587. Le privilège est du 22 mai. Elles sont dédiées à Mme Jacquette de Girard, dame des baronnies de Verigny, Frézé. Chastillon, etc. et contiennent 92 folios.

(3) On trouve ailleurs des vers signés : *Petrus Bellonius Barentonius*. Olenix de Montsacré est désigné parfois lui-même comme demeurant à Barenton.

C'estoit trop peu d'avoir tonné contre le vice,
Par les tragiques vers, pleins de sang et destours,
Et par un vers comique éternisé les jours,
Si tu ne souspirois le rural exercice.

Docte du Mont-Sacré, ce que cent mill' espris
Ont sceu diversement, tout seul tu l'as compris,
Car rien ne t'est caché, soit en vers, soit en prose.

Une chose je plains, c'est qu'on ne sçaura pas,
Combien tu fus parfaict, après le tien trespas ;
Car l'on ne croit qu'en toi tant de sçavoir repose.

Pierre Bouillon de Barenton. »

Royaliste comme Garnier, et chrétien comme lui, Nicolas de Montreux abandonna cependant aussi la cause royale pour entrer dans les rangs de la Ligue. Alors qu'on voit ses premiers vers dédiés au prince de Conti ou au duc d'Epernon, ses dernières dédicaces sont adressées à un des principaux chefs de la Ligue, au duc de Mercœur. C'est ainsi que les *Regrets d'Olenix du Mont-Sacré, gentilhomme du Mayne*, un des plus rares produits de l'imprimerie nantaise au XVIe siècle, sont adressés « à très illustre, Vertueuse et catholique Princesse, Madame Marie de Lorraine, duchesse de Mercœur et de Penthieuvre, contesse de Martigues » (1).

(1) A Nantes, par Nicolas des Maretz et François Faverye, imprimeurs, 1591. In-4° de 74 feuillets non chiffrés, répartis en 18 cahiers signés A à S. Imprimés en italiques : 32 lignes à la page pleine, mais plus souvent 31 à cause des blancs. Hauteur du texte : 155 millimètres ; largeur : 82. Le volume contient une épître dédicatoire en prose *à Madame*, 252 sonnets numérotés, une *Elégie* et 92 alexandrins sur l'anagramme de *Emmanuel de Lorraine, seul aimé de l'onneur*, un *Escho* de 66 vers « sur la royalle, catholique et fidelle maison de Lorraine » et, à la fin sept sonnets à lui adressés par les contemporains. — Voir Arthur de la Borderie. *L'Imprimerie à Nantes au XVIe siècle* dans le *Bibliophile breton*, 1879, n° 6 ; imprimé à part, 1880, in-16.

C'est à Nantes, la cité ligueuse, que s'impriment désormais ses diverses poésies : *La Miraculeuse délivrance de Monseigneur le duc de Guyse* (1) ; l'*Arimène ou le berger désespéré*, pastorale en cinq actes et 7,500 vers que Mercœur fit représenter le 25 février 1596 avec une grande magnificence dans une salle du château ; l'*Espagne conquise par Charles le Grand, roi de France* (2).

Si j'ai cité un peu longuement toutes ces pièces, c'est qu'elles sont rarissimes et qu'elles n'ont, pour ainsi dire, passé sous les yeux d'aucun historien de la littérature. M. Faguet n'a connu de Montreux, que *Joseph le Chaste* et *Cléopâtre ;* il ne parle d'*Isabelle* que par ouï-dire (3). Il trouve que Montreux semble avoir été assez incertain dans ses inclinations littéraires, qu'il se rapproche par certains côtés du théâtre irrégulier et de l'école du Moyen-Age, tandis que, dans *Joseph le Chaste*, il affecte la régularité du théâtre classique. « Il est en retard sur son temps ; il eut sans doute un plus étroit commerce avec les mystères qu'avec Euripide ; aussi n'a-t-il présenté son *Joseph le Chaste* que sept ans après l'*Hippolyte* de Garnier. L'Hippolyte juif, inspiré par le théâtre du Moyen-Age, pâlit singulièrement auprès de l'Hippolyte grec, encore que Garnier n'ait uniquement puisé son inspiration que dans Sénèque » (4).

En somme Garnier paraît avoir eu dans Montreux un disciple peu fervent et peu convaincu (5).

---

(1) 1591, in-4°. A Nantes, chez Nicolas des Maretz et François Faverye, imprimeurs.

(2) 1597 et 1598, 2 vol. in-4°. A Nantes, chez Pierre Doriou, imprimeur. La première partie est dédiée au duc de Mercœur.

(3) On ne sait pour ainsi dire rien de *Diane*, de *Sophonisbe*, etc.

(4) Faguet. *La Tragédie française au XVIe siècle,* Paris, Hachette, 1883. p. 315.

(5) La *Cléopâtre* de Montreux, dit M. Bernage, reproduit plusieurs situations du *Marc Antoine* de Garnier (Bernage, *loc. cit.* p. 143).

*

Un contemporain qui, bien que peu éloigné du Maine, ne ressentit pas davantage l'influence de Garnier, c'est Thomas Lecoq, l'auteur de *Caïn* (1580), qu'il intitule *tragédie* et qui est cependant un pur *mystère*. Comme on devait s'y attendre de la part d'un prêtre (Lecoq était curé de la Sainte-Trinité de Falaise et de Notre-Dame de Guibray), il y a beaucoup de sermons dans le drame de Lecoq, mais bien peu d'action. C'est presque un prêche dramatique, de même que plus d'une pièce de Garnier n'était qu'une idylle déclamatoire. Je ne m'étonne pas que le curé de Falaise ait choisi ce mode d'agir sur ses paroissiens. On était en pleine lutte des protestants et des catholiques en Normandie et Thomas Lecoq avait fort à faire pour défendre ses ouailles contre les entreprises des religionnaires. En voici une preuve inédite, que je suis heureux de publier, sa biographie étant restée entièrement à faire (1). C'est une lettre du 17 janvier 1564, tirée de la correspondance inédite du maréchal de Matignon (2).

« Nous avons entendu puis naguères que Monsieur Brainville, lieutenant général a reçu un patent du Roy avec l'ataché de Monseigneur de Bouillon, pour établir la presche en ce lieu, à quoy nous sçavons très bien que ledit lieute-

(1) Voir sur la tragédie de Lecoq, l'article de M. Marius Sepet, *Poly-biblion*, février 1875, pp. 168 et 299. Cf. aussi un article de M. Duval, dans la *Revue Percheronne*.

(2) Cette lettre fait partie de la correspondance inédite du maréchal de Matignon qui se trouve au palais de S. A. le prince de Monaco et dont je dois la communication à la parfaite obligeance de mon ancien confrère à l'Ecole des Chartes, M. Gustave Saige, garde des Archives du palais. La partie de cette correspondance qui a trait au duché d'Alençon et à l'histoire de la Basse-Normandie, à l'époque de la Saint-Barthélemy, s'imprime en ce moment dans le *Bulletin de la Société historique de l'Orne*.

16

nant y emploiera toutes ses forces, à cause de laquelle
nouvelleté nous craignons beaucoup que la patience et la
liberté de nostre ville soit troublée, d'autant que par ses
moyens toutes sortes de gens y auront seur accès et se y
retireront, avec lesquels à peine pourrons vivre en repos
comme déjà plusieurs fois ceux de la nouvelle religion nous
en ont menacés, sans une infinité d'autres calamités, sédi-
tions et infortunes qui en pourront arriver. Pour et à quoy
obvier, nous avons eu recours à vous, Monseigneur, notre
refuge accoutumé, et ne pouvons croire et imaginer que
aucun patent du roy à chose de telle conséquence s'adresse
à autre, ne que autre aye puissance de mettre la main que
pour votre commandement et autorité et pour ce, Monseigneur, que nous avons été toujours très fidèles serviteurs
et obéissans de la Majesté du Roy et à vous, ainsy que
connoissez, aussy que en vostre présence Monseigneur le
Connétable, le roi passant par ceste ville, avoit expressé-
ment refusé ceux de la nouvelle religion d'avoir presche, ce
que depuis y a patent exprès et portant connoissance de
cause, attendu aussy que la Religion n'a été exercée en ce
lieu jusque au septième jour de mars, ni la ville tenue par
force d'armes sur l'intention de l'édit de pacification. — A
ces causes, Monseigneur, nous vous supplions très hum-
blement et instamment qu'il vous plaise commander que le
dit patent et autres vous soient portés et contre icelluy nous
recevoir à opposition et débat que nous avons dès à présent
mis et mettons en vos mains, comme mains souveraines,
afin que justice nous soit faite et que soyons reçus à pro-
poser nos œuvres de deffense contrainte et empeschemens
à l'établissement de la dite presche, ce que nous sommes
prests déclarer plus amplement par devant vous en tel autre
lieu qu'il vous plaira ordonner et d'autant, Monseigneur,
que entendez bien la conséquence de telles affaires tant
pour la force ordinaire que autres occasions, nous vous
supplions de rechef nous donner remède opportun, Monsei-

gneur, nous prierons le créateur du monde vous donner
accroissement d'honneur et maintenir en sa grâce. A
Falaise, ce 17e jour de janvier 1564.

> Vos très humbles et obéissans serviteurs les
> habitans et bourgeois de Falaise,

> Signez par moy : Thomas Le Coq.
> Humble recteur de l'église de la Trinité de Falaise. »

Cette lettre fait voir que Thomas Lecoq savait parler aussi
bien en prose qu'en vers et que c'était un maitre homme et
un digne chrétien, qui eut gagné à s'inspirer des *Juives* de
Garnier.

⁂

Je ne poursuivrai pas plus loin cette recherche des poètes
tragiques qu'on pourrait citer comme ayant pu se former à
l'école de Garnier. On pourra trouver leurs noms dans
Bernage (1).

A plus forte raison ne parlerai-je pas des grands poètes
qui ont pu s'inspirer de ses vers ou de ses plans tragiques.
Je laisse à ceux qui seraient curieux de savoir si les mâles
tirades cornéliennes ne dérivent pas de celles de l'auteur
d'*Hippolyte* et si on ne saurait pas trouver dans Racine, dans
Phèdre et dans *Esther*, l'influence du poète manceau, le soin
de lire ce qu'ont écrit là-dessus M. Bernage ou M. Alphonse
Royer, l'auteur de l'*Histoire universelle du théâtre* (2).

Je dois cependant convier les érudits du Maine à examiner
s'il n'existe quelque trait inspiré par Garnier dans le *Grand
Selim* du manceau Le Vayer de Boutigny (Paris, de Sercy,
1645, in-4º). Cette *turquerie* est encore une tragédie de
collège, comme l'auteur en avait vu représenter à l'*Oratoire*

____

(1) Voir Bernage, *Étude sur Robert Garnier*. p. 143 et suivantes.

(2) M. Mesnard, dans son étude préliminaire sur *le Phèdre* de
Racine dit qu'on voit que Racine a connu Garnier. Voir *Racine, édition
des Grands écrivains de France.*

du Mans. Les personnages sont Bajazet, empereur turc, la sultane, fille d'Achomat, femme de Bajazet, Selim, Corchut, Achmet, fils de Bajazet, Izaïde, maîtresse de Selim, le Jaga des Janissaires, Haly-Baassa, ami d'Achomat, Hazegoglis, Baassa, confident de Bajazet, et un esclave Aly-Baassa.

L'action se passe au sérail ; Selim conspire contre son père, réussit dans ses projets et fait étrangler ses deux frères, victimes d'une sédition des janissaires.

A la fin Selim menace lui-même de se suicider et Haly s'écrie :

> « Suivons le cher amy, de peur que quelque effort
> Au milieu de son deuil ne luy donne la mort ! »

Dans cette œuvre, qui précède de plus de vingt ans le *Bajazet* de Racine, on ne trouve ni invention, ni développement de caractères ; tout se borne à des vers retentissants inspirés, semble-il, par la poésie vigoureuse et fière de Garnier dont Le Vayer avait certes lu les tragédies au collège (1).

Avant de finir, je rappellerai le nom d'un poète tragique manceau du XVIIᵉ siècle, Pousset de Montauban, qui a produit un grand nombre de pièces, mais plutôt connu de la foule par le souvenir de sa prétendue collaboration aux *Plaideurs* de Racine que par ses tragédies de *Zenobie*, d'*Ingonde*, etc., dont bien des vers sont dignes de la belle langue et du parler haut de Robert Garnier.

(1) J'ai parlé en détail du roman précieux de Le Vayer, *Tarsis et Zélie* dans *Scarron inconnu*, t. II, p. 268-277.

Ce n'est pas le seul manceau du nom de Levayer qui ait cultivé le théâtre à la fin du XVIIᵉ siècle. M. Levayer, ancien maître des requêtes, mort le 5 juin 1764 « asphixié par la vapeur du charbon » avait écrit plusieurs comédies non imprimées. Le plan et l'ensemble de la pièce de Fagan, intitulé *la Pupille* lui appartenaient, bien légitimement écrit son biographe, M. Vétillart.

II

« CHANT DE JOYE RÉCITÉ PAR LES NIMPHES DE GARONNE A
L'ENTRÉE DU ROY TRÈS CHRESTIEN CHARLES VIIII DE CE
NOM EN SA TRIUMPHANTE ET TRÈS MAGNIFIQUE VILLE DE
THOLOSE » (1).

J'ai dit page 31, que je reproduirais cette églogue qui me
paraissait « avoir avec les autres pièces de poésie écrites
alors par Garnier à Toulouse un air de ressemblance, assez
frappant pour qu'on puisse, mais sous réserves, lui en
attribuer la paternité ». Je la reproduis ici, afin que chacun
puisse apprécier par lui-même le degré de cette probabilité :

> « Lorsque la mer par le souffler félon
> Des plus forts vents Borée et Aquilon
> Est fièrement esmeue et agitée,
> Et que son onde en bruyant est portée
> Jusqu'à la nue, et dévale en l'instant,
> Tout aussi bas qu'elle estoit or montant,
> Adonc n'y a au règne de Neptune,
> (Tant la fureur d'Eole l'importune).
> Rien asseuré, il n'est si fort navire,
> Qui en très grand danger n'esbranle et vire :
> L'arbre s'en rompt au milieu et en crouppe :
> Tout est froissé et la quille et la pouppe.
> Le gouvernail, tymon, ancre et cordaige,
> Le bon pilot quasi perd le couraige.
> Les Mathelotz, comme désespérez,

(1) Voir le *Brief discours de la magnifique entrée du très chrestien
roy de France Charles IX faicte en sa ville de Tholose, le 2e jour de
février 1565*, s. d. in-8º. A la première page, un portrait du jeune roi,
gravé sur bois, surmonte un écu fleurdelysé. Dans un cartouche placé
au-dessus de sa tête on lit : « Un Dieu, un roy, une foy, une loy. »

Avecques eux en la mer retirez,
N'attendent plus que le piteux naufraige :
Mesmes d'effroy de ce cruel oraige
Thétys se cache, avec ses Néréydes,
Au plus profond des vallées liquides :
Glaucus a peur, Sereines aux voix nettes
Ne font plus oyr leurs douces chansonnettes.
Et des Tritons les tortues buccines
Ne sonnent plus de liesse les signes.
Brief il n'y a durant telle tempeste,
Dessus la mer aucun plaisir ne joye.

Mais aussitost que le vent zéphirin
Vient apaiser ce dur tourment marin,
Et que Neptune à ses furieux ventz
Enjoint cesser leurs assaux violens,
Et que chacun d'iceux (léger) s'envolle
En la caverne ombrageuse d'Eole,
Tout aussi tost la mer est apaisée,
Pour y voguer l'heure apparoist aisée :
Les navigans reprennent force et cueur,
Et comme un camp enfin estant vainqueur.
Après le choq incertain et doubteux,
Sé sent tout gay, alègre et vigoureux,
Adonq voyant le temps si opportun
Et l'œil si doux de leur Prince Neptun :
Escarbillatz et gays leur chemin suyvent,
Et seurement leurs emprises poursuivent.
La voix seraine et la douce armonie
De Partenope et Lage et Leucosie
Se font oyr et des marins trompettes
Ne sont alors les buccines muettes.
Sur un dauphin assise Galathée
Sonne du luc avec Idiothée

Dorys, Nysée et leurs belles compaignes
Font résoner leurs humides campaignes,
De chantz très doux et chacune se renge
A s'esgayer randans grâce et louange
Incessamment à Neptun leur seigneur,
Sonnans partout sa louange et honneur
D'estre venu les voir en leurs contrées,
Jà les ayant de telz maux délivrées.

    Ainsy (o Roy en qui vertu fleuronne,
Roy très aymé) tes Nimphes de Garonne
Sont mercians ta haute Majesté,
Plus que Royalle, en toute humilité ;
Quand il te plaist, par ta grâce et mercy
(Après avoir ces troubles esclercy
Et apaisé ces tumultes et noises)
De venir voir tes nimphes Garonnoises,
Où si longtemps et de désir extrème,
Nous attendions ta Majesté suprème.
Supercedans toute joye et plaisance
A ta venue et très noble présence
Sus donq (o Roy) haste toy de venir,
Ne veilles plus en langueur nous tenir.
C'est trop tarder, n'attens plus à demain,
Viens vistement ; onq au peuple Romain.
N'ennuya tant des Scipions l'absence,
Aians default et Carthage et Numance ;
Que Tolose est en chagrin détenue,
En attendant ta Royale venue :
Et onq aussi ces deux foudres de guerre,
Si bien receuz ne furent en leur terre,
Après avoir eu si grande victoire :
Comme seras en ce lieu territoire,
Passant tout autre en hautesse et grandeur.
Et qui encor aura trop plus grand heur

Et d'allégresse, alors que sur ces lieux,
Tu seras veu (o Roy chery des cieux)
Haste toy donq, vien veoir ta grande ville,
Ville aux fiers chère et aux civils civile ;
En sainctes loix et guerrier exercice
Très florissante en Justice et police :
Dont le sénat sans aucune reproche
Du vieil Thébain incorruptible approche.
Ja de pied coy et bragardz le possible :
D'alacrité et d'un zèle indicible
Les Tolosains t'attendent à grand tas.
Nobles, Bourgeois et gens de tous estatz,
Tous à l'envy pour mieux te recevoir
Font leur très ample et louable devoir.
Maintz Appelles Phidias et Zeuzis
Sont de la ville appellez et choisis
Pour illustrer de parfaictz artifices
Maintz beaux cantons portaux et frontispices,
Où tu verras entaillées et painctes,
Divinement les tiennes vertus sainctes.
Et à l'entour des Virgilians vers
Perpétuant ton nom par l'Univers.
Quant est de nous, tes Nimphes de Garonne
(Roy que piété et justice environne)
Nous ne cessons des ores de crier
Vien Charles, vien, ne te fay plus prier :
Vien veoir soudain tes subjetz Tolosans
A ton vouloir promptz et obeissans,
Qui t'offrent tout et les corps et les cueurs
Roy par douceur le vainqueur des vainqueurs.

Fin. »

III

« ÉLÉGIE SUR LE TRESPAS DE PIERRE DE RONSARD, A
MONSIEUR DES PORTES, ABBÉ DE THIRON, PAR ROBERT
GARNIER » (1).

Nature est aux humains sur tous aultres cruelle ;
    On ne voit animaux
En la terre et au ciel, ny en l'onde infidelle
    Qui souffrent tant de maux.

Nous craignons de laisser nos maisons délectables,
    Nos biens et nos honneurs,
Ces belles dignitez qui nous font vénérables,
    Remarquer des Seigneurs.
Le peuple des forêts, de l'air et des rivières,
    Qui ne voyent si loing,
Tombent journellement aux mortelles jantières
    Sans se gesner de soing.
Leur vie est plus heureuse et moins sujette aux peines
    Et encombres divers,
Que nous souffrons chétifs en nos âmes humaines
    De désastres couverts.
Ores nous poind l'Amour, tyran de la jeunesse
    Ores l'avare faim,
De l'or injurieux qui fait que chacun laisse
    La vertu pour le gain.
Cestuy-cy se tourmente après les grandeurs vaines,
    Enflé d'ambition ;

(1) « L'élégie de Garnier *Sur le trespas de Pierre de Ronsard* », ne se
trouve pas dans la plupart des éditions des œuvres du poète tragique.
J'ai donc cru devoir la reproduire ici. C'est sans contredit la plus
belle des œuvres de Garnier. Elle est bien supérieure à ses tragédies.
En augmenter la notoriété, c'est travailler à la gloire de son auteur.

De cestuy-là l'envie empoisonne les veines,
	Cruelle passion,
La haine, le courroux, le despit, la tristesse,
	L'outrageuse rancœur,
Et la tendre pitié du foible qu'on oppresse,
	Nous bourrellent le cœur.
Et voilà nostre vie, o misérables hommes !
	Nous semblons estre néz,
Pour estre, cependant qu'en ce monde nous sommes,
	Tousjours infortunez.
Et encore, où le ciel en une belle vie,
	Quelques vertus enclost,
La chagrineuse mort, qui les hommes envie,
	Nous la pille aussi tost.
Ainsi le verd émail d'une riante prée,
	Est soudain effacé ;
Ainsi l'aimable teint d'une rose pourprée
	Est aussitost passé.
Mais las ! o doux printemps, votre verdeur fanie
	Retourne en mesme poinct,
Mais quand nostre jeunesse une fois est finie,
	Elle ne revient point.
La vieillesse nous prend maladive et fascheuse,
	Hostesse de la mort.
Qui pleins de mal nous pousse en une tombe creuse,
	D'où jamais on ne sort.
Des Portes, que la Muse honore et favorise
	Entre tous ceux qui ont
Suivi le sainct Phœbus, et sa science apprise
	Dessur le double mont ;
Vous voyez ce Ronsard, merveille de nostre âge,
	L'honneur de l'univers,
Paistre de sa chair morte, inévitable outrage,
	Une source de vers.

De rien nostre Apollon, ni les Muses pucelles
    Ne luy ont profité ;
Bien qu'ils eussent pour luy les deux croppes jumelles
    Du Parnasse quitté,
Et qu'il les eust conduits aux accords de sa lyre
    Dans ce François séjour,
Pour chanter de nos Roys et leurs victoires dire,
    Ou sonner de l'Amour.
C'est grand cas, que ce Dieu, qui dès l'enfance l'aime,
    Affranchit du trespas
Ses divines chansons, et que le chantre mesme
    N'en affranchisse pas.
Vous en serez ainsi ; car bien que vostre gloire,
    Espandue en tous lieux,
Ne descende estouffée en une tombe noire
    Comme un peuple ocieux.
Si verrez-vous le fleuve où tout le monde arrive
    Et payrez le denier
Que prend, pour nous passer jusques à l'autre rive,
    L'avare nautonnier.
Que ne ressemblons-nous aux vageuses rivières
    Qui ne changent de cours ?
Ou au branle éternel des ondes marinières
    Qui reflottent toujours ?
Hé ! n'est-ce pas pitié, que ces roches pointues,
    Qui semblent despiter,
De vents, de flots, d'orage et de foudres battues,
    L'ire de Jupiter,
Vivent incessamment, incessamment demeurent
    Dans leurs mondes pierreux,
Et que des hommes tels que ce grand Ronsard meurent
    Par un sort rigoureux ?
Qui pourra désormais d'une haleine assez forte
    Entonner comme il faut

La gloire de mon Roy, puisque la Muse est morte
    Qui la chantoit si haut ?
Qui dira ses combats ? ses batailles sanglantes ?
    Quand jeune, duc d'Anjou,
De sa main foudroya les troupes protestantes
    Aux plaines de Poictou ?
Des Portes, qui sera-ce une fois ? vostre Muse
    Digne d'estre en son lieu,
Fuyant l'honneur prophane aujourd'huy ne s'amuse
    Qu'aux louanges de Dieu !
Ne permette Clion, et Phœbus ne permette
    Que Ronsard abattu
Par l'ennuyeuse mort, ne se treuve poëte
    Qui chante sa vertu !
Adieu, mon cher Ronsard, l'abeille en vostre tombe,
    Face toujours son miel,
Que le baume Arabic à tout jamais y tombe,
    Et la manne du ciel !
Le laurier y verdisse avecques le lierre,
    Et le myrte amoureux ;
Riche en mille boutons, de toutes parts l'enserre
    Le rosier odoreux ;
Le thym, le basilic, la fraîche marguerite,
    Et nostre lys François,
Et ceste rouge fleur, où la plainte est escrite
    Du mal content Grégeois.
Les Nymphes de Gâtine, et les Naïades sainctes
    Qui habitent le Loir,
Le venant arroser de larmettes épreintes,
    Ne cessent de douloir.
Las ! Clothon a tranché le fil de vostre vie
    D'une piteuse main,
La voyant de vieillesse et de gouttes suivie,
    Torturage inhumain ;

Voyant la pauvre France en son corps outragée,
    Par le sanglant effort
De ses enfans, qui l'ont tant de fois ravagée,
    Souspirer à la mort !
Les meurtres inhumains se font entre les frères,
    Spectacle plein d'horreur ;
Et déjà les enfans courent contre leurs pères
    D'une aveugle fureur.
Le cœur des citoyens se remplit de furies ;
    Les paisans escortez
Meurent contre une haye ; on ne voit que turies
    Par les champs désertez !
Et puis allez chanter l'honneur de nostre France
    En siècles si maudits,
Attendez-vous qu'aucun vos labeurs récompense,
    Comme on faisoit jadis !
La triste pauvreté nos chansons accompagne ;
    La Muse, les yeux bas,
Se retire de nous, voyant que l'on desdaigne
    Ses antiques esbas.
Vous estes donc heureux, et vostre mort heureuse,
    O Cygne des François !
Ne lamentez que nous, dont la vie ennuyeuse
    Meurt le jour mille fois.
Vous errez maintenant aux campagnes d'Élyse,
    A l'ombre des vergers,
Où chargent en tout temps, asseurez de la bise.
    Les jaunes orengers ;
Où les prez sont toujours tapissez de verdure,
    Les vignes de raisins,
Et les petits oiseaux, gazouillans au murmure
    Des ruisseaux crystallins,
En grand' foule accourus, autour de vous se pressent
    Les Héros anciens

Qui boivent le nectar, d'ambroisie se paissent
      Aux bords Élyséens.
Sur tous le grand Eumolpe et le divin Orphée
      Et Line, et Amphion
Et Musée, et celuy dont la plume eschauffée
      Mit en cendre Ilion.
Le louangeur Thébain, le chantre de Mantoue,
      Le Lyrique Latin,
Et avecques Sénèque, honneur grand de Cordoue,
      L'amoureux Florentin !
Tous vont battant des mains, sautelant de liesse,
      S'entre-disans entre eux :
« Voilà celuy qui domte et l'Itale et la Grèce,
      En Poëmes nombreux ! »
L'un vous donne sa lyre et l'autre sa trompette,
      L'autre vous veut donner
Son myrte, son lierre ou son laurier prophète,
      Pour vous en couronner.
Ainsi vivez heureuse, âme toute divine,
      Tandis que le Destin
Nous réserve aux malheurs de la France, voisine
      De sa dernière fin ! »

IV

HYMNE DE LA MONARCHIE

PAR R. GARNIER

J'ai pu, grâce à l'obligeance de M. Rahir, successeur du
libraire Morgand, donner la reproduction complète page par
page et avec son titre de cette pièce rarissime, et presque
inconnue, de Robert Garnier.

Une édition de l'Hymne de la Monarchie a été tirée sur
grand papier vergé à 15 exemplaires numérotés.

HYMNE
DE LA MO-
NARCHIE

A G. DV FAVR SEIGNEVR
DE PIBRAC, ADVOCAT DV
Roy au Parlement de Paris
Par R. Garnier Fertenoys.

A PARIS
Chez Gabriel Buon au Clos Bruneau
à l'enseigne Sainct Claude.
1567.

AVEC PRIVILÈGE.

HYMNE DE LA MONARCHIE
A G. DV FAVR, SEIGNEVR
DE PIBRAC, ADVOCAT DV
Roy au Parlement de Paris,
Par R. Garnier Fertenoys.

E deuroys à bon droit, endurer cri-
minel
Sur mon corps demembré le supplice
cruel,
Que les Dieus, punisseurs de notre hu-
maine offense,
Dardent, pour se venger d'une ingrate oubliance.
Si, pour loyaus tesmoings de la sincere foy,
Que trouue en votre cœur la majesté du Roy,
Je ne venoys sacrer à votre longue gloire
Ces vers que ie burine au front de la memoire :
Où de la Royauté le triumfant honneur
S'éleue enorguilly, sous mon pouce sonneur !
Où ma fransoise Muse a de la Monarchie,
Maugré le cours des ans, la louenge enrichie.
  A vous donq ! (mon du Faur) de qui le cœur loyal
S'occupe iour et nuit pour le sceptre royal,
Je presente deuot, les carmes de cet Hymne,

A ij

Pour vn sujet de vous et de votre foy dinne.
  Après que ce grand Dieu dominateur des cieus,
Eut bati de sa main ce monde spacieus,
Et qu'il eut animé sur cete terre épesse
Vn millier d'animaus de différente espece :
Les hommes écartés par les bois inconneus,
Se logeoyent vagabonds par les rocs cauerneus,
Et plus velus q'un Ours, auoyent leur nourriture.
Aus fruitaiges communs qui viennent de nature.
Leur couraige brutal, déuetu de pitié,
Ne scauoit que c'estoit de garder amitié.
Ilz se craignoient entre-eus, comme nous craignons ore,
Vn Lion rencontré de peur qu'il nous deuore
L'humaine priuauté, qui les hommes conioint,
La loy, ny la raison, ne les conioignoit point.
Ilz s'entre-meurtrissoyent à grands coups de massüe,
Et des corps assommés deuoroyent la chair crüe.
Les enfans incertains, ne connoyssoient pas ceus,
Ny celles bien souuent dont ilz estoient conceus.
Hymen ny regnoit point : la douceur du lignaige
Ne les pouuoit coupler aus lois de mariage :
Tout estoit confondu : les seules passions
Guidoient de leur esprit les folles actions.
C'estoit au parauant que cete alme déesse,
Que cete Monarchye amolist leur rudesse,
Elle habitoit le ciel, et pour lors n'auoit pas
Encore grand soucy de descendre icy bas.
Elle auoit bien rompu la discorde premiere

Que le chaos serroit en sa masse grossière,
Deia sa forte main auoit fait reculer
Leau du feu son contraire, et la terre de l'aer.
Le froid et la chaleur, debrouillacés par elle,
Ne se ressentoyent plus de leur vieille querelle :
Ja l'humide et le sec, conioints premièrement,
Ambrassoient séparés chaqun vn élément.
Elle eleua le feu desur l'aer qu'il enserre,
Puis l'aer desur la mer, puis la mer sur la terre,
Et par l'ordre establi de cete primauté,
Composa le repos de ce monde indonté.

Mais aussi tost qu'elle eut accomply son ouurage,
Ne voulant icy-bas seiourner d'auantage
Remonta tout à coup et sur le royal chef
Du Dieu Leucadien se planta de rechef :
Qui lors maitre du ciel et de la mer humide,
Commandoit tout autour de la terre solide,
Deuant que Jupiter, et ses autres Germains,
Luy eussent arraché le sceptre de ses mains.

Car depuis que tous trois eurent fait le partaige,
D'un fraternel accord, de ce grand heritaige,
Que les cieus étoilés echeurent à Jupin,
Que Neptune à sa part eut l'empire marin,
Et que le noir Pluton, print auecques la Terre,
Les orguilleus metaus qu'en son ventre elle enserre :
Cette Déesse icy, qui n'auoit sa grandeur
Que pour entretenir la celeste rondeur,
Adonques commença de suiure vagabonde

Les peuples differens de la terre et de l'onde :
Ce feut lors, qu'entre nous elle montra combien
Sa presence pouuoit nous apporter de bien.

 Au lieu qu'auparauant, les miserables hommes
Ne viuoyent que de glan et de sauuaiges pommes,
Elle leur enseigna la premiere fasson
D'impetrer de la terre vne iaune moisson,
De mener les troupeaus aus patureuses plaines,
Se nourrir de leur lait, se vestir de leur laines,
De quitter les forests, de bâtir les Cités,
Et sous communes lois viure en sociétés,
D'honorer la vertu, de châtier le vice.
De rendre à tout chaqun equitable iustice.
Elle enferma leurs cœurs en vne chaste foy,
Bouclée des liens d'vne nopciere loy :
Pour laisser des Enfans, qui peussent d'age en age,
Comme nouueaus bourgeons ranimer leur imaige.

 Penses-vous qu'Apollon l'vn des celestes Dieus,
Eust iamais obtenu l'éternité des cieus
S'il n'eust iadis monarque enseigné la musique,
Et le cours du Soleil à ce peuple rustique ?
Logeroit-on au ciel le pere Semelin,
S'il n'eust iadis Monarque esté l'auteur du vin ?
Et le Dieu messager, de sa douce eloquence
Ne tira-til le monde à son obeissance ?
Pallas Tritoniene a tenu quelques-fois
Les hommes asseruis à ses paisibles lois.

 Ainsi, la Monarchie, à tout le moins est celle,

Qui gouuerne du ciel la rondeur éternelle.
Ainsi le genre humain errant par les buissons,
Laissa par sa vertu ses brutales fassons ;
Et maitrisé par elle, eut premier connoissance
Comme il estoit formé d'vne meilleure essence,
Qu'aucun des animaus, et qu'en vn corps mortel
Il gardoit prisonnier vn esprit immortel.

Or vous sacré troupeau de Seurs Castalienes,
Pucelles qui beuués les eaus Pegasienes,
Et de ceus qu'il vous plait prendre pour nourrissons,
Autorises touiours la lyre et les chansons :
Inspirés de mes vers l'abondance enrichie,
Pour chanter les grandeurs de cete Monarchie :
Vous, qui sur vos coupeaus l'honorés comme nous,
Compaignes d'Apollon qui preside entre vous.

Les vns chantent l'état d'une ville tenüe
Sous le gouuernement d'vne troupe menüe,
Quand le peuple seigneur, se donne autorité
De faire à son plaisir de toute vne cité :
Qu'il fait les magistrats, qu'il donne les offices,
Qu'il remet volontaire ou retient les supplices,
Qu'il entreprend la guerre, ou la pais, quand il veut,
Qu'il les change selon que son plaisir l'émeut.

Les autres prisent plus la ville gouuernée
Par le saige conseil d'vne troupe ordonnée,
Quand quelque nombre eleu de graues Senateurs,
Tient en vne Cité les principaus honneurs :
Qu'ils ordonnent de tout, qu'ilz disposent ensemble

Des affaires communs selon que bon leur semble.

Mais quant à moy, ie veus, tant que le docte Chœur
Du mont Parnassien m'échaufera le cœur,
Execrer par mes vers cete Aristocratie,
Auec l'ordre confus de la Democratie :
Et publier par toût le désiré bonheur
Que cest en un païs de n'auoir qu'vn seigneur,
L'infini bien que c'est à toute vne Province
De demeurer paisible en la main d'vn seul Prince.

Heureus cent et cent fois les peuples anciens
Sugets aus volontés des Roys Assiriens,
Qui, monarques premiers au giron de l'Asie,
La regirent long-tems suiuant leur fantaisie.
Heureus les Mediens, et les Perses aussi,
Qui receurent par tour cete Deesse icy.

Mais n'esse pas grand cas, qu'il n'est rien en ce monde,
Qu'il n'est rien sous les eaus de la mer vagabonde,
Qui ne sente sa force, et naturellement
Ne flechisse le col sous son commandement ?

Aus animaus des bois vn chacun peut connoitre
Que le Lyon huré les donte comme maitre,
Et qu'entre les oyseaus qui voletent par l'aer,
Nul se treuue qui ose à l'Aigle s'egaler.
Qui dira, qu'aus poissons que l'Ocean recelle
En son humide sein, la Baleine n'excelle ?

Lairay-ie en ce propos, de silence pressé,
De nos mouches à miel le peuple policé ?
Qui conduittes d'vn Roy tout ainsi que nous sommes,

Semblent

Semblent contre-imiter la prudence des hommes.
Leur Roy graue se tient au lieu plus éminant,
Ses sugets, par troupeaus le vont enuironnant,
Ilz bauolent autour, Ilz bourdonnent de ioye,
Et ne veulent à peine endurer qu'on le voye,
Soit qu'il soit en la ruche, ou qu'il sorte dehors,
Vous les voiés touiours alentour de son corps.
Il depart ses états, et comme Prince saige,
Autorise ceus-la qui valent dauantaige,
Il reuisite tout, à celle-fin de voir
Comme au labeur publique on vaque à son deuoir.
Il les adhorte tous, et si quelqu'vn est lâche,
Ou fait le paresseus au deuoir de sa tâche,
Il le punit seuere, estimant qu'un chacun
Sera plus excité par le supplice d'vn.

Si contre vn étranger il se renge en bataille,
Mile escadrons des siens luy seruent de muraille,
Qui soutiennent les cous, et d'un cœur obstiné,
Defendent vaillamment leur Prince enuironné.

S'il faut assoir le camp, ceus qui sont plus deliures
Courrent par le païs pour apporter des viures :
Les autres, épions, ont seulement le soing
De voir si l'ennemy s'est campé guiere loing,
Ce qu'il a proietté, s'il a telle puissance,
Qu'ilz ne soyent assés forts pour se mettre en defence.

Vous en verrés les vns, errant sans faire de bruit,
A la garde du camp vueiller toute la nuit.
Puis, si tost que le iour a la terre alumée,

B

Bourdonner par troys fois pour éueiller l'armée,
Chacun à grande flotte, accourir vers le Roy,
Luy donner le bon iour, l'asseurer de sa foy.
Ou si par les chemins, la longueur du voyaige
L'affeublist quelques-foys, vn chacun le soulaige,
Vn chacun le supporte, et repute à grand los,
De le pouuoir lassé soutenir sur son dos.

Si la mort le rauit, comme il n'y a Monarque,
Qui se puisse affranchir des ciseaus de la Parque,
Tout ce peuple Hyblean vous verrés amassé
Gemir autour du corps de son Roy trepassé,
L'accompaigner touiours, sans qu'aucun d'eus ayt cure
De pouruoir simplement à sa seulle pature :
Lors d'un labeur publique ilz luy font vn tombeau,
Et iusque à tant qu'ilz soyent sous vn Prince nouueau,
Qui leur rompe le dueil, ilz n'ont pas le couraige
De reprendre le fil de leur premier ouuraige.

Pour vne telle amour puissiés-vous en tout tems
Eprouuer la douceur d'vn éternel printems :
En tout tems puissiés-vous, Abeilles innocentes,
Moissonner les odeurs des fleurettes naissantes,
Et du suc doucereus qui s'écoule du ciel,
Confire en vos maisons de la cire et du miel.
Les frélons outrageus, ny les Guespes cruelles,
N'epinssonnent iamais vos poitrines fidelles :
Jamais les vents enflés, ny les froids de l'yver,
Sur vos iaunes bournaus ne puissent arriver :
Auettes, qui rengés votre dous exercice

Dessous la mageslé d'vn Roy qui vous police.

Or peut-estre on dira, qu'vn Prince va souuent
D'vn Tyran débordé la nature ensuiuant,
Et qu'à peine voit-on que celuy qui maitrise
Seul en vne Cité, les siens ne tyranise :
Que delà sont venus tant de faits inhumains
Aus Barbares, aus Grecs, et depuis aus Romains :
Que delà sont issus Pisistrate, Agatocle,
Phalare, les Denis, Periandre, Nicocle,
Domician, Neron, Caligule, Anthonin,
Tybere, Claude, Othon, Commode, Maximin,
Et tant d'autres encor, que la voix des histoires
Laissera veritable à tous siecles notoires.

Mais quoy ? ne scait-on pas, qu'il ne se trouve rien
Sous la rondeur du ciel, dont l'on n'abuse bien ?
Et que le plus souuent, les choses plus utiles
Font entrer la charrüe aus entrailles des Viles ?
Quand en mauuais usaige on détourne malin,
Ce qui nous est donné pour une bonne fin.

Pour le commun salut on s'abilite aus armes :
Mais combien de maleur nous vient-il des gens darmes ?
Il n'est rien plus diuin, ny plus saint que nos lois,
N'en voit-on pas pourtant abuser mainte-fois ?

La parole de Dieu lon doit sur toute chose
Auoir pourtraitte au front, et dans le cœur enclose
Estant de notre esprit le celeste repas,
Qui seul le garantist de l'éternel trépas :
Mais combien voyon-nous que de mal elle apporte,

Pour la vouloir ouurir de diferente sorte ?
Quoy l'Aristocratie, autre gouuernement,
N'est-elle pas sujette à tel éuenement ?
Pense-ton, quaus cités n'entre la Tyranie,
Sinon lors seulement qu'vn seul Roy les manie ?
Comme si gouuernés par quelques principaus,
Qui seront de puissance et de grandeur egaus,
Nous ne pouuions souffrir autant de seruitude
Que dessous quelque Roy qui nous sera trop rude.
   Jadis, les Persiens connurent si l'état
D'un Prince, valoit moins que celuy d'un Senat,
Quant sous l'autorité d'vne troupe de Mages,
Leur Royaume endura tant d'iniustes seruaiges.
La Cité que Licurgue ordonna quelques foys,
Tenant en iuste honneur ses légitimes Roys
Se composa si bien, qu'elle s'aquist maitresse
En bien peu de saisons l'empire de la Grece.
Las ! mais depuis qu'elle eut ses Ephores nouueaus.
Elle se vit charger d'vn oraige de maus,
Jusqu'à tant qu'il aduint, que son roy Cleomene
Opprima dedaigné cete race inhumaine.
   Scauroit-on exprimer, en combien de moyens
Les trente gouuerneurs que ces Spartaniens,
Mirent pour policer la Ville Atheniene,
Deformerent Tyrans sa splendeur anciene ?
Quel Sylle, quel Néron, furent tant inhumains,
Que iadis ont esté les Decemuirs Rommains ?
Se trouua-il iamais aucune Tyranie,

Qui fit un tort semblable au tort de Virginie ?

Ainsi doncq' les horreurs, et les immanités,
Que les Tyrans felons trament en leurs cités,
N'entachent plus souuent les Empereurs vniques,
Que ces beaus magistrats qui sont aus Républiques :
Veu principalement, que tout chacun scait bien,
Qu'on rencontre plutost vn seul homme de bien,
Qu'vne grand' troupe ensemble, et qu'il est difficille,
Qu'en tel nombre ne soit la plus part inutile.

Vous ne voyés entre-eus que noises et débats,
Ce qui plaist à l'vn d'eus, à l'autre ne plait pas,
Si l'vn d'eus est d'aduis qu'on face quelque chose,
Vn autre, par depit, aussi tost si oppose.

Ores cetui-cy tâche à s'aquerir des biens,
Et ores celuy-la veut eleuer les siens.
L'vn pour estre honoré montre vn sourcy seuere,
L'autre, pour estre aymé, flatte le populaire.
Cependant, dans leurs os coule l'ambition,
Qui forge au sein du peuple vne dissention,
Par qui la République en deus parts mutinée,
Ne cesse iusque à tant qu'elle soit ruinée.

Possible on me dira, qu'en ce monde vouté
Nous n'auons rien plus cher que notre liberté :
Pour qui, tout braue cœur prodigera sa vie,
Plutost qu'au ioug d'autruy la tenir asseruie

Mais quelle liberté scaurait-on mieus auoir,
Qu'alors qu'un Prince humain nous tient en son pouuoir?
Nommés-vous liberté, licence au populaire,

B iij

De faire impuniment tout ce qu'il voudra faire ?
    Nommés-vous liberté, guider nos actions
Par le brutal sentier de nos affections ?
Et sans tenir le frein d'vne loy qui nous meine,
Remplir d'indignités notre poitrine humaine,
Brigander son voisin, le massacrer de cous,
Abuser d'vne femme auprès de son épous,
Viure en oisiueté, se nourrir de la peine
D'un pauure laboureur qui cultiue la plaine.
    Si, telles lâchetés vous nommés liberté,
Je vous confesse bien, que la iuste équité
D'un Prince valeureus, qui se connoitra maitre,
A vos cœurs effrenés ne la voudra permettre.
    Mais si vous la nommés, une permission,
De faire librement tout honneste action,
D'ambrasser la vertu, de consumer sa vie,
Pour le commun profit de sa chere patrie :
Se trouuera-til Roy dans ce globe terrien,
Quelque méchant qu'il soit, qui ne le vueille bien ?
    Et bien que sous vn Prince il y eust du seruaige,
Le regne de plusieurs en couue dauantaige,
Veuque sugets d'vn Roy nous ne sommes qu'a vn,
Où c'est que sous plusieurs nous tenons d'un commun :
Qui fait, que d'vn seul Roy moindre est la seruitude
Que de ces Potestas qui sont en multitude.
    Que si lon obiectoit, qu'vn populace vil
Deust tenir gouuerneur le reglement ciuil :
Et que le tems passé, les Cités plus fameuses

Dependoyent du vouloir de ces tourbes nombreuses.
Croyroit-on qu'vn païs, du peuple gouuerné,
Se puisse iamais voir sagement ordonné ?
Et qu'au sot appetit d'vne tourbe aveuglée
Vne grande Cité puisse estre bien réglée ?

    Pensés qu'il fait beau voir vn maneuure grossier
Des affaires communes se vouloir soucier,
Disposer des étas, faire les ordonnances,
Tenir de l'équité les égales balances,
Pouuoir chasser les vns, les autres retenir,
Punir vn criminel ou ne le point punir,
Commander, prohiber, et selon qu'il luy semble,
Ordonner de la pais et de la guerre ensemble :
Jetter mille desseins, auoir autant d'aduis,
Qu'en vne telle flotte il y a de deuis :
Mêler tout de discord, de noise et de cririe,
Ne departir iamais qu'auec quelque turie.

    Ne iugerés-vous pas, qu'vne telle Cité
Ressemble ainsi confuse vn nauire agité
Par les contraires vents de l'onde mutinée,
Lors que d'aucun Pylote elle n'est gouuernée :
Vn chacun y commande, et n'y a Matelot,
Qui ne face le maitre à repousser le flot.

    L'vn dit qu'il faut encrer, et l'autre du contraire,
Soutient obstinément qu'il ne le faut pas faire.
L'vn tire par icy, l'autre tire par là,
L'vn approuue cecy, l'autre approuue cela,
L'vn, pour tendre la voile, aus cordaiges se lie.

Et l'autre à l'opposite est d'aduis qu'on les plie,
L'vn rame vers la proüe, et l'autre le blâmant,
Va d'vne egale ardeur vers la poupe ramant.
Ilz trauaillent en vain, leur peine mal conduitte
Les desauance plus qu'elle ne leur profite :
Vne rageuse vague, abimant le vaisseau,
Les enueloppe enfin sous les goufres de l'eau.

  Hé bons Dieus! qui pourroit: quand ce serpent de Lerne,
Quand ce serpent testu quelque ville gouuerne
Demeure en repos ? quelle tranquilité
Scauroit-on esperer en sa legereté ?
Il eleue les vns, les autres il deprime,
Il introduit ingrat vn iniuste Ostracisme :
Vous verrés que ceus la qui meritent le plus
Seront aus dignités le plus souuent exclus,
Et que peut estre encor', pour leur loyaus seruices,
On leur fera souffrir mile indignes supplices :
Comme il aduint iadis, quand les Athéniens
Banirent indiscrets tant de bons citoyens :
Temoignage certain, qu'en vne multitude
L'on voit quasi touiours regner l'ingratitude.

  Themistocle veinqueur du Persan rechassé,
Feut d'vn vilain exil en fin recompencé.
Qui esse qui n'a leu la fin de Milciade ?
Qui esse qui ne scait celle d'Alcibiade ?
Aristide le iuste à la fin n'eut-il pas
En païs étranger sa tombe et son trepas ?
Quoy ? le peuple Rommain, dont la gloire feconde

Remplit

Remplit de sa grandeur les quatre coings du monde,
A-il beaucoup plus franc, guerdonné les labeurs,
Et les gestes guerriers de ces Princes veinqueurs ?

Camile ce grand chef, par la haine ciuille,
Ne fut-il pas chassé de sa natale ville,
Pour le iuste loyer, de lui auoir soumis
La plus douteuse part de tous ses ennemis ?

Ce brave Scipion, qui des terres d'Afrique,
Le premier des Rommains, accreut sa Republique :
Qui subiugua Carthaige, et guidé du bonheur,
Rendit à son païs son ancien honneur :
Qui vainquit Annibal dedans sa propre terre,
Qui borna couraigeus vne si longue guerre,
Pour tant et tant de biens, helas que receut-il,
Que l'opprobre honteus d'vn eternel exil ?

Helas ! mais qui pourroit suffisamment descrire
Les horreurs qu'excita ce populaire Empire,
Depuis que les plus grans, auec largitions,
Le feirent nourricier de leurs ambitions :
Et que sous le manteau d'vne douce faintise,
Ilz foulerent à pieds sa sugette franchise ?
Bons Dieus! et qui pourroit, las! qui pourroit sans pleurs,
D'vne telle Cité raconter les maleurs ?
Qui pourroit, sans gemir, lire, ou raconter, comme
Le populaire état de cette belle Romme
L'outragea tant de foys, et de son noble sanc,
Feit par toute l'Itale ondoyer vn étanc.

Combien le Tibre enflé renforsa il ses vagues

Des Citoiens meurtris pour le parti des Graques ?
Combien pour Saturnin, pour Glaucie, et combien
Durant le triste cours du debat Marien,
Ce cruel Dictateur de meurtres fit-il faire,
Sur ceus qui combatoient pour le parti contraire ?
Cesar, tenant le peuple en ses lacs arresté,
Se fit en peu de tems maitre de la Cité :
Mais combien ce pendant, la mutine Italie
Dressa-tel de tombeaus aus champs de Thessalie ?
Combien demeura-til de ce peuple endurci
Dans le sein de l'Afrique et de l'Espaigne aussi ?
Puis, combien derechef la main triomuirale
En fit-elle tomber sur la plaine infernale ?
Combien ces trois Tyrans, ces Tygres affamés,
Commirent-ilz d'horreurs par leurs soudars armés ?
Lors que tous les chemins de l'Itale sanglante
Estoient paués des corps d'vne tourbe innocente,
N'étoit-ce pas pitié, de voir les Senateurs,
Quelques-vns déguisés en pauures seruiteurs,
Quelques autres, cherchant vne creuse taniere,
Pour euiter les mains de cete gent meurtriere :
Errer par les desers, vagabonder en vain,
Et dedans vn rocher mourir souuent de faim.
Puis de voir ces bourreaus acharnés comme bestes,
Apporter pour le gain mile proscriptes testes.
Le Frère n'estre pas de son Frereasseuré,
Le Pere estre aus Tyrans par son Filz déclaré :
Le Maitre craindre encor', que pour cete auarice,

Pour ce pris esperé son Serf ne le trahisse :
Et mesme le Mary ne se promettre pas,
Que sa Femme au danger ne courre à son trépas.
   O douce Monarchie ! ô puissante Déesse !
O des hommes chetifs le salut et l'adresse !
Combien ce grand Empire, auquel premierement
Ta Royauté donna le premier fondement :
Doit-il à ta grandeur ! combien ce peuple maitre
Doit-il en ta bonté de bienfaits reconnoitre !
Son obstiné maleur alloit de pis en pis,
Son desastre cruel croissoit de pere en filz :
Ce n'estoit plus que fer, ce n'estoit plus que raige,
Cetui-la maitrisoit qui pouuoit dauantaige :
Tout s'en alloit perdu, tout s'en alloit gâté,
S'il n'eust eu son recours à ta diuinité.
   Tu mis en son giron ce grand Monarque Auguste,
Qui le regit long tems d'vne clemence iuste.
Alors son Adrastée, alors Bellone et Mars
Dresserent autre part leur guerriers étandars.
Du gosier des veinqus la dague fut ôtée,
Le citoien n'éut plus sa main ensanglantée.
La Justice et la Pais, indissolubles seurs,
Repeurent tout le monde en meilleures douceurs.
Les guerriers morrions, pendus à la cheuille,
Deuindrent mi-rouillés vn acier inutile.
Sur la caue épesseur des tristes corcelés
L'Areigne industrieuse étendit ses filés :
Et l'homicide acier de la dague pointüe

Se changea cultiueur au soc d'vne charrüe.

Adonc le saint troupeau, qui sur le double mont
Marchant à pas contés va carolant en rond,
Laissa les beaus taillis de la verte Thessale,
Pour venir entonner ses chansons en Itale.
Lors les arts liberaus, comme petits boutons
Croissant en vn rosier sur mile reietons,
Commencerent à naitre auec cete Déesse,
Cete Deesse icy, comme en vne autre Grêce.

L'vn, grauement époint d'vne chaude fureur,
Faisoit bruire en ses vers la Marcialle horreur :
Et des Princes Troyens la gloire enseuelie
Conduisoit par vaisseaus au giron d'Italie,
Et quelques-fois aussy, pour changer de fasson,
Tournoit sa Caliope en vn rustique son.
Fredonnant mollement sur sa flute ecoutée,
Ores son Amarile, ores sa Galathée,
Ores dedans ses vers il alloit ecorchant
Vne fertille plaine auec le soc tranchant :
Il cultiuoit la vigne, il enseignoit la cure,
Qu'il nous conuient auoir des bestes de pasture.

L'autre du grand Cesar entonnoit les beaus faits,
Les Cantabres veincus et les Parthes défaits,
Le thrône de Jupin, et comme de son foudre
Il va brisant le chef des Geans mis en poudre.

Vn autre plus mignard, soupiroit le tourment,
Que le commun destin nous depart en aymant,
Et du petit Archer les flatteuses amorces,

Qui teintes de poison amolissent nos forces,
Son brandon alumé, qu'il élance veinqueur,
Aus lieus plus recachés de notre tendre cœur.

  O suprême Déesse ! ô Reine qui consommes
Les tumultes ciuils qui bourellent les hommes !
Qui grauement assise en vn trône doré,
Portes en ta main destre vn sceptre elabouré :
Qui portes sur ton chef, vne riche couronne,
Que maint ranc precieus de ioyaus enuironne :
Sur ton celeste front s'assied la Magesté,
Tu t'appuyes le dos contre la Loyauté,
Qui de ses bras neru[e]us, ferme comme vne pierre,
Asseure ta grandeur de ne tomber en terre.
La Force à ton côté, garde que tes sugés
D'vn frontier ennemy ne soient endommaigés.
Touiours deuant tes yeux seiourne la Prudence,
Tu retiens à tes pieds la douce Obeissance,
Qui t'œilladant de prés, n'attent tant seulement,
Que de se mettre au trac de ton commandement.
Tu as au côté droit la Justice sacrée,
Et de l'autre tu as la Clémence succrée.
Bien loing deuant ta face, on voit les Factions,
Les Troubles, les Discors, et les Seditions,
S'ecarter tout ainsi, que les pleureuses nües
S'ecartent aussi tost que Phebus les a veües.

  Je t'inuoque Déesse, et te pry qu'à iamais
Dans ce Royaume icy tu seiournes en pais :
Et qu'en ce grand Paris, où depuis tant de siecles

Le peuple entretenu paisiblement tu regles :
Ta sainte majesté face florir les Roys,
Que le ciel produira du tige de Valois.

Bienheure les desseins de notre ieune Prince :
Fay-le après six vints ans gouuerner sa prouince,
Et que tant de vertus qu'il nourrist auiourd'huy,
Foisonnant tous les iours, croissent auecques luy.
Que d'vn cœur indomtable, il guide ses phalanges,
Jusque aus derniers sablons des riuages étranges.

Que de ce bord icy iusques au bord Indoys,
Il face bourionner la gloire des Francois,
Laissant de race en race, aux siens assugetie
De ce terrestre rond l'habitable partie.

$$FIN.$$

A MADAMOYS. DE

PIBRAC.

SONET.

DES QVE le ciel benin, qui se prodigue en vous,
  Desserrant le fermail de sa vouture close,
Vous eut fait deualer nouvel astre, en Tholose,
Pour compaigne aus vertus que nourrit votre épous.

  Ce Paris merueillable en deuint si ialous,
Qu'on ne l'entendoit plaindre à Jupin d'autre chose :
Et Seine qui fourchüe, en grumelant l'arose,
Entrant chés l'Ocean s'en enfloit de courrous.

  Jusque à tant que la France, incline à leur querelle,
Obtint de notre Roy, que Tholose la belle
Vous lairroit posseder à son Paris aymé.

  Qui fondant de plaisir, vous cherit, vous honore,
Se vantant orguilleus, de n'auoir onq' encore
Dedans ses larges murs vn tel coupple enfermé.

ADDITIONS

On me signale au dernier moment de M. Haraszti (Jules), *La Littérature dramatique au temps de la Renaissance*. Budapest, 1904.

M. Haraszti a fait lui-même un compte-rendu de son livre dans la *Revue d'histoire littéraire de la France*, octobre-décembre 1904, p. 680-686.

L'auteur s'attache à réfuter M. Rigal et à démontrer que les tragédies de cette époque ont pu être jouées en province. Il prend comme exemple les *Juives* de Garnier. Cet article est extrêmement intéressant.

Une étude sur la mise en scène des tragédies au XVIe siècle, qui doit examiner la représentation des *Juives*, est aussi en cours de publication actuellement dans la *Revue d'histoire littéraire de la France*.

TABLE DES MATIÈRES

CHAPITRE PREMIER

PREMIÈRES ANNÉES ET PREMIÈRES POÉSIES
(1545 - 1567)

§ I

§ II

§ III

§ IV

CHAPITRE II

ROBERT GARNIER MAGISTRAT
(1569-1576)

§ I

§ II

§ III

CHAPITRE III

LE MARIAGE DE ROBERT GARNIER
(1573)

§ I

CHAPITRE IV

GARNIER POËTE TRAGIQUE, SES RELATIONS LITTÉRAIRES

CHAPITRE V

§ I

SES RELATIONS LITTÉRAIRES

§ II

1580-1585. GARNIER NOVATEUR DANS *BRADAMANTE*

CHAPITRE VI

LES DERNIÈRES ANNÉES DE GARNIER
AU GRAND CONSEIL

(1586-1588)

CHAPITRE VII

GARNIER ET LA LIGUE AU MANS

CHAPITRE VIII

LA MORT ET LE TESTAMENT

CHAPITRE IX

DIANE ET FRANÇOISE GARNIER

CHAPITRE X

ICONOGRAPHIE ET BIBLIOGRAPHIE

APPENDICE

I

ÉCOLE DE GARNIER

MAMERS. — TYP. G. FLEURY ET A. DANGIN. — 1905.

MAMERS. — TYP. G. FLEURY ET A. DANGIN. — 1905.